PÉDAGOGIE PRATIQUE

UNE BANQUE DE SITUATIONS-PROBLÈMES

TOUS NIVEAUX

Tome 2

Gérard De Vecchi

HACHETTE
Éducation

L'auteur

Gérard De Vecchi est agrégé, docteur en didactique des disciplines, maître de conférences en sciences de l'éducation, formateur d'enseignants. Il mène depuis de nombreuses années des recherches sur les pratiques de l'enseignement et la didactique des disciplines.

Ouvrages du même auteur

Gérard De Vecchi a publié :
- *Aider les élèves à apprendre*, Hachette, nouvelle édition 2001.
- *Une banque de situations-problèmes*, tome 1, Hachette, 2004.

Avec **André Giordan** :
- *Les Origines du savoir, Des conceptions des apprenants aux concepts scientifiques*, Delachaux et Niestlé, réédité par Delagrave, 2001.
- *L'Enseignement scientifique : comment faire pour que « ça marche » ?*, Delagrave, nouvelle éd. 2002.

Avec **Nicole Carmona-Magnaldi** :
- *Faire construire des savoirs*, Hachette, 1996.
- *Faire vivre de véritables situations-problèmes*, Hachette, 2002.

Nos plus vifs remerciements à Patricia Berdynski, Nicole Carmona-Magnaldi, Claudine Chevalier, Jean Cordier, Sylvie Gérard, Marie-Odile Lefranc, Anne-Maire Havage, Olivier Havage, Jean-Charles Pettier, Michelle Rondeau et Michelle Ros-Dupont qui nous ont éclairés de leurs analyses critiques.
Nous tenons aussi à remercier Pierre Benaych, Florence Bihet, Olivier Brignon, Vincent Bugeat, Maya Cador, Martine Charmel, Nicole Chomilier, Alain Dalongeville, Olivier A. Durieux, Daniel Delettre, Pascale Desplats, Michel Huber, Patrick Jourdain, Isabelle Lamorthe, Marie-Odile Lefranc, Karine Mekherbech, Jean-François Mériguet, Nathalie Mériguet, Christophe Miraucourt, Martine Reynaud, Annie Rodriguez, Michelle Rondeau, Joëlle Roudet-Baillot, Gwenola Senot et Dominique Vernier qui ont participé, à leur manière, à l'élaboration de cet ouvrage.

Suivi éditorial : Josiane Attucci-Jan
Mise en pages : *CMB* Graphic

www.hachette-education.com
I.S.B.N. 2.01.17.0843.5

SOMMAIRE

INTRODUCTION

Pourquoi cet ouvrage ? Il correspond en fait au complément annoncé dans un livre précédent[1]. Sa justification s'appuie sur la difficulté de trouver de véritables *situations-problèmes* dans la littérature pédagogique, que l'on se réfère aux ouvrages généraux ou aux guides accompagnant les manuels scolaires, bien que ceux-ci utilisent largement ce terme !

En effet, tout *problème ouvert,* même s'il est susceptible de placer l'apprenant dans une démarche d'investigation, ne constitue pas à nos yeux une véritable situation-problème. Celle-ci ne s'appuie pas uniquement sur l'idée de recherche à travers une activité qui demande aux élèves de développer un raisonnement. Ainsi, beaucoup de problèmes ouverts (qui correspondent déjà à une grande avancée pédagogique et que nous sommes loin de rejeter) n'ont guère de sens pour les élèves. Si ce sont bien des « problèmes », ce sont les problèmes... de l'enseignant ! Il suffit de se donner la peine de faire émerger les conceptions des élèves et d'analyser leur questionnement, sur un quelconque sujet que l'on a décidé d'aborder, pour mesurer le décalage, souvent énorme, qui existe entre les deux niveaux d'appréhension, celui du maître et celui des apprenants. On se trouve sur deux planètes qui ont peu de rapport l'une avec l'autre, qui n'appartiennent pas au même système s(c)olaire. Et, justement, l'atout majeur des situations-problèmes est de **donner du sens aux activités d'apprentissage**.

CRITÈRES ESSENTIELS DÉFINISSANT UNE SITUATION-PROBLÈME[2]

Pour nous, une situation-problème devrait :

– avoir du **sens** (interpeller, concerner l'apprenant qui ne se contente pas d'obéir, d'exécuter) ;
– être liée à un **obstacle** repéré, défini, considéré comme dépassable et dont les élèves doivent prendre conscience à travers l'émergence de leurs **conceptions** (représentations mentales) ;
– faire naître un **questionnement** chez les apprenants (qui ne répondent plus aux seules questions du maître) ;
– créer une ou des **ruptures** amenant à déconstruire le ou les modèles explicatifs initiaux, s'ils sont inadaptés ou erronés ;

1. Gérard De Vecchi, Nicole Carmona-Magnaldi, *Faire vivre de véritables situations-problèmes*, Hachette, 2002.
2. Cette définition des situations-problèmes et l'analyse qui suit proviennent de l'ouvrage précédemment cité.

– correspondre à une **situation complexe**, pouvant ouvrir sur **différentes réponses** acceptables et **différentes stratégies** utilisables ;
– déboucher sur un **savoir d'ordre général** (notion, concept, loi, règle, compétence, savoir-être, savoir-devenir...) ;
– faire l'objet d'un ou plusieurs moments de **métacognition** (analyse *a posteriori* de la manière dont les activités ont été vécues et du savoir qui a pu être intégré).

Une situation-problème ne peut être considérée comme telle **que pour un niveau d'apprenants donné** et à la condition qu'elle soit exploitée par le maître ou le formateur comme une réelle **situation de recherche**. De ce fait, plus qu'un ensemble de critères rigides, c'est surtout la **mise en œuvre d'un état d'esprit** qui la définit.

L'élément le plus important, qui différencie les *situations-problèmes* des *problèmes ouverts*, c'est la présence d'une véritable *rupture*, allant à l'encontre des conceptions initiales, ce qui *provoque* l'apprenant et, par là, *donne du sens* à son activité. De ce fait, les situations-problèmes changent considérablement les activités d'apprentissage, aussi bien pour l'apprenant que pour l'enseignant.

Elles mettent l'élève dans une **situation comparable à celle d'un chercheur**, confronté à une question qu'il n'a pas appris à résoudre et qui l'oblige à trouver une solution originale débouchant sur la construction d'un nouveau savoir.

Mais un autre problème nous paraît essentiel. Pour qu'une activité de recherche soit efficace, pour que ce soit véritablement une « situation-problème », il ne suffit pas simplement de la proposer aux élèves. **La manière de la mener**, en classe comme en formation d'adultes, sera tout aussi déterminante. Et, préalablement, cela implique que l'enseignant ou le formateur fonctionne dans un certain **état d'esprit**, en instaurant une authentique relation se manifestant, pour les apprenants, par la possibilité de s'exprimer, de remettre en cause, de proposer et de réfuter, d'argumenter, de produire... ce qui fait entrevoir un certain nombre de *dérives* possibles qu'il est indispensable d'éviter si l'on ne veut pas retomber dans une pseudo-pédagogie soi-disant « ouverte » ou « moderne ». De plus, les situations-problèmes n'ont pas seulement un intérêt cognitif au sens strict. Elles permettent aussi (surtout !) à chaque élève d'intégrer progressivement un certain nombre de **compétences transversales** et d'**évoluer dans la construction de savoir-faire mais aussi de savoir-être et de savoir-devenir** ! On ne s'étonnera donc pas si nous avons choisi de développer plus particulièrement un nombre relativement important d'exemples directement liés aux valeurs que nous défendons ou qui correspondent à certains sujets qui nous semblent peu, ou du moins pas assez, pris en compte dans les classes (en particulier certains thèmes liés aux problèmes actuels).

C'est pour cette raison que, même si beaucoup de disciplines sont concernées, nous avons aussi conçu des situations-problèmes liées aux *compétences* et aux *attitudes* qui sont inter- ou transdisciplinaires et qui contribuent, par exemple, à l'approche d'une certaine **éducation à la citoyenneté**[1].

POUR MENER UNE SITUATION-PROBLÈME...[2]

– Instaurer progressivement un **état d'esprit** dans la classe qui puisse permettre aux apprenants de s'exprimer librement (et non seulement de répondre aux questions du maître). Ils doivent pouvoir échanger entre eux, débattre d'une opinion, d'une idée, accepter **l'erreur comme un outil de progrès**, critiquer, accepter de se critiquer et d'être critiqués...
– Faire émerger les **conceptions** des élèves qui permettent de prendre conscience des **obstacles** autour desquels les situations-problèmes seront construites.
– Utiliser largement le **travail en petits groupes** (toute activité un peu complexe est largement favorisée par cette technique).
– Présenter chaque **situation-problème** comme une situation provocatrice ou une énigme à résoudre. Les exemples que nous proposons ne sont pas formulés sous la forme d'un problème clairement formulé et ne précisent pas exactement ce qu'il faut faire. Ce sont les apprenants qui **doivent eux-mêmes transformer les données fournies en problème**. Et une problématique se construit progressivement ! Et ce sont encore eux qui doivent définir **leur propre stratégie** de résolution !
– Inciter les apprenants à émettre des **hypothèses** qui seront testées ; surtout, ne pas donner tout de suite des documents de travail contenant la réponse mais faire émettre des hypothèses sur ces réponses *puis* fournir un élément qui validera (ou invalidera) ces hypothèses.
– Accompagner les apprenants en leur permettant d'avancer dans **leur propre démarche de recherche** : prévoir des activités ou des documents d'**aide** qui ne donnent pas la solution mais qui facilitent son approche (les élèves ne peuvent pas tout réinventer !). Le maître jouera donc le rôle d'une **personne-ressource**.
– La recherche arrivant à sa fin, mettre les apprenants en situation de **valider** leur travail en les faisant se référer à des documents (ou ouvrages, ou spécialistes...) qui sont porteurs de la solution et qui leur permettront d'affiner leur réponse.
– Toute recherche doit aboutir à une **production** (texte, schéma...).
– Souvent, il sera intéressant d'analyser plus rapidement d'autres exemples voisins qui permettront d'aller vers une **généralisation qui représentera le véritable savoir** (on ne généralise jamais à partir d'un cas particulier !).

Au fil des pages, les situations-problèmes vont se succéder. Nous proposons, pour chacune d'entre elles, la **situation** proprement dite mais aussi, à titre indicatif (à titre indicatif seulement), les **niveaux de classe** possibles, les **objectifs** ainsi qu'une explicitation des **obstacles** et de la **rupture au niveau apprenant**. Beaucoup d'entre elles sont suivies de

1. Voir le tome 1 de cet ouvrage.
2. Pour une analyse détaillée de cet aspect, voir Gérard De Vecchi, Nicole Carmona-Magnaldi, *Faire vivre de véritables situations-problèmes*, *op. cit.*

quelques **prolongements** ou **élargissements** envisageables qui nous paraissent particulièrement intéressants. En choisissant de les aborder ou pas, en prenant plutôt telle situation-problème qu'une autre, en modifiant légèrement l'entrée dans l'activité, le lecteur pourra souvent **les adapter à ses objectifs et au niveau de sa classe**. Volontairement, certains titres de situations-problèmes, ou affirmations contenues dans les situations-problèmes, ne sont pas le reflet du savoir à construire. Ils correspondent à une affirmation provocatrice et parfois caricaturale à affiner, à nuancer, voire à remettre en cause. Bien sûr, cela est précisé dans la rubrique « Obstacle(s) et rupture(s) ».

Les situations-problèmes correspondent à des situations de recherche et sont par définition complexes. Elles devront donc faire appel à des travaux en petits groupes ; nous le ne précisons pas à chaque fois.

Ce que nous présentons ne correspond le plus souvent qu'à un **point de départ** d'un sujet d'étude. La démarche de recherche devra être alimentée par des documents d'aide, de relance, de validation..., ou par des activités (expérimentales par exemple) qui, par manque de place, ne peuvent être intégrés dans chacun des exemples exposés ici, mais que l'on trouve très facilement, dans les manuels scolaires en particulier. Plusieurs exemples présentés proviennent de notre précédent ouvrage auquel on pourra se référer si on désire des analyses plus fines et plus développées. De plus, en début de chapitre, une situation-problème est souvent présentée avec plus de détails et accompagnée des outils pour la mener. Cela peut aider le lecteur à comprendre comment préparer et conduire ses activités de classe.

Il est bien évident que notre travail ne peut pas couvrir tous les programmes scolaires. C'est pour cette raison que la suite des exemples proposés peut paraître parfois un peu *décousue*. Mais nous ne pouvons pas fournir une ou des situations-problèmes pour chaque sujet d'étude, dans chaque discipline... et pour chaque niveau de classe ! Pourtant, cela pourrait devenir un objectif de recherche à long terme. Notre travail ouvre la porte à ce type d'étude.

En attendant, nous avons voulu apporter un maximum de **situations-problèmes simples**, s'appuyant sur des **obstacles courants**, de **compréhension aisée** et se prêtant à une **utilisation pédagogique relativement facile**. En effet, nous avons choisi de ne pas insister sur des exemples se référant à des savoirs disciplinaires complexes, demandant au lecteur une spécialisation qu'il ne possède peut-être pas et mettant en œuvre des documents lourds ou très spécifiques (que l'on emploie souvent, en lycée par exemple). Cela afin de rendre la lecture de l'ensemble de cet ouvrage facile et agréable pour tout non-spécialiste. De toute manière, les approches sont identiques et **une situation-problème donnée (avec les pistes qui l'accompagnent parfois) peut aider à en concevoir de nouvelles, adaptées à l'âge des élèves et aux objectifs des enseignants**. Mais, comme nous nous adressons aussi à des formateurs d'enseignants, nous avons conçu des situations qui nous paraissent adaptées à cette demande. De ce fait, certaines, que nous avons ciblées « adultes », peuvent aborder des sujets qui vous paraîtront peut-être complexes en première lecture, mais nous donnons régulièrement d'autres exemples, relatifs au même sujet, qui peuvent être utilisés avec des élèves beaucoup plus jeunes.

Nous avons choisi de ne citer qu'un petit nombre de sites Internet. Cela s'explique par le fait que nous en avons visité plusieurs centaines se référant aux situations-problèmes. Nous en avons trouvé peu fournissant des exemples qui nous concernent. Ce ne sont, au mieux, que des *problèmes ouverts* ou des *jeux* qui peuvent avoir un intérêt mais qui ne répondent pas à ce que nous voulons apporter avec cet ouvrage.

Pour terminer, nous voudrions encore revenir sur une idée qui nous paraît déterminante : n'oublions jamais que ce qui est important, ce n'est pas de proposer des supports ou des manipulations *originales*, mais **c'est la manière de les présenter pour le maître et surtout d'y entrer pour les élèves qui est décisive**.

MATHÉMATIQUES[1]

1. Les situations-problèmes qui suivent ont été analysées d'une manière critique par Claudine Chevalier (IUFM de Créteil).

C'est au sein de la didactique des mathématiques qu'est né le concept de *situation-problème*. Mais, « à la fin des années soixante-dix, l'expression recouvrait aussi bien les problèmes permettant la construction de nouvelles connaissances, que ceux permettant de réinvestir et d'approfondir les notions étudiées. En fait, on qualifiait de situation-problème toute situation qui posait problème aux élèves, c'est-à-dire toute question ou ensemble de questions dont la réponse n'est pas évidente et nécessite la mise en œuvre de concepts mathématiques importants et incite l'élève à se dépasser pour réussir[1] ».

Aujourd'hui, le concept de situation-problème a considérablement évolué. Pourtant, on s'aperçoit que la quasi-totalité des exemples qui sont proposés aujourd'hui, soit par les manuels scolaires, soit dans les ouvrages pédagogiques, n'est que des *problèmes ouverts*, certes intéressants, mais ne représentant pas ce que nous considérons correspondre à de véritables situations-problèmes (**comportant une *rupture* donnant du sens** à l'activité et ouvrant sur un savoir d'ordre général).

En outre, les mathématiques ont une caractéristique qui, si elle ne leur est pas propre, les concerne particulièrement : c'est l'utilisation sans compter de **termes empruntés au langage courant mais dont le sens a été totalement modifié**. Cela crée un ensemble d'obstacles qui contribuent parfois à l'apparition ou au renforcement de certains échecs scolaires. Enfin, le langage mathématique a considérablement évolué et beaucoup d'adultes ne s'y retrouvent plus.

Les situations-problèmes que nous proposons ici tiennent compte de ces quelques remarques.

1. Sylvie Gamo, *Résolution de problèmes*, cycle 3, Bordas, 2001.

UNE SITUATION-PROBLÈME DÉVELOPPÉE

189

ÊTES-VOUS CERTAINS DE SAVOIR CE QU'EST... UN NOMBRE ?

• Objectif général

Bien comprendre ce qu'est un *nombre* (en mathématiques), et comparer cela au langage courant.

• Niveaux

Adaptable de l'école primaire à la formation d'adultes.

• Situation-problème

Bien entendu, vous savez ce qu'est un *nombre*. Vous utilisez et vous entendez utiliser ce terme très couramment.

Mais si je vous dis qu'un nombre, ce n'est ni *une quantité*, ni *un ou plusieurs chiffres*, comme vous l'avez probablement appris, que me répondez-vous ?

• Élément de relance, de déblocage

Et si je vous dis que la définition mathématique d'un nombre, c'est « un élément d'un ensemble de nombres » ?

Et si je vous dis que, en mathématiques, un nombre n'est pas une quantité mais une *idée* ?

• Obstacles et ruptures

– Tout d'abord, « 365 jours » n'est pas un nombre mais 365 est le nombre qui dit combien il y a de jours dans une année. Un nombre ne représente pas une quantité, il ne la désigne pas, il ne l'exprime pas : on confond le ***nombre*** et le ***nombre de***. 50 (qui est un nombre) ne désigne rien, ne représente rien. 20 euros n'est pas un nombre mais 20 est un nombre d'euros (c'est un *nombre de*). Un nombre n'est donc pas une quantité mais une *idée* qui permet de se représenter ou d'imaginer une quantité.

Mais alors, qu'est-ce qu'un nombre ?

C'est un élément qui appartient à un (ou plusieurs) des ensembles suivants :

– N : entiers naturels (les plus importants, comme 21, 150) ;

– Z : entiers relatifs (-8, +5) ;

– Q : entiers rationnels (½) ;

– R : réels (π) ;

– D : décimaux (3,5).

(En effet, dans les nombres, il ne faut pas oublier les nombres fractionnaires et décimaux – c'est-à-dire à virgule.)

Précisons aussi que 21, -8, ½ et 3,5 sont aussi des réels.

– D'autre part, un nombre n'a pas besoin d'être chiffré pour exister : il peut s'écrire avec des mots (treize) ou être désigné par une lettre ou un symbole (π).

De plus, mieux vaut ne pas demander d'« écrire le nombre “52” en lettres » (comme on le demande souvent aux élèves), 52 n'étant pas un assemblage de lettres mais de mots ! De même, « huit » n'est pas qu'un assemblage de lettres (« h.u.i.t. » qui ferait « achuïté ») mais c'est un mot (« huit »)[1]. Par contre, on peut écrire le nombre en *mots*.

– Enfin un « nombre à virgule » (comme 4,6), cela n'existe pas : c'est l'*écriture* qui est à virgule (puisqu'on peut aussi écrire ce nombre 46/10) ; le nombre est décimal !

• Prolongements

Les numéros ne sont pas des nombres !

Pourquoi ? Mais parce qu'on ne peut pas faire des opérations (opérer) sur eux : essayez de multiplier deux numéros de rue ou d'additionner deux numéros de joueurs de football ! Cela n'a pas de sens.

... Et « 12 bis » est-il un nombre pair ou impair ? demandait Raymond Queneau.

▲ Autre prolongement

• Objectifs

Comprendre ce qu'est le *champ de référence* d'un mot.

Savoir distinguer les chiffres et les nombres dans différents champs de référence.

1. Pour clarifier ces notions, voir par exemple l'ouvrage de Stella Baruk, *Comptes pour petits et grands*, Magnard, 1997.

Comprendre l'importance de la polysémie des mots et les difficultés qu'elle induit.

- **Situation-problème**

Ils sont fous ces mathématiciens : les chiffres du chômage ne sont pas des chiffres !

Et l'autre jour, j'ai demandé à un professeur de mathématiques qui venait d'avoir un bébé si elle avait eu une fille ou un garçon. Elle m'a répondu « Oui » !

Que pensez-vous de tout cela ?

- **Obstacle et rupture**

Les *chiffres* utilisés couramment en sciences sociales et dans le langage courant (chiffres du chômage ou de l'inflation) ne sont pas des chiffres en mathématiques : ne confondons pas *nombre* et *chiffre* (17 est un nombre constitué des chiffres 1 et 7) !

Dans le langage courant, le mot *ou* est *exclusif*. En mathématiques, il est *inclusif* : quand on vient d'accoucher, on a bien eu [une fille ou un garçon]... puisqu'on a eu un enfant !

Il en va de même de beaucoup de termes mathématiques qui ont été empruntés au langage courant et auxquels on a donné un autre sens (direction, ranger, hypothèse...). Cela constitue un facteur d'échec scolaire important et demande à être travaillé (même en collège, par exemple en relation avec le professeur de lettres).

N'oublions pas aussi que, en français, il y a deux nombres... le singulier et le pluriel ! Et que *le plus grand nombre...* c'est la majorité ! Et qu'un nombre n'est pas toujours défini précisément... puisque *faire nombre*, c'est simplement augmenter la quantité d'un groupe (de personnes par exemple) ! Enfin, lorsqu'on parle de témoins *sans nombre...* ce n'est pas que leur nombre n'existe pas mais qu'il y en a une multitude (une quantité innombrable) !

▲ Autre prolongement

- **Objectifs**

Prendre conscience que *concret* et *abstrait* ont un sens souvent mal interprété quand on se réfère aux nombres.

Comprendre que, dans l'enseignement des mathématiques, il n'est pas pertinent de penser que seul le passage par le concret permet aux enfants de se faire une idée des nombres « abstraits ».

• Niveau

Formation d'adultes.

• Situation-problème

Il y a du concret et de l'abstrait.

Un nombre est *abstrait* quand on l'énonce sans préciser l'espèce des unités (deux, quatorze fois...). Un nombre semble *concret* quand on énonce en même temps l'espèce des unités (dix-sept oranges).

Seuls les « nombres concrets » permettent aux enfants de se faire une idée des nombres abstraits. Par exemple, pour écrire les nombres, abstraits ou concrets, il faut échanger « dix quelque chose » contre « un quelque chose d'autre » (en base dix).

Et si cela constituait un faux problème ? Et si cela était erroné ? Et si c'était le concret dont on n'a aucune idée qui était abstrait ?

• Obstacles et ruptures

Les adultes prennent pour *concret* ce qu'ils sont capables de se représenter mentalement. En effet, on peut se représenter 5 oranges. Mais, en fait, c'est parce que le nombre 5 est susceptible de représentation que le nombre d'oranges est concret. Cent trente-cinq oranges se distinguent-elles de cent trente-sept oranges ? Et à plus forte raison un million deux cent soixante-treize grains de riz ! Mais les oranges, ça se manipule ; cela ne correspondrait-il tout de même pas à un *nombre d'oranges concret* ? Pas vraiment car, comment imaginer le nombre de cent trente-cinq oranges autrement qu'en passant par un comptage ?

Ce qui est *abstrait* pour nous, c'est ce dont nous n'avons pas une idée précise, parce que placé en dehors de notre champ habituel de pratique ou de pensée. Ce qui est *concret* c'est tout ce qui est habituel, proche de nous, de notre pratique ou de nos préoccupations.

« Quatre milliards d'années » est abstrait pour la plupart des gens mais pas pour un paléontologue ou un astrophysicien. Tout ce que l'on appelle *ordre de grandeur* est en relation avec le domaine du vécu. C'est donc bien le concret dont on n'a aucune idée qui est abstrait et l'abstrait dont on a l'habitude qui est concret[1].

Pédagogiquement, il semble donc important de sortir de ce faux problème du concret et de l'abstrait.

1. D'après une formule d'Alain Connes, reprise par Stella Baruk dans son ouvrage *Comptes pour petits et grands*, *op. cit.*, dont l'idée de quelques-unes de ces situations-problèmes est tirée et qui explicite très largement le concept de nombre dans son ouvrage.

QUELQUES PROBLÈMES D'ORDRE GÉNÉRAL

190

DES QUESTIONS... OUI MAIS LES MIENNES !

• Objectifs

Savoir donner du sens à un problème et apprendre à se poser des questions.

• Niveau

Cycle 3 de l'école élémentaire (mais tout niveau en choisissant un *problème sans questions* adapté).

• Situation-problème

2 propriétaires ont décidé d'échanger deux terrains de même périmètre (820 m). L'un est carré, l'autre rectangulaire avec une longueur double de sa largeur. Le m^2 de terrain est évalué en moyenne à 800 francs.

Si vous étiez devant ce problème, quelles questions vous poseriez-vous[1] ?

• Obstacle et rupture

C'est un *problème sans questions...* et les élèves ont l'habitude d'attendre que les questions proviennent du maître ! Il comporte un énoncé que l'on doit comprendre et qui suscite un questionnement riche.

Il ne correspond à une situation-problème que si les élèves n'en ont jamais fait ; autrement, il n'est qu'un problème ouvert.

Il est facile de concevoir des activités de ce type. Pour entrer dans cette démarche, il suffit de choisir, dans un manuel, un problème qui soit assez riche... et d'éliminer simplement les questions[2] !

1. D'après C. Daniel, A. Descaves, R. Eiller, O. Georgiades, A. Vancauwenberghe, *Optimath*, CM1, Hachette, 1997. Modifié.
2. Pour une analyse détaillée des problèmes sans questions, voir Odette Bassis, *Concepts-clés et situations-problèmes en mathématiques*, Hachette, 2003.

191

CONSTRUIRE UNE COUVERTURE « ÉGALITÉ » ?

• Objectifs

Mêmes objectifs que précédemment.

Savoir construire une méthode d'analyse et de résolution de problème.

• Niveau

Cycle 1 de collège.

• Situation-problème[1]

Mombo Tapie est fabricant de couvertures quadrillées. Il aimerait créer un modèle « égalité » qui aurait autant de carrés gris touchant le bord que de carrés blancs à l'intérieur.

Après avoir essayé de faire un schéma, son apprenti, Amal, lui dit que c'est impossible. Il a peut-être raison... ou peut-être pas !

Et vous, qu'en pensez-vous ?

• Obstacle et rupture

Les élèves ne savent pas si c'est possible et n'ont pas de règle qui puisse être appliquée. Ils sont obligés de fonctionner par tâtonnement.

Exemple de méthode de recherche : commencer par un carré de 1 blanc et 3 gris et augmenter progressivement la grandeur de la figure (carrés et rectangles) en trouvant à quel moment les nombres de petits carrés gris et blancs deviennent égaux.

Une réponse possible : rectangle de 8 sur 6 (24 carrés gris et 24 carrés blancs).

1. D'après « Enseignement des mathématiques par le problème », cours de formation, MCH-SPES, septembre 1997.

192

PESER... UN NOMBRE ?

• Objectif

Apprendre à changer de méthode et à développer des stratégies d'invention.

• Niveau

Collège.

• Situation-problème

Le nombre π fascine l'humanité depuis l'Antiquité. Il a donné lieu à de nombreuses recherches permettant de le calculer.

Et si vous cherchiez à mesurer ce symbole de l'abstraction mathématique... en le pesant ? Vous avez à votre disposition une balance précise, du carton fort, des ciseaux, une règle, un compas, un dictionnaire...

Mais peut-on mesurer un nombre mathématique par une masse ?

• Obstacle et rupture

À l'aide de surfaces bien choisies, découpées dans du carton, d'une balance... et d'une bonne réflexion, il est effectivement possible de déterminer le nombre π avec une approximation de 1 %.

Si R est le rayon, la circonférence C d'un cercle est : $C = 2 \pi R$.

De même, la surface S d'un disque est : $S = \pi R^2$.

Si on découpe dans le carton un disque, assez grand (pour limiter les approximations de la pesée ultérieure), si on mesure précisément le rayon ou le diamètre, si on en calcule la surface ou le périmètre et si on pèse ce même disque de la manière la plus précise possible, on peut déduire la valeur de π puisque toutes les autres valeurs sont connues.

$\pi = S/R^2$ ou $\pi = C/2R$. Il peut être intéressant de calculer π en utilisant les deux méthodes puis comparer les résultats.

193

CINQ PERSONNES QUI DEVRAIENT S'ARRÊTER DE FUMER ?

• Objectif

Prendre conscience de la pertinence d'utiliser un tableau à double entrée pour résoudre un problème.

• Niveaux

Du collège à la formation d'adultes.

• Situation-problème[1]

Cinq personnes vivent chacune dans une maison de couleur différente. Dans chaque maison, vit une personne de nationalité différente. Chaque habitant a une boisson, un animal et une marque de cigarettes qui lui sont propres. Aucune des cinq personnes ne boit la même boisson, ne fume les mêmes cigarettes ou ne possède le même animal que l'un de ses voisins.

... À qui appartient le poisson ?

Voici quelques indices : L'Anglais vit dans la maison rouge. Le Suédois a un chien. Le Danois boit du thé. La maison verte est à gauche de la maison blanche. Le propriétaire de la maison verte boit du café. La personne qui fume des Pall Mall a un oiseau. L'homme qui vit dans la maison du milieu boit du lait. Le propriétaire de la maison jaune fume des Dunhill. Le Norvégien habite dans la première maison. Le fumeur de Marlboro habite à côté de celui qui a un chat. L'homme qui possède un cheval habite à côté de celui qui a un chat. Le fumeur de Gitanes boit de la bière. Le Norvégien habite à côté de la maison bleue. L'Allemand fume des Gauloises. Le fumeur de Marlboro a un voisin qui boit de l'eau.

• Obstacle et rupture

Cela paraît très compliqué ! Pourtant, il suffit de construire un tableau à double entrée (couleur des maisons et caractéristiques) pour lire le résultat !

1. D'après Thérèse Eveilleau, site Internet http://perso.wanadoo.fr/therese.eveilleau/pages/enigmes (site mathématiques avec de nombreux jeux, énigmes, problèmes...).

Couleur des maisons / Caractéristiques	jaune	bleue	rouge	verte	blanche
Animal	chat	cheval	oiseau	poisson	chien
Boisson	eau	thé	lait	café	bière
Nationalité	Norvégien	Danois	Anglais	Allemand	Suédois
Marque de cigarettes	Dunhill	Marlboro	Pall Mall	Gauloises	Gitanes

Le poisson appartient donc à l'Allemand.

Notons aussi que l'on peut changer le dernier critère si on ne veut pas cautionner le tabagisme ! Mais, au contraire, n'est-ce pas mieux encore d'en profiter pour faire s'exprimer les élèves pendant quelques minutes sur ce sujet (sans faire de la « morale » – voir situations-problèmes dans la partie « Éducation à la santé » du tome 1 de cet ouvrage) ?

194

NE PAS VOIR PLUS LOIN QU'UNE BOUGIE ?

• Objectif

Savoir analyser un énoncé de problème pour pouvoir le résoudre.

• Niveaux

De l'école primaire (cycle 3) à la formation d'adultes.

• Situation-problème

Un bougeoir et sa bougie coûtent ensemble 110 euros. Le bougeoir coûte 100 euros de plus que la bougie.

Combien coûte le bougeoir ?

• Obstacle et rupture

Le résultat n'est pas 100 euros, comme on a tendance à le penser, mais bien 105 euros (105 + 5).

L'obstacle majeur se situe dans la confusion entre écriture décimale du nombre 110 (une centaine et dix unités) et la somme 100 + 10. Cela est à rapprocher des confusions, dès la grande section de maternelle, entre [« 18 » c'est « 1 » et « 8 »] à la place de [« 18 » s'écrit « 1 » puis « 8 »]. En mathématiques, la locution « c'est » se traduit par « = ». Et la locution « et » se traduit par « + ».

195

TRAVAILLER HUIT HEURES PAR JOUR... ET NE RIEN FAIRE ?

• Objectif

Acquérir le *sens* de l'addition.

• Niveaux

Cycle 3 de l'école primaire, collège... jusqu'à la formation d'adultes.

• Situation-problème[1]

Un chef d'entreprise disait à ses ouvriers : « Les années bissextiles ont 366 jours. Vous ne travaillez que 8 heures par jour, c'est-à-dire le tiers du temps. Cela fait 122 jours. Mais il y a 52 dimanches ; restent 70 jours. Le samedi, vous disposez de la demi-journée, ce qui fait 26 jours en moins ; restent 44 jours. Enlevez 5 semaines de congés payés, il reste 9 jours. Avec le jour de l'an, le 1er mai, le 14 juillet, la Toussaint et Noël, le lundi de Pâques, le lundi de Pentecôte, et le jeudi de l'Ascension, il ne reste qu'un jour. Un jour de travail ! Et encore, les années bissextiles ! Donc trois années sur quatre vous ne faites rien ! »

Comment cela est-il possible ?

• Obstacle et rupture

La faille dans ce problème vient du fait que certains jours, ou parties de jour, sont comptés deux fois, voire plus. On peut aussi s'interroger sur le choix des nombres... et sur la conclusion !

1. *Ibid.*

Généralement, la notion d'addition n'est travaillée que dans des contextes d'ensembles *disjoints*. N'induit-on pas alors nécessairement une difficulté dans la résolution d'un certain nombre de problèmes qui correspondent pourtant à une structure additive ?

Lorsque l'on doit compter les éléments d'une réunion d'ensembles non disjoints (ayant une partie commune), il faut soustraire le nombre d'éléments de la partie commune qui ont été comptés deux fois en les ajoutant. Ceci est à l'origine de nombreuses énigmes.

• Prolongement

On peut demander aux élèves de produire un texte de ce type concernant leur travail scolaire.

On peut aussi choisir un autre support, par exemple ce poème de Boileau (et en faire une analyse critique au plan mathématique mais aussi sociologique... avec une approche historique) :

L'homme, dont la vie entière
Est de quatre-vingt-seize ans,
Dort le tiers de sa carrière,
C'est juste trente-deux ans.

Ajoutons pour maladies,
Procès, voyages, accidents
Au moins un quart de la vie,
C'est encore deux fois douze ans.

Par jour deux heures d'études
Ou de travaux – font huit ans,
Noirs chagrins, inquiétudes –
Pour le double font seize ans.

Pour affaires qu'on projette
Demi-heure, – encore deux ans.
Cinq quarts d'heure de toilette :
Barbe et cætera – cinq ans.

Par jour pour manger et boire
Deux heures font bien huit ans.
Cela porte le mémoire
Jusqu'à quatre-vingt-quinze ans.

Reste encore un an pour faire
Ce qu'oiseaux font au printemps.
Par jour l'homme a donc sur terre
Un quart d'heure de bon temps.

• Obstacle et rupture

Les mêmes que précédemment.

De plus, Boileau nous renseigne sur l'histoire d'une époque (que l'on peut comparer avec la nôtre).

196

FAIRE DES MATHS... EN GOÛTANT[1] ?

• Objectifs

Apprendre à gérer un projet d'une manière autonome.

Savoir problématiser une situation.

• Situation de départ

Dans le cadre d'un *projet* (organiser le goûter du matin), les élèves doivent gérer le stock d'aliments pour pouvoir faire un goûter à la carte. Dans une situation langagière antérieure, les enfants ont débattu sur les problèmes posés par la distribution de gâteaux : certains enfants ont eu des gâteaux qu'ils n'aimaient pas, il n'y en avait plus de leur choix. De là est né le projet de gestion du goûter en autonomie.

• Niveau

Grande section de maternelle.

• Situation-problème

1. Dans notre restaurant, il y a 4 paquets de tartelettes.
2. Dans notre restaurant, il y a 4 paquets de *Prince* de Lu.
3. Dans notre restaurant, il y a 3 paquets de *Palmitos*.
4. Dans notre restaurant, il y a 2 paquets de goûters *Carrés*.

Les seules réactions des élèves : « Qu'est-ce qu'il faut faire ? », « On ne sait pas ce qu'il faut faire ! » !

1. D'après Gérard De Vecchi, Nicole Carmona-Magnaldi, *Faire vivre de véritables situations-problèmes*, *op. cit.* Travail réalisé par Pascale Desplats, La-Croix-en-Brie (77).

La maîtresse précise alors que « ce problème est spécial : c'est vous qui allez dire, faire, chercher ce qu'on peut faire pour organiser notre goûter ».

• Obstacle et rupture

Nous avons affaire à un problème sans questions qui ne correspond à une situation-problème que si les élèves n'en ont pas l'habitude. De plus, il s'agit plus de traduire en problème mathématique un problème vécu : comment permettre le même choix pour tous, du premier au dernier servi ?

197

MESURER : UN EXERCICE... OU UN BESOIN ?

• Objectifs

Éprouver le besoin de mesurer en utilisant une même unité.

Entrer dans le concept d'*unité* de mesure.

• Niveau

Cycle 2 de l'école primaire.

• Situation-problème

Le maître distribue à chaque groupe une bande de carton que les élèves doivent mesurer (elles ont une longueur voisine). Pour cela, ils ont à leur disposition un matériel différent d'un groupe à l'autre (trombones petits ou grands, allumettes, piques à brochette, trombones de grosseur variable mélangés...).

Travail de groupe. Les résultats sont notés au tableau.

Quel groupe a la bande de carton la plus longue ? Il s'avère impossible de le savoir avec la méthode utilisée.

Mais alors, comment pourrait-on faire ?

• Obstacle et rupture

Il n'est pas possible de faire des mesures comparatives si on n'utilise pas la même unité. C'est le groupe qui a dénombré le plus d'unités qui peut avoir le carton le plus court !

198

PARTAGER DIX-SEPT ÉLÉPHANTS... EN TROIS ?

• Objectifs

Entrer dans une démarche de recherche sur un problème d'arithmétique qui ne peut pas se résoudre mathématiquement à l'aide de nombres entiers.

Aborder l'insuffisance de l'ensemble des nombres entiers pour résoudre un certain nombre de problèmes, et la nécessité de la prise en compte de valeurs approchées.

• Niveaux

À partir du collège.

• Situation-problème

C'est une énigme bien connue.

« Un riche Hindou, sentant la mort venir, fit appeler ses trois enfants et leur dit : "Toi, l'aîné, je te donne la moitié de mon troupeau de dix-sept éléphants. Toi, le deuxième de mes fils, je te lègue un tiers de ce même troupeau. Et toi, mon cadet, tu auras un neuvième du troupeau." Sur ces derniers mots, il rendit l'âme. »

Que proposeriez-vous aux trois fils afin qu'ils respectent, au mieux, les vœux de leur père ?

• Aide possible (après que les groupes d'élèves se sont appropriés l'énigme et qu'ils ont un peu cherché) : « Et si les trois fils demandaient à un voisin de leur prêter un éléphant[1] ? »

• Obstacle et rupture

Les valeurs exactes résolvant le problème ne sont pas des nombres entiers. Le problème n'a donc pas de solution entière. La proposition de solution

1. Réponse attendue habituellement : les trois fils empruntent un éléphant à un voisin. 17 + 1 = 18 éléphants (ce qui fait 9 + 6 + 2 éléphants pour les trois fils), puis ils le lui rendent. Mais on a pu remarquer que, si 9/17 + 6/17 + 2/17 = 17/17, donc 1, 1/2 + 1/3 + 1/9 n'est pas égal à 1 ! L'intérêt de cette activité ne réside pas dans le résultat mais dans toute la discussion qu'elle fait naître (principalement par le fait qu'il n'y a *pas de solution exacte*)... ce qui est le cas de la plupart des situations-problèmes !

n'est donc qu'une valeur approchée des valeurs demandées par le riche Hindou. On peut alors se poser la question de savoir lequel des fils a été le plus avantagé par l'approximation entière prise comme solution :

	Solution entière retenue	Avantage
$1/2 \times 17 = 8 + 1/2$	9	1/2
$1/3 \times 17 = 5 + 2/3$	6	1/3
$1/9 \times 17 = 1 + 8/9$	2	1/9

La solution entière retenue avantage encore l'aîné, puis le cadet et désavantage encore le benjamin.

199

OUVRIR UN COFFRE-FORT ?

• Objectifs

Arriver à construire une méthode d'analyse et de résolution de problème.

Entrer dans une démarche hypothético-déductive.

• Niveaux

Du collège à la formation d'adultes.

• Situation-problème[1]

« J'ai oublié la combinaison de mon coffre-fort ! Qui peut m'aider à la retrouver ? »

Voici quelques indices :

– C'est un nombre à 6 chiffres, tous différents.

– Il est uniquement formé des chiffres de 1 à 6.

– Le nombre formé par les 2 premiers chiffres est divisible par 2.

– Le nombre formé par les 3 premiers chiffres est divisible par 3.

– Le nombre formé par les 4 premiers chiffres est divisible par 4.

– Le nombre formé par les 5 premiers chiffres est divisible par 5.

– Le nombre formé par les 6 premiers chiffres est divisible par 6.

Est-ce suffisant pour retrouver le code avec certitude ?

Quel(s) code(s) dois-je essayer ?

1. D'après un problème trouvé dans multimania.com/helho3pp.

- **Obstacle et rupture**

La plupart des personnes pensent qu'un problème mathématique possède une solution. L'obstacle repose sur le fait que les notions abordées sont simples et qu'il n'est pas évident de percevoir deux conditions contradictoires.

Au niveau du collège, le problème peut être résolu par une méthode d'exhaustivité (recherche de tous les cas possibles). En formation d'adultes, on pourra passer par un retour sur la définition de la numération décimale : le nombre recherché s'écrit « abcdef », chaque lettre ne pouvant prendre que la valeur de 1 à 6.

Les combinaisons réalisables ne sont pas très nombreuses et on arrive vite à une impossibilité à cause des divisibilités à la fois par 3 et par 4. Il y a en fait deux réponses possibles : 123654 et 321654.

200

QUI Y GAGNE : LE FAINÉANT OU LE DIABLE ?

- **Objectif**

Entrer dans une démarche de résolution de problème arithmétique complexe.

- **Niveaux**

Cycle 3 de l'école primaire et collège.

- **Situation-problème**[1]

« Le Fainéant et le Diable. Un Fainéant se désespérait d'être toujours sans le sou. Ne sachant plus à quel saint se vouer, il eut l'idée d'invoquer le Diable. À peine avait-il prononcé son nom qu'il le vit apparaître. Dominant son effroi, le Fainéant demanda à son visiteur une recette pour faire fortune.

1. Gérard De Vecchi, Nicole Carmona-Magnaldi, *Faire vivre de véritables situations-problèmes, op. cit.* Conte pris dans Dunod Kordiemsky, *Sur le sentier des mathématiques* cité par D. Ferragne, *Les Mathématiques à l'école élémentaire*, Hachette, 1984.

« – C'est enfantin, répondit le Diable. Il suffit de traverser plusieurs fois le pont que tu vois là-bas. Après chaque traversée tu te retrouveras avec, dans ta poche, deux fois plus d'argent qu'auparavant.

« – Pas possible ! s'exclama le Fainéant.

« – Je m'en porte garant, affirma le Diable. Mais attention ! Il y a une condition : pour me payer de ma peine, tu me donneras 24 francs au terme de chaque traversée miraculeuse. Entendu ?

« – Entendu, répondit le Fainéant, enthousiasmé à l'idée de faire si facilement fortune. Commençons sur-le-champ !

« Le Fainéant traversa donc le pont une première fois et, ô stupeur ! constata qu'il avait dans sa poche le double de la somme qui s'y trouvait auparavant. Ravi, il s'empressa de donner 24 francs au Diable et de traverser le pont une seconde fois. Il put s'assurer de nouveau que le Diable n'avait pas menti : son argent avait encore doublé. Il remit 24 francs au Diable et fit une troisième traversée, au terme de laquelle, l'argent ayant doublé une nouvelle fois, il se retrouva avec exactement... 24 francs, juste de quoi payer son perfide conseiller qui disparut en ricanant. »

Mais comment cela est-il possible ?

• Obstacle et rupture

Pour résoudre ce problème, il faut en avoir une vision globale puisqu'il est préférable de commencer par la fin ! Il est construit à partir de la somme que possède le Fainéant au départ et qui est inconnue. Les nombres en jeu sont des entiers, il peut donc se résoudre suivant une méthode arithmétique mais *à l'envers* !

Si on commence par le résultat final :

<u>0</u> 24 F 12 F 36 F 18 F 42 F <u>21 F</u>

donne 24 F doublé donne 24 F doublé donne 24 F doublé

⬅ 3ᵉ traversée ➡⬅ 2ᵉ traversée ➡⬅ 1ʳᵉ traversée ➡

Si, initialement, il possédait 21 francs, au bout de la troisième traversée, il ne lui reste donc plus rien. Pour que l'opération soit intéressante, il aurait fallu qu'il possédât au départ une somme supérieure à 24 francs !

Au niveau collège, on peut utiliser une méthode algébrique :

Soit X la somme possédée par le Fainéant au départ ; les conditions imposées par l'énoncé se traduisent par :

$[(X \times 2 - 24) \times 2 - 24] \times 2 - 24 = 0$

$(4\,X - 48 - 24) \times 2 - 24 = 0$

$8\,X - 244 - 24 = 0$

$8\,X = 168$

$X = \underline{21}$

- **Élargissement pour généraliser** (autre problème)[1]

Blanche-Neige distribue des graines aux oiseaux. Au premier, elle donne la moitié de ce qu'elle possède, plus 1 graine. Au deuxième, elle donne la moitié de ce qu'il lui reste, plus 2 graines. Au troisième, elle donne la moitié de ce qu'il lui reste, plus 3 graines. Il lui reste alors 1 seule graine. Comment savoir quel était le nombre de graines que possédait Blanche-Neige ?

Solution : Il suffit de *remonter* le problème :

À la fin, 1 graine (qui reste) et les 3 données font la moitié de ce qu'elle avait avant cet oiseau.

Elle avait donc 8 graines : 2 (1+3) = 8. Juste avant, 8 graines et 2 données font la moitié de ce qu'elle avait avant cet oiseau. Elle avait donc 20 graines : 2 (8 +2) = 20. Et juste avant encore donc au début, 20 graines et 1 donnée font la moitié de ce qu'elle a au départ. Elle avait donc 42 graines : 2 (20 + 1) = 42.

En vérifiant dans l'ordre chronologique... tout fonctionne.

1. D'après Thérèse Eveilleau, même site Internet que précédemment.

NOMBRES ET NUMÉRATION (DES OUTILS POUR RÉSOUDRE DES PROBLÈMES) ÉTUDE DES NOMBRES

201

COMPTER AVEC SEULEMENT TROIS SIGNES[1] ?

• Objectifs

Prendre conscience des règles qui régissent les systèmes de numération (la comparaison entre les deux systèmes aide les élèves à mieux comprendre notre numération).

Savoir ce que sont des algorithmes numériques de type additionnel et positionnel.

• Niveau

Cycle 3 (en particulier CM1).

• Situation-problème[2]

Les Mayas étaient des Indiens d'Amérique centrale. Même si leur religion comportait des sacrifices humains, ils ont laissé des ruines importantes (temples et pyramides) couvertes de hiéroglyphes qui témoignent d'une civilisation autrefois brillante, qui s'est développée du ve au xiie siècle de notre ère.

Avant l'arrivée des Européens, ils étaient parvenus à des connaissances astronomiques importantes. Ils avaient défini l'année comme correspondant presque exactement au temps de rotation de la Terre autour du Soleil, ils connaissaient très bien les phases de la Lune...

1. D'après Gérard De Vecchi, Nicole Carmona-Magnaldi, *Faire vivre de véritables situations-problèmes*, *op. cit.*
2. D'après une idée prise dans M.-L. Peltier, J. Bia, C. Maréchal, *Le Nouvel Objectif Calcul*, CM1, Hatier, 1995.

Pour étudier l'astronomie, ils avaient besoin d'utiliser de grands nombres. Pourtant, ils ne se servaient que de trois signes ! Comment cela pouvait-il être possible ?

Voici des nombres écrits en maya :

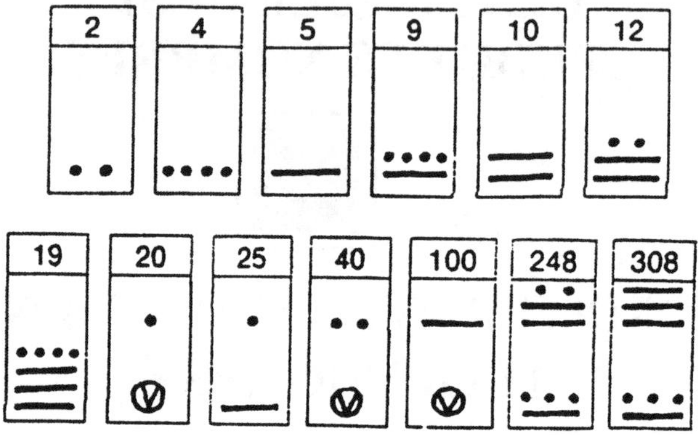

• Obstacle et rupture

La numération ne peut plus être considérée comme une simple suite de nombres mais comme un *système* complexe et élaboré. Sa compréhension facilitera l'étude des mécanismes opératoires (au départ, certains élèves écrivent encore *mille trente* de la manière suivante : 100030). Et surtout, la comparaison entre ce système et le nôtre leur fera prendre conscience qu'il y a des numérations *additives* et des numérations *de position.*

Notons au passage qu'il est tout à fait captivant d'analyser la manière dont les concepts se sont progressivement construits. De plus, très souvent, on peut observer chez nos élèves les mêmes obstacles. L'histoire des nombres mais aussi celle des sciences ou de la langue française sont particulièrement intéressantes dans ce domaine.

• Élargissements

Des ouvertures sont possibles sur d'autres disciplines (astronomie, histoire).

• Autre élargissement

On peut organiser les nombres autrement que par un groupement par 10 (base 4, 5 par exemple)[1].

1. Pour la description d'une démarche utilisant la base 4, voir Odette Bassis, *Concepts-clés et situations-problèmes en mathématiques*, *op. cit.*

202

COMPTER DES GRAINS DE RIZ... SANS PERDRE DE TEMPS ?

Un exemple de défi mathématique.

• Objectifs

Donner du sens au concept d'*unité en prenant conscience de son intérêt* et de son utilité.

Ressentir l'importance de la *rigueur* dans les manipulations.

• Niveau

Cycle 3 de l'école primaire.

• Situation-problème

– Travail en petits groupes...

Vous avez devant vous un paquet de riz de 1 kilogramme. Combien contient-il de grains de riz ?

Beaucoup trop long pour le savoir ? Je vous parie que, si vous n'avez que 5 minutes pour faire ce comptage, vous pouvez trouver la solution, au moins approximativement !

Mais... quelle stratégie employer ?

Je peux mettre à votre disposition différents récipients et même une balance.

– Recherche de stratégie(s) possible(s), discussion, passage à l'action, puis analyse de l'intérêt de la stratégie utilisée.

• Obstacle et rupture

Bien sûr, la solution ne consiste pas à dénombrer un à un l'ensemble des grains de riz ! On ne peut répondre à la consigne qu'en comptant les grains contenus dans un petit récipient qui matérialisera une *unité*. Et il n'y aura plus qu'à dénombrer le nombre d'unités et le multiplier par le nombre de grains contenus dans cette unité. Peser l'ensemble des grains contenus dans l'unité choisie et le comparer à la masse totale de riz (1 kg) constitue une stratégie très rapide. Bien sûr, changer de mode opérationnel (passer de *compter* à *peser*) n'est pas évident pour les élèves. Il faudra donc les aider en les mettant sur la voie.

Parallèlement, cela demande une grande *rigueur de manipulation.*

203

UN NOMBRE TRÈS VITE DÉCOUVERT ?

• Objectifs

Être capable de comparer des nombres à partir des relations *plus petit que* et *plus grand que* en sachant inverser ces relations.

Tirer parti d'une information, en garder la trace, la traduire sous une forme plus opératoire, réduire le champ des possibles.

• Niveau

Cycle 3 de l'école primaire (et plus tard en modifiant la situation-problème).

• Situation-problème

Vous savez jouer au jeu des vingt questions[1].

On peut utiliser le même type de jeu mais avec des nombres mathématiques.

Le maître : « Je vais penser à un nombre : ce sera le *nombre secret.* Vous devrez découvrir ce nombre *le plus vite possible* en me posant des questions auxquelles je ne répondrai que par "oui" ou par "non"[2]. À vous de jouer. »

Et, après quelques tours : « Mais quelle stratégie employer pour être sûr de trouver, chaque fois, *le plus rapidement possible* ? »

---

1. Une personne choisit par exemple un personnage célèbre. Les autres doivent deviner de qui il s'agit en posant des questions comme « Est-ce un tel ? » ou encore « Est-il vivant ? ». La première personne répond, sans mentir, uniquement par « oui » ou par « non ». Les autres ont gagné s'ils trouvent la bonne réponse en moins de vingt questions (on peut, bien sûr, limiter le nombre maximum de questions).
2. Une variante peut consister à proposer, à tour de rôle, un nombre. Le maître dit chaque fois s'il est plus grand ou plus petit que le nombre secret.

• Obstacle et rupture

Souvent, les élèves utilisent une méthode s'appuyant plus sur le hasard que sur une stratégie organisée.

On peut facilement déterminer le nombre minimum de questions que doivent poser les élèves. Il est toujours au moins égal à une quantité fondamentale que l'on nomme l'*entropie* du choix du maître. C'est une mesure de l'incertitude dans laquelle sont les élèves, ou encore de la quantité d'informations contenues dans le choix du maître.

Si l'on choisit un nombre entier compris entre 1 et 16 (et qu'il y a autant de probabilité de choisir n'importe lequel des nombres), alors, au plus, quatre questions seront nécessaires : c'est la valeur de l'entropie. En effet, les élèves pourront procéder de la manière suivante : la première question est : « Inférieur ou égal à 8 ? » Si le maître répond « oui », alors on demande : « Inférieur ou égal à 4 ? » Si la réponse avait été « non », alors on aurait pu demander : « Inférieur ou égal à 12 ? », et ainsi de suite. Si maintenant, le maître a des nombres préférés, et que les élèves le savent, ils peuvent espérer être plus rapides en moyenne ; l'entropie est plus faible. La stratégie optimale est connue sous le nom de *code d'Hoffman*.

Pour des élèves plus âgés ou des adultes, on pourrait adapter ce jeu en y introduisant une autre dimension : et si les réponses du maître n'étaient plus uniquement « oui » ou « non » mais, « oui avec probabilité 3/5 », « non avec probabilité 2/3 »..., le problème serait plus compliqué. Il existe beaucoup de variantes. Il faut définir précisément le modèle probabiliste sous-jacent mais, dans le cas de jeunes élèves, il est naturel de s'intéresser à une stratégie simple, la *stratégie dite à un coup* : à chaque instant, choisir la question qui réduit le plus, en moyenne, l'incertitude sur le choix du maître.

• Prolongement

Il est intéressant de vérifier si les élèves sont capables de *réinvestir* ce qu'ils ont appris, en l'adaptant au jeu du personnage à deviner !

Les élèves vont-ils s'inspirer de la tactique mise précédemment au point ? Le *problème mathématique* sous-jacent consistera à déterminer quelle peut être la stratégie optimale à mettre en œuvre, c'est-à-dire *quelles questions poser*, et dans quel ordre, pour gagner en posant un minimum de questions.

CALCUL AUTOMATISÉ, RÉFLÉCHI, INSTRUMENTÉ (AVEC CALCULETTE)

204

POUR NE PLUS ÊTRE MAGICIEN

• Objectif

Faire une première approche du *sens de la soustraction* en situation pratique.

• Niveaux

École maternelle et cours préparatoire.

• Situation-problème[1]

On utilise quelques jetons[2] que l'on montre aux enfants et un gobelet opaque.

Plusieurs fois, l'enseignant place un certain nombre de jetons sous le gobelet (les autres restent à l'extérieur). Les élèves doivent dire combien il y en a sous le gobelet.

Ils ne savent pas.

Puis les élèves sont invités à faire eux-mêmes la manipulation... et ils s'aperçoivent que le maître « devine » à chaque fois !

« Tu es un magicien ! » disent les élèves.

Et si ce n'était pas de la magie ? Comment fait le maître ?

• Obstacle et rupture

Bien sûr, on peut connaître ce qu'on a retiré lorsqu'on sait combien on a d'éléments en tout. Les enfants ne maîtrisent pas encore le sens de la soustraction. Ils peuvent *deviner* mais non *déduire* la réponse.

1. D'après Rémi Brissiaud, « Le jeu du gobelet », *J'apprends les maths, CP*, Livre du maître, Retz, 1991.
2. Par exemple trois jetons en petite section, cinq en grande section et dix au CP.

Il s'agit d'une *approche de la soustraction* dans le cas d'une recherche complémentaire. C'est en fait une addition à trous (exemple : 3 + ? = 5) mais ce que l'on cherche n'est pas le résultat de l'addition.

205

SOUSTRAIRE POUR AJOUTER ?

• Objectif

S'approprier le sens de la soustraction et prendre conscience des différentes structures additives.

• Niveau

Cycle 2 de l'école primaire.

• Situation-problème

Beaucoup d'exemples peuvent être facilement trouvés.

Exemples : Je suis au 2e étage et je dois aller au 6e étage. Combien d'étages *en plus* dois-je *encore* monter ?

Ou : Pour jouer au Scrabble, j'ai besoin de sept lettres et je n'en ai que trois. Combien dois-je encore en *ajouter* ?

• Obstacle et rupture

L'idée d'*encore monter* des étages ou les termes *plus* et *ajouter* renvoient à une addition. Et pourtant, dans ces deux cas, pour faire *en plus* ou *ajouter*, il faut faire... une *soustraction* !

• Prolongement

À travers de nombreux exemples, il est important d'aborder les *formes cachées de la soustraction* en faisant prendre conscience qu'il existe plusieurs types de situations concernant les structures additives[1].

A. Jérôme a 10 bonbons ; il en donne 7 (idée de *reste*).

B. Il faut 10 pièces de Lego pour construire un pont. Je n'en ai que 7 (idée de *manque*).

1. D'après Odette Bassis, *Concepts-clés et situations-problèmes en mathématiques*, *op. cit.*

C. Alexis a 10 billes et Marine en a 7 (idée de *différence*).

D. Dans le sac, il y a 10 billes dont 7 sont rouges (idée de *complément*).

E. J'ai avancé de 1 mètre et je dois en parcourir 7 (idée de *distance*).

206

N'IMPORTE QUEL NOMBRE... ET UN SEUL RÉSULTAT ?

• Objectif

S'entraîner à la technique opératoire de la soustraction.

• Niveau

Cycle 3 de l'école primaire.

• Situation-problème

Le maître annonce : « Je me lance un défi. Vous allez choisir un nombre de quatre chiffres (exemple : 4952) et le garder secret. Vous allez faire un certain nombre d'opérations. Je vous parie que, sans le regarder, je trouverai le résultat de chaque élève de la classe. Une seule obligation : votre nombre ne doit pas être composé des quatre mêmes chiffres (par exemple : 5555).

« Vous allez maintenant bien suivre les consignes : Réordonnez les quatre chiffres de votre nombre dans l'ordre décroissant de la gauche vers la droite (9542). Retournez le résultat (2459). Calculez la différence entre ces deux derniers nombres (9542 – 2459 = 7083). Vous obtenez un nouveau nombre de quatre chiffres que vous soumettez à son tour au traitement précédent. Vous continuez jusqu'à ce que vous trouviez toujours le même nombre. Vos résultats doivent toujours avoir 4 chiffres avec éventuellement un zéro à gauche. (8730 – 0378 = 8352) (8532 – 2358 = 6174) (7641 – 1467 = 6174) (7641 – 1467 = 6174). »

– On laisse les élèves travailler. Quand tout le monde a fini, le maître annonce la réponse : « Tous les élèves doivent avoir trouvé 6174 ! Si certains ont fait plus de sept soustractions et qu'ils ne sont pas arrivés à ce résultat, c'est... qu'ils ont fait une ou plusieurs erreurs ! Ils doivent vérifier leurs calculs ! »

- **Obstacle et rupture**

Un défi pour le maître est lancé. Les élèves vont s'appliquer à faire les différentes opérations. Tous doivent arriver au même résultat (6 174) et cela en sept soustractions au maximum. Cet algorithme porte le nom d'algorithme de Kaprekar qu'il est inutile de tenter d'expliquer aux enfants ! Mais le maître doit expliquer qu'il n'est pas un magicien et que ce résultat est dû à l'organisation de notre système de numération. Ils pourront comprendre cela lorsqu'ils seront plus âgés.

207

POURQUOI L'AUTRE FILE VA TOUJOURS PLUS VITE[1] ?

- **Objectifs**

Explorer différentes catégories de problèmes.

Commencer à s'initier au raisonnement probabiliste.

- **Niveaux**

Cycle 3 de l'école primaire, collège.

- **Situation-problème**

C'est une des grandes détresses quand on va faire des courses dans les magasins : on pense (ou on dit) souvent : « Ah, si j'avais pris l'autre file, je serais déjà sorti ! »

Mais pourquoi c'est la file d'à côté qui va toujours plus vite ? Et comment faire pour que chacun passe à son tour ?

- **Obstacle et rupture**

Explorons plus en détail cette situation afin de comprendre exactement pourquoi cela arrive si souvent.

Imaginons, dans un grand centre commercial, des queues parallèles allant à des vitesses différentes. Si nous prenons une file, au hasard, elle a deux voisines. Statistiquement, en considérant que, étant dans une file, nous ne

1. Voir www.e-scio.net.

voyons que ses deux voisines (les queues plus lointaines sont souvent cachées ou n'attirent que peu notre attention), alors *une file a seulement une chance sur trois d'être la plus rapide!* Donc, dans deux cas sur trois, il y a une queue qui avance plus vite que la nôtre. La loi n'est donc pas mal vérifiée, pour une loi empirique ! Le « toujours » est un petit peu exagéré, mais bon...

Seulement, si on y réfléchit, finalement, nous n'avons qu'une chance (ou un risque !) sur trois d'être dans le pire des cas : celui où notre file est la plus lente. Donc, nous avons deux chances sur trois d'avoir une queue plus lente que la nôtre à côté de nous. Alors, de quoi nous plaignons-nous ?

Le problème, c'est donc essentiellement que, quand nous faisons la queue, nous ne regardons pas du bon côté ! *Pourquoi regardons-nous toujours les queues les plus rapides ?* Pour le plaisir de souffrir ? Sommes-nous des masochistes ? Détendons-nous et regardons plutôt du côté de la file qui va le plus lentement, en nous disant : « Ah, si j'avais été dans cette queue, j'y serais encore ! »

Prenons la vie du bon côté! Ne laissons pas une vulgaire histoire de file nous démoraliser !

La loi de Murphy sur les queues a d'ailleurs été vaincue ! Avec un système de gestion des files, tout le monde est dans la même et, quand vient son tour, chacun se dirige vers le guichet libre. Une seule queue pour plusieurs guichets : il fallait y penser. Ainsi, on ne peut pas avancer plus vite, et on passe dans l'ordre d'arrivée !

208

GROOOOSSE ADDITION ?

• Objectif

Comprendre ce qu'est la *décomposition canonique* et savoir l'utiliser.

• Niveau

Collège.

• Situation-problème

« J'ai un problème. Le prof nous a donné une grosse addition à faire en utilisant la calculette : 4 125 689 562 + 4 589 653 258. Mais ma calculette n'affiche que huit chiffres au maximum ! Comment vais-je faire ? »

Et vous, comment feriez-vous ?

• Obstacle et rupture

La plupart des calculettes ne peuvent effectivement afficher que huit chiffres.

Les élèves n'ont pas l'habitude de décomposer un nombre avant de l'additionner.

Ils peuvent aussi *désobéir* en faisant le calcul à la main (ce qui peut être considéré non pas comme une *faute* mais plutôt comme une bonne *adaptation* à la situation !).

• Prolongement

Et si on faisait une grooooosse multiplication ?

Par exemple : 1 295 592 × 4 589 852.

• Obstacle et rupture

Il s'agit d'un calcul d'une telle longueur que l'usage réfléchi de la calculatrice devient pertinent (en décomposant au moins un des deux nombres). On utilise alors la propriété de la distributivité de la multiplication par rapport à l'addition.

CONNAISSANCE DES NOMBRES ENTIERS ET NATURELS

209

QUELQUES MOTS POUR UN MILLIARD DE NOMBRES ?

• Objectif

Comprendre que, dans notre numération, il n'y a pas besoin de beaucoup de mots pour écrire les nombres car c'est un *« système »*.

Faire intégrer les règles qui régissent le système de numération en repérant :

– l'existence des différentes classes ;

– la présence des unités, dizaines, centaines qui se retrouvent dans chaque classe et qui s'énoncent de la même façon.

• Niveau

Début de cycle 3 de l'école primaire.

• Situation-problème

Alima : « Mon grand frère m'a lancé un défi. Il me demande de lui trouver tous les mots différents qui sont nécessaires pour écrire les nombres de *un* à *un milliard* ! J'ai envie de lui montrer que je peux y arriver mais ça va me faire une très longue liste ! »

José : « Pas sûr. Si tu réfléchis, tu t'apercevras qu'il faut moins de trente mots. »

Alima : « C'est pas possible ! »

José : « Vas-y. Je vais t'aider. Relève le défi ! »

Et vous, pourriez-vous relever ce défi ?

• Obstacle et rupture

À part quelques exceptions (11 à 16), la même séquence revient toujours.

En fin de compte, il n'y a que vingt-six mots pour dire ou écrire tous les nombres jusqu'à un milliard.

▲ Élargissement

• Objectif

Différencier l'écriture mathématique d'un nombre entier de sa lecture.

• Niveaux

Fin du cycle 2 et début du cycle 3 de l'école primaire.

• Prolongement

Si un Belge, un Suisse faisaient le même travail, ils ne trouveraient pas le même résultat !

Ne compteraient-ils pas pareil ?

• Obstacle et rupture

De soixante-dix à quatre-vingt-dix-neuf, les Belges et les Suisses disent septante... nonante-neuf ! Ils utilisent donc trois mots de plus, mais le système est plus cohérent car chaque dizaine porte un nom spécifique.

Notons également qu'il est essentiel de différencier le fonctionnement des algorithmes numériques *oral* et *écrit*, le premier étant plutôt de type additif, le second de type positionnel. Ainsi, certains enfants écrivent mille vingt « 100020 ». D'autres obstacles existent aussi lorsqu'on passe de l'oral à l'écrit : n'écrivent-ils pas parfois quatre-vingt-quatorze « 8014 » ?

210

PARTAGER QUAND ON CROIT QU'ON NE PEUT PAS ?

• Objectif

Entrer dans la notion de *partage*.

• Niveau

CE1.

- **Situation-problème**

Denis, Vincent, Adrien et Delphine ont sept bonbons à se partager. Combien chacun va-t-il en manger ?

- **Obstacle et rupture**

L'idée de partage est souvent traduite comme un partage devant être *équitable* et sans reste : « C'est pas possible de les manger parce qu'ils en ont pas tous pareil ! »

Ce qui change, c'est l'activité matérielle des apprenants mais plus encore l'activité intellectuelle, les *opérations mentales* mises en œuvre et, bien sûr, la prise de sens.

Voici une situation-problème voisine mais pour le cycle 3.

- **Objectif**

Première sensibilisation aux fractions.

- **Niveau**

Cycle 3 de l'école primaire (CM1, CM2).

- **Situation-problème**

Matthieu, Virginie et Romuald veulent se partager une tablette de chocolat composée de dix barres : « Comment on peut faire ? C'est pas possible d'en avoir autant chacun ! »

Comme ils ont très envie de chocolat, on pourrait peut-être les aider !

Et si on essayait de leur expliquer ? Comme Matthieu aime beaucoup les maths, on pourrait aussi leur écrire la réponse en utilisant une écriture mathématique !

- **Obstacle et rupture**

Dix barres pour trois enfants, cela « ne tombe pas juste » ! La réponse attendue est, bien sûr, $3 + 1/3$.

... Mais on peut aussi effectuer un *partage* sans que les parts soient obligatoirement *égales* (Matthieu aime peut-être aussi beaucoup le chocolat !).

▲ Élargissement

- **Objectifs**

Mieux cerner le concept de fraction en prenant conscience du rôle joué par le dénominateur.

Apprendre à argumenter à propos de la valeur d'une solution.

• Niveau

Cycle 3 de l'école primaire (CM1).

• Situation-problème

Dans *Marius* de Marcel Pagnol, César, le propriétaire d'un bar à Marseille, explique à son fils Marius la recette d'une boisson, le Picon-citron-curaçao[1].

– César : Quant au Picon-citron-curaçao de la maison, ça, n'en parlons pas ! Hier, le père Cougourde est venu et il s'est plaint à moi. C'est pourtant pas difficile, voyons ! Tiens ! Regarde. Tu mets d'abord un tiers de curaçao... et attention hein !... Un tout petit tiers. Maintenant un tiers de citron, un peu plus gros. Bon. Ensuite un bon tiers de Picon. Regarde la couleur. Regarde comme c'est joli. Et à la fin, un grand tiers d'eau. Voilà.

– Marius : Et ça fait quatre tiers.

– César : Exactement. J'espère que cette fois tu as compris.

– Marius : Eh bé, dans un verre, y a que trois tiers.

– César : Mais imbécile, ça dépend de la grosseur des tiers !

– Marius : Et non. Ça ne dépend pas. Même dans un arrosoir on ne peut mettre que trois tiers.

Qui a raison ? Et comme tous les deux sont têtus, comment tenteriez-vous de convaincre celui qui se trompe ?

• Obstacle et rupture

Se rendre compte qu'il suffit de prendre trois fois la part obtenue après partage d'un tout en trois parties égales n'est pas immédiat. Un schéma peut emporter la conviction.

1/3
1/3
1/3

L'ensemble correspondant à trois fois 1/3.

1. Marcel Pagnol, *Marius*, Film Paramount, tiré de Marcel Pagnol, *Marius*, Éd. Bernard de Fallois (le passage utilisé n'existe pas dans le livre).

211

TU PRÉFÈRES 4/8 OU 6/12 DE PIZZA?

• Objectif

Prendre conscience que des fractions différentes peuvent représenter un même nombre.

• Niveau

Cycle 3 de l'école primaire (CM1). Activité pouvant être proposée en début de sujet d'étude sur les fractions.

• Situation-problème[1]

Dans la classe de Sylvain, on a appris à faire des pizzas.

On en a fait pour un pique-nique. Le maître les a placées dans des boîtes individuelles et a inscrit, sous la forme d'une fraction, la quantité de pizza qu'elles contiennent chacune.

Pour le groupe de Sylvain, voilà ce qui est écrit :

Boîte n° 1 : 1/2

Boîte n° 2 : 6/12

Boîte n° 3 : 2/4

Boîte n° 4 : 5/10

Boîte n° 5 : 3/6

Boîte n° 6 : 4/8.

Chacun a très faim et se précipite pour récupérer la boîte qui contient le plus gros morceau de pizza... sauf Sylvain qui est pourtant très gourmand. Comment expliquer l'attitude de Sylvain ?

• Obstacle et rupture

Pour beaucoup d'élèves, des nombres différents ne peuvent représenter que des quantités différentes. Et, dans notre exemple, bien sûr, toutes les boîtes contiennent la même quantité de pizza !

1. Dans Gérard De Vecchi, Nicole Carmona-Magnaldi, *Faire vivre de véritables situations-problèmes*, *op. cit.* D'après Patrick Jourdain, Dammarie-les-Lys (77).

212

UN NOMBRE COMPRIS ENTRE 4... ET 5 ?

• Objectif

Prendre en compte l'existence de nombres décimaux (non entiers).

• Niveau

Cycle 3 de l'école primaire.

• Situation-problème

« Je choisis un nombre de 1 à 20 dans ma tête et vous devez le deviner en me posant des questions auxquelles je ne répondrai que par *oui* ou par *non.* »

... Et le maître choisit un nombre *non entier* (exemple : 4,5).

• Obstacle et rupture

Quand on parle habituellement de nombre, on ne pense qu'aux nombres entiers. À un certain âge, on n'envisage pas l'existence de nombres décimaux : il n'existe donc pas de nombre entre 4 et 5 !

Aide possible : Donner en exemple un enfant qui ne veut qu'une demi-part de gâteau.

Voici une situation-problème voisine.

• Objectif

Prise de conscience de l'existence de *nombres décimaux.*

• Niveau

Cycle 3 de l'école primaire.

• Situation-problème

« Entre 4 et 6, il y a combien de nombres ?

– Un.

– Non, il y en a une infinité ! »

Comment expliquer cette dernière réponse ?

- **Obstacle et rupture**

Il existe des nombres qui ne sont pas des nombres entiers.

Ce qui fonctionne pour les nombres sur lesquels les élèves ont travaillé pendant plusieurs années est mis en défaut ! Ils sont obligés de *déconstruire* les connaissances élaborées pour les nombres entiers afin d'en élargir l'application.

▲ Prolongements

- **Situation-problème**

« J'ai vu dans un livre que 1,5 = 1,50. Pourtant, 1 euro et 5 centimes, c'est pas pareil que 1 euro et 50 centimes ! »

- **Obstacle et rupture**

Les enfants font référence à la vie quotidienne en utilisant un système qui est différent. Il s'agit alors de faire prendre conscience de l'existence du mot *centimes* et d'en faire mesurer la nécessité. Sans doute sera-t-il opportun de s'assurer de sa compréhension (*centimes* à rapprocher de *centièmes* puis de l'écriture mathématique *1/100*).

- **Situation-problème**

Quand on a 36, le nombre suivant est 37.

Mais, lorsqu'on a 37,42, quel est le nombre suivant ?

- **Obstacle et rupture**

À l'inverse de tous les nombres entiers, on ne peut attribuer un nombre immédiatement supérieur à un nombre décimal. En effet, quel que soit le nombre décimal supérieur à 37,42, on peut toujours trouver un autre nombre décimal supérieur (37,43 par exemple)... mais d'autres encore plus proches de lui (37,421 ou 37,4201).

- **Situation-problème**

23,45 est plus grand que 23.

Mais 2,3 est plus grand que 2,2789 !

Comment cela est-il possible ?

• Obstacle et rupture

Il est difficile de penser qu'un nombre qui a beaucoup de chiffres puisse être plus petit qu'un nombre qui a peu de chiffres. L'élève est obligé de sortir de la représentation que seuls les entiers sont des nombres. Ce n'est pas parce que l'écriture de 2,189 est plus « longue » que 2,34 que ce dernier nombre est plus petit !

• Élargissement (pour élèves plus âgés)

Et dire qu'un objet mesure 1,5 m ne signifie pas la même chose que de préciser qu'il mesure 1,50 m (degré de précision de la mesure différent). L'un est écrit au *décimètre* près, l'autre au *centimètre* près.

213

MULTIPLIER POUR RENDRE... PLUS PETIT ?

• Objectif

Prendre conscience et comprendre que, quand on multiplie un nombre par un nombre décimal compris entre 0 et 1, le résultat obtenu est plus petit que le nombre initial.

• Niveaux

Cycle 3 de l'école primaire et collège.

• Situation-problème

« J'ai entendu un élève qui disait : "Des fois, quand on multiplie, ça ne s'agrandit pas !" Je vous défie de trouver un nombre qui, multiplié par un autre, donne un résultat plus petit que lui. »

• Obstacle et rupture

Multiplier un nombre par un autre, ce n'est pas obligatoirement le faire augmenter car, quand on multiplie le nombre 40 par 0,5, par exemple, le résultat est plus petit ! Il s'agit alors de faire prendre conscience que *multiplier par 0,5* revient à multiplier par ½ c'est-à-dire *diviser par 2* !

214

DES DIXIÈMES, PAS DES DIZAINES ?

• Objectifs

Donner du sens aux mots *dixième*, *centième*, *millième* et aux écritures *1/10*, *1/100*, *1/1000*.

Comprendre comment on peut écrire des nombres décimaux de deux façons (écriture fractionnaire et écriture à virgule).

D'une manière générale, comprendre le fonctionnement de la numération décimale.

• Niveau

Cycle 3 de l'école primaire.

• Situation-problème[1]

Vous connaissez des fractions correspondant à un demi, un tiers, un quart.

Vous savez placer les nombres entiers dans le tableau de numération suivant.

Dizaines de mille	Unités de mille	Centaines	Dizaines	Unités

On peut placer tous les nombres dans un tableau de ce type.

Eh bien, placez les nombres suivants : 45, 82, 37.

Placez aussi les nouveaux nombres suivants : 5 unités et 4 dixièmes
8 unités et 2 dixièmes
3 unités et 7 dixièmes.

• Obstacle et rupture

On écrit un nombre de gauche à droite... et, quand on le décompose pour le comprendre, on le fait de droite à gauche ! Les élèves placent correcte-

1. D'après Nathalie Mériguet, Melun (77).

ment les nombres entiers. Mais, en ce qui concerne les nouveaux nombres, s'ils situent correctement les unités, les *dixièmes* se retrouvent dans les *dizaines*. Exemple :

	Dizaines	Unités
Pour 45	4	5
Pour 5 unités et 4 dixièmes	4	5

Le maître réagit : « Donc (5 unités et 4 dixièmes) = 45 ! »

Les réponses produites satisfont tout le monde... avant que l'enseignant fasse prendre conscience que « ça coince » !

Les élèves doivent *prolonger le tableau* au-delà des unités, vers la droite.

FIGURES GÉOMÉTRIQUES

215

TON CARRÉ N'EST PAS UN CARRÉ[1] !

• Objectifs

Affiner (et même savoir définir précisément) quelques concepts relatifs aux figures géométriques. Percevoir la distinction entre définition et propriétés des figures géométriques.

• Niveaux

École primaire, collège.

• Situation de départ

À l'occasion d'une discussion ayant pour but de faire le point sur les connaissances en géométrie, la maîtresse se rend compte que beaucoup de termes employés couramment par les élèves ne sont pas véritablement construits. C'est le cas de *diamètre, droite, perpendiculaire, parallèle, diagonale* et même *carré*.

• Situation-problème

(Pour le concept de *carré* par exemple.)

« Vous savez tous ce qu'est un carré, bien sûr. Pourtant, ce que vous dites montre que vous n'êtes pas du tout d'accord ! » Certaines affirmations d'élèves sont reprises. Exemple :

Teddy : « Un carré a 4 côtés de la même longueur et il faut une règle pour le tracer. »

Romain : « Un carré c'est une figure qui a 4 angles droits. »

Alysson : « Ça a 4 sommets et 4 côtés et 2 traits parallèles. »

1. D'après Marie-Odile Lefranc et Gwenola Senot, Neuilly-Saint-Front (02) dans Gérard De Vecchi, Nicole Carmona-Magnaldi, *Faire vivre de véritables situations-problèmes, op. cit.*

L'enseignante présente alors des contre-exemples en rupture avec les définitions des élèves :

La figure 1 répond à la définition de Teddy.

La figure 2 répond à la définition de Romain.

La figure 3 répond à la définition d'Alysson.

Ces figures sont donc des carrés !

1 2 3

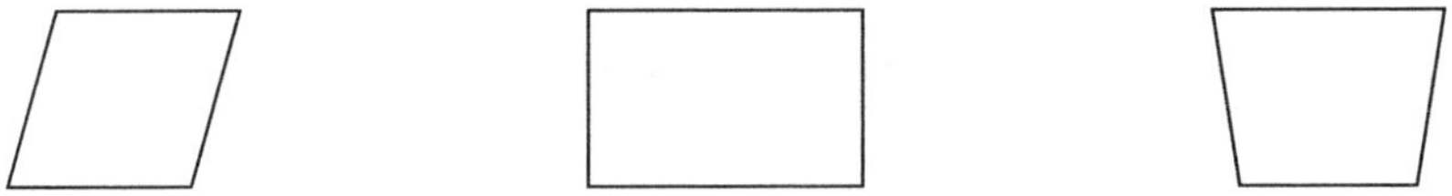

S'ensuit une courte discussion qui remet en cause les définitions initiales.

Et maintenant, vous seriez capables de définir différentes figures géométriques sans que cela pose problème ?

En petits groupes, les élèves choisissent une figure géométrique qu'ils définissent et demandent aux autres groupes de la nommer.

Surprise ! La plupart n'obtiennent pas les résultats escomptés !

On travaille sur les différents termes employés et sur ce qu'est une *définition* (en géométrie – et dans d'autres disciplines – c'est un *ensemble de critères* et, pour qu'un élément réponde à cette définition, il doit posséder *tous* ces critères à la fois).

• Obstacles et rupture

Souvent, les élèves croient savoir ce qu'est une figure géométrique simple mais ils ne sont que dans l'*à-peu-près* !

Ce travail fait prendre conscience qu'il est indispensable de considérer *tous* les attributs qui définissent le concept et fait *éprouver le besoin* d'être plus rigoureux.

On peut aussi ne pas demander une *définition* mais d'*écrire les consignes* pour construire une figure choisie parmi plusieurs.

• Remarques et élargissements

La construction des concepts demande aussi de travailler sur les *limites* de ce concept. Souvent, un enseignant croit qu'un concept est construit, mais celui-ci ne peut pas être mis en œuvre par les élèves quand il doit être appliqué à des cas un peu marginaux. On voit bien l'importance de tout ce travail d'intégration en profondeur[1] !

1. Pour plus de détails sur la construction des concepts, voir par exemple Gérard De Vecchi, Nicole Carmona-Magnaldi, *Faire construire des savoirs*, Hachette, 1996 et Britt-Mari Barth, *L'Apprentissage de l'abstraction*, Retz, 1987.

Exemple à travers d'autres petites situations-problèmes :

Certains enfants disent : « On reconnaît les triangles parce qu'ils ont 3 pointes. »

Le maître propose une figure géométrique *en fer de lance* (qui ressemble donc fort à un triangle !) et il demande : « C'est un triangle ? »

Il s'ensuit souvent un débat passionné. On en arrive à l'idée que ce n'est pas un triangle mais un quadrilatère : « Il a une pointe à l'intérieur », « Comme il y a 4 pointes, il y a 4 côtés. »

Et, tout à coup, un élève demande : « Est-ce qu'il y a des polygones à 2 pointes ? »

Chacun fait des essais qui ramènent tous à des triangles (comportant donc 3 « pointes ») ou à une ligne ouverte. Cela est donc impossible...

216

QUAND UN RECTANGLE *GRANDIT*, IL PEUT AUSSI DEVENIR *PLUS PETIT*?

• Objectif

Prendre conscience qu'il y a indépendance entre l'*aire* et le *périmètre* d'une figure géométrique.

• Niveau

Cycle 1 de collège (et même CM2 si on travaille sur quadrillage pour faciliter les calculs)[1].

• Situation-problème

Quand le périmètre d'un rectangle augmente, il est logique de penser que le rectangle est plus « grand ».

... Et si ce n'était pas toujours vrai ?

1. Notons au passage que cela pose encore problème à beaucoup d'adultes... et même d'enseignants.

Voici un rectangle. Essayez !

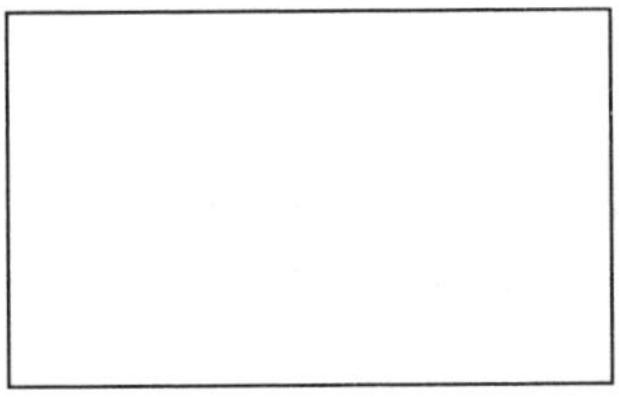

- **Obstacle et rupture**

A priori, cela paraît impossible.

Le carré correspond au rectangle particulier qui, pour un périmètre donné, a la plus grande aire. Pour deux rectangles de même aire, le périmètre de l'un sera plus grand que l'autre si l'écart entre sa longueur et sa largeur est important, et inversement.

« Quand il est plus écrasé, il a une aire petite et un périmètre grand », nous avait dit un élève (précisons que les termes *grand* et *petit* n'ont pas réellement de sens en mathématiques !).

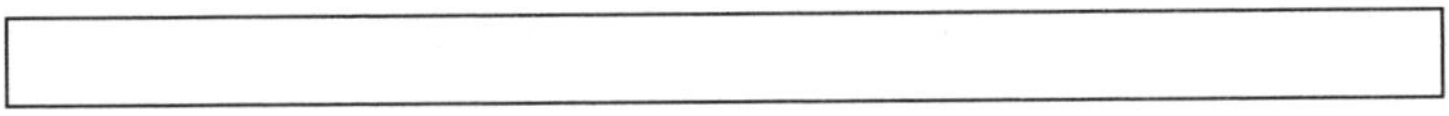

▲ Élargissement

- **Situation-problème**

Défi : On dispose d'une ficelle de 32 cm de longueur. Avec elle, on veut construire un rectangle dont l'aire soit la plus grande possible.

Qui trouvera quelles seront les dimensions de ce rectangle ?

... Et si, dans ce dernier cas, le rectangle était autre chose qu'un rectangle... tout en restant un rectangle ?

Et si on veut que l'aire soit la plus petite possible ?

- **Obstacles et ruptures**

À périmètre égal, la figure qui a la plus grande aire est... un carré ! Et un carré correspond bien à un rectangle particulier !

Quant au rectangle dont l'aire est la plus petite possible... il tend vers le segment de droite défini par les deux longueurs du rectangle superposées ! Dans ce cas-là, son aire sera donc nulle.

▲ Élargissement

• Objectifs

Comprendre comment varie le rapport entre les valeurs du périmètre et de l'aire d'un rectangle quand celles-ci changent.

Prendre conscience de l'importance de la rigueur du langage.

• Niveau

1er cycle de collège (éventuellement CM2 si les élèves savent mesurer une aire sur un quadrillage).

• Situation-problème

Un tableau de peintre est deux fois plus long et deux fois plus large que le tableau de la Joconde.

Deux élèves ne sont pas d'accord :

Baptiste : « Le tableau, il est donc deux fois plus grand. »

Kelly : « Non, je crois qu'il est bien plus grand encore ! »

Qui a raison ?

• Obstacle et rupture

A priori, un tableau dont les dimensions *doublent* devrait être *deux* fois plus grand.

Mais que signifie *grand* (ce terme n'a pas de sens en mathématiques) ? Et tout d'abord, s'agit-il du *périmètre* ou de l'*aire* ? Cela est important car les résultats sont différents : le périmètre double de longueur quand l'aire devient quatre fois plus étendue !

217

« COPIER » UN TRIANGLE

• Objectifs

Connaître quelques propriétés des triangles et savoir en construire.

• Niveau

Cycle 3 de l'école primaire (CM1 ou CM2).

• Situation-problème

Damien : « Pour construire un triangle il faut un crayon, une règle et une équerre. »

Ilana : « Ça c'est facile, mais on peut construire n'importe quel triangle seulement avec une règle et un crayon ! »

Damien : « On peut faire n'importe lequel mais pas le même que celui que la maîtresse nous donne comme modèle, si on n'a qu'une règle et un crayon. Il faut aussi une équerre ! »

Ilana : « C'est pas une équerre qu'il faut pour refaire le même, c'est un compas. »

Damien : « Un compas ça sert à faire des ronds, ça sert pas pour les triangles... Et comment tu fais pour savoir si les angles sont justes ? »

Qui a raison ?

Et vous, vous seriez capable de refaire un triangle copié sur un modèle, comme le pensent Damien ou Ilana ?

• Obstacle et rupture

Les élèves utilisent rarement un compas... pour reporter une longueur sur une autre figure.

On peut refaire un triangle *rectangle* avec la stratégie proposée par Damien. Mais pas n'importe quel autre triangle. Cela demande bien l'utilisation d'un compas.

• Quelques *défis* peuvent aussi être lancés.

Exemples :

– Dans le cadre d'un travail sur l'Union européenne en géographie, tentez de dessiner le drapeau européen (avec un cercle de 12 étoiles). (Il s'agira donc de partager un cercle en 12 parties égales !)[1].

Il faudra remettre en cause une conception qui s'appuie sur des stratégies qui consistent à n'envisager le partage que par moitiés successives.

– En combien de points, au maximum, peuvent se couper 2 triangles ?

On ne prend pas conscience tout de suite que chaque côté d'un triangle peut couper 2 côtés de l'autre (soit 6 points).

– On peut se poser la même question pour un triangle et un cercle, un quadrilatère et un cercle, deux quadrilatères, etc.

– Construire plusieurs cercles passant par deux points donnés.

– Construire une couronne circulaire passant par trois points donnés...

1. D'après *Le Nouvel Objectif calcul*, CM1, *op. cit.*

218

DES BONDS... DE 23 KILOMÈTRES ?

• Objectifs

Utiliser la géométrie pour résoudre un problème numérique.

Être sensibilisé aux divisions avec reste.

• Niveau

Cycle 3 de l'école primaire (CM1 et CM2, sachant que, pour les CM1, la rupture sera plus grande au niveau géométrique).

• Situation-problème

Une légende raconte que, dans les grandes plaines de Russie, le terrible géant Tneïtok était si grand qu'il ne pouvait se déplacer que par des bonds de 23 verstes. Cela lui posait parfois quelques problèmes ! Par exemple, s'il voulait revenir dans son château qui se trouvait à 4610 verstes.

Dans ce cas-là, que pouvait-il faire ?

Une *verste* est une mesure russe qui vaut environ 1 km (à donner ou à laisser chercher dans le dictionnaire).

• Obstacle et rupture

4610 ne correspond pas à un nombre entier de bonds !

Il doit faire un *écart* par rapport au chemin en ligne droite, de telle manière qu'il se trouve exactement à 23 verstes (ou à un nombre entier de verstes) du château, puis revenir. Le géant va donc suivre le chemin matérialisé par les 2 côtés d'un triangle dont le 3e côté représente le chemin en ligne droite :

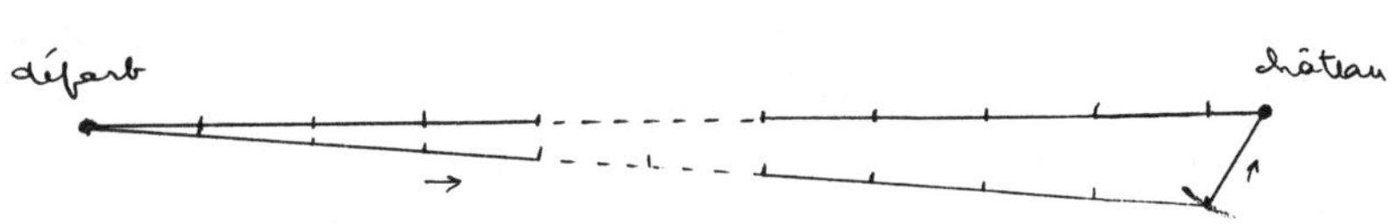

219

FAIRE UN PARALLÉLÉPIPÈDE... SANS SAVOIR CE QUE C'EST ?

• Objectif

Connaître la définition et les propriétés d'un *parallélépipède rectangle*.

• Niveau

Cycle 3 de l'école primaire.

• Situation-problème

« Vous devez construire un parallélépipède rectangle en carton... » « Mais nous n'avons jamais appris ce qu'est un *parallélépipède rectangle* ! » « Débrouillez-vous ! Carton, règle graduée, équerre, colle, ciseaux... et dictionnaire sont à votre disposition. »

• Obstacle et rupture

Cette situation est en contradiction avec les activités traditionnelles pour lesquelles le *bon* enseignant s'empresse de fournir aux élèves *tout* ce dont ils ont besoin (le contraire n'est-il pas classiquement considéré comme une *erreur pédagogique* ?). Ici, les élèves sont obligés de prendre des initiatives qu'ils n'ont pas à prendre habituellement (« On a commencé par regarder dans le dictionnaire, on n'a pas tout de suite compris », « On a dû se débrouiller en allant chercher ailleurs »...).

On pourrait aussi penser qu'il est indispensable, au minimum, de montrer aux élèves un parallélépipède rectangle construit pour que cela puisse orienter leur recherche. Dans ce cas, il nous semble qu'il ne s'agit que d'un simple problème ouvert, relativement classique. Le fait de n'avoir aucun élément au départ crée la rupture. L'utilisation du dictionnaire (qui ne suffira pas car il faudra *intégrer* la définition !) ou d'un document d'aide provenant d'un manuel scolaire (qui ne donne que le minimum de renseignements nécessaires) pourra leur apporter ce qui leur manque.

GRANDEURS ET MESURES (LONGUEUR, MASSE, VOLUME, REPÉRAGE DU TEMPS)

220

MESURER UN ARBRE... DE LOIN ?

- **Objectif**

Savoir utiliser, dans une situation pratique, le concept de proportionnalité ou, si on le connaît, le théorème de Thalès.

- **Niveau**

Collège.

- **Situation-problème**[1]

« Je vous défie de résoudre cette énigme. Vous êtes en pleine campagne. Il est 10 heures du matin. Il fait beau. Vous voulez connaître la hauteur de ce grand arbre qui est devant vous... mais il vous est impossible d'y grimper. Et vous ne possédez aucun outil précis pour mesurer ! »

Des élèves ont fait les remarques suivantes : « Ce n'est pas possible ! » « On n'a pas ce qu'il faut ! » « C'est comme l'âge du capitaine ! » « Il faudrait un très long mètre qui tienne droit ! »

Et vous, comment pourriez-vous faire pour mesurer la hauteur de cet arbre (ou de tout autre élément suffisamment haut)[2] ?

- **Obstacle et rupture**

Quelles sont les données dont les apprenants disposent ?

– la scène se passe en pleine campagne ;

– il fait beau ;

– il est 10 heures du matin !

1. À partir d'un exemple relativement classique.
2. Il est indispensable, bien sûr, de choisir un jour de beau temps !

Cela ne renvoie pas particulièrement à des mesures précises... d'autant que la seule donnée chiffrée (heure) n'est pas d'un intérêt majeur : il serait 11 heures que cela ne changerait rien dans la stratégie à mettre en œuvre ou dans le résultat attendu !

Pourtant, c'est bien un problème qui appartient au champ des mathématiques mais qui fait référence à *l'ombre portée...* que l'on utilise classiquement en physique (plus précisément en astronomie pour étudier par exemple le déplacement du Soleil) !

Il est donc indispensable de faire une lecture très fine de l'énoncé afin de discerner un certain nombre d'*éléments implicites* (bien sûr, après un temps de tâtonnement, l'enseignant pourra aider les élèves).

– Il fait beau... donc le Soleil est présent... donc je peux me servir de l'ombre portée de l'arbre.

– Nous ne pouvons pas mesurer la hauteur de l'arbre... mais nous connaissons notre taille (ou au moins la taille de l'un d'entre nous)... voilà donc un élément de référence précis que nous pouvons utiliser.

– Le rapport entre la taille du bâtiment et celle de la personne choisie est le même que le rapport entre les longueurs des ombres...

Et, bien sûr, il faudra *mettre en relation* toutes ces connaissances !

On sait que l'on peut résoudre ce problème de la manière suivante :

Définir la longueur de son ombre, avec un bâton par exemple (sans pour cela connaître sa dimension précise). Déterminer le rapport entre la longueur de l'ombre de l'arbre et la longueur de sa propre ombre – par exemple cinq fois plus grande. Ce rapport est le même que celui qui existe entre la taille de la personne et celle de l'arbre : sa hauteur peut donc être calculée à partir de l'égalité des deux rapports.

On n'aboutit, bien sûr, qu'à une mesure approximative ; si les élèves sont assez âgés, on peut même déterminer la *marge d'erreur* et donner une réponse sous la forme d'une *fourchette de valeurs*.

On pourra, bien sûr, choisir de mesurer la hauteur d'autre chose qu'un arbre, celle du collège par exemple, ce qui a l'avantage d'être plus présent et de se prêter à expérience.

• Élargissement

Même en poésie on a abordé le même type de problème !

Comptes et contes de 1860

Au grand soleil, je viens de mettre
La lance de mon étendard.
Sa longueur vaut trois fois le mètre ;
Son ombre a cinq mètres et quart.

Eh bien ! La tour de cette église
Par son ombre nous marque cent.
Dis-nous la hauteur précise
De ce clocher retentissant.

Vitrey

Solution : Comme précédemment, pour trouver la hauteur de l'église, il suffit d'utiliser le théorème de Thalès ou la proportionnalité qui existe entre la hauteur du clocher de l'église et la longueur de son ombre. Donc : 100/5,25 = h/3. Le clocher a une hauteur de 57 mètres environ.

221

LA TERRE EST UNE ORANGE

• Objectifs

Percevoir la « puissance » des propriétés des opérations et du calcul littéral.

Utiliser la formule de la circonférence d'un cercle. Savoir faire des calculs sur des grands nombres.

Ouverture sur l'astronomie.

• Niveau

Collège.

• Situation-problème[1]

Imaginons que la Terre soit une boule ou une sphère parfaite. Imaginons encore une ficelle de 40 000 kilomètres qui l'entourerait sur un méridien.

On rallonge la ficelle pour que celle-ci soit tendue à 1 mètre du sol sur tout le pourtour. D'accord, c'est fictif.

Maintenant, nous faisons la même chose avec une ficelle autour d'une orange. On la rallonge de façon à ce qu'elle soit aussi à 1 mètre autour de l'orange. D'après vous, environ de combien rallonge-t-on les deux ficelles dans les deux cas ?

1. D'après Thérèse Eveilleau, même site Internet que précédemment.

Réponse : Exactement de la même longueur ! Cela vous paraît impossible ? Vous n'avez qu'à calculer ! ... Et pourquoi ne pas vérifier (avec une orange et une roue de bicyclette par exemple)[1] ?

• Obstacle et rupture

La circonférence d'un cercle est $2 \pi r$ (r étant le rayon). Pour l'orange : avant, la ficelle mesurait $2 \pi r$, elle mesure maintenant $2 \pi (r + 1)$ si l'on prend comme unité du rayon le mètre.

Pour la Terre, $2 \pi R$ (R = son rayon) et maintenant $2 \pi R + 1$.

Allongement : $2 \pi \times 1$ m = 6,28 m.

Le résultat est trompeur pour l'intuition... nous pensons toujours en termes de proportionnalité. Il s'agit ici d'utiliser une propriété algébrique :

$2 \pi (R + 1) = 2 \pi R + 2 \pi$ (2π est une valeur constante pour n'importe quel rayon !).

222

LE POÈTE A-T-IL COMPTÉ ?

• Objectif

Calcul sur des grands nombres (avec calculatrice).

• Niveau

Fin de l'école primaire.

• Situation-problème

La ronde[2]
Si toutes les filles du monde voulaient s'donner la main,
Tout autour de la mer elles pourraient faire une ronde.
Si tous les gars du monde voulaient bien êtr'marins,
Ils f'raient avec leurs barques un joli pont sur l'onde.
Alors on pourrait faire une ronde autour du monde,
Si tous les gens du monde voulaient s'donner la main.

Paul Fort

1. Environ 6,28 m !
2. Paul Fort, *Ballades françaises*, Flammarion.

Pensez-vous que le poète a vraiment compté ? La chaîne permettrait-elle de faire le tour du globe ? Et même d'aller... jusqu'à la Lune ?

• Obstacle et rupture

Il s'agit d'un calcul complexe qui demande une recherche (en liaison avec l'astronomie par exemple) pour se procurer les valeurs dont on a besoin.

Le poète a raison mais il n'a peut-être pas compté... on peut faire beaucoup mieux !

Il y a environ 6 000 000 000 d'habitants sur la Terre dont le tour mesure 40 000 km.

La distance Terre-Lune est d'environ 384 000 km.

En considérant que chaque personne représente un mètre, on aurait une chaîne de 150 fois le tour du globe (6 000 000 000 m / 40 000 000 m).

C'est aussi plus de 15,6 fois la distance de la Terre à la Lune (6 000 000 000 m / 384 000 000 m) !

FRANÇAIS, POUR UNE MAÎTRISE DE LA LANGUE[1]

1. Les situations-problèmes qui suivent ont été revues et affinées par Michelle Ros-Dupont (IUFM Créteil).

En français, comme dans presque toutes les autres disciplines, on tente de proposer et de mettre en œuvre des situations-problèmes, même si on parle souvent de *tâches-problèmes* ou de *situations problématiques*. Et, quand le terme de *situations-problèmes* est employé, ce sont essentiellement des thèmes dans lesquels on entre par un simple *problème* ou même par des *jeux de langue*[1].

Pourtant, il n'est pas utopique d'aborder l'enseignement du français par de véritables situations-problèmes.

L'***Observation réfléchie de la langue*** s'y prête facilement : il s'agit par exemple d'appréhender le fonctionnement d'un système complexe qui exige de maîtriser la correspondance entre des unités de l'oral (trente-trois phonèmes) et un nombre différent d'unités graphiques (environ cent trente). Ce déséquilibre s'avère une source considérable d'erreurs et de « problèmes » tout à fait naturels pour les élèves... et même pour les adultes. De plus, les difficultés que présente la langue ne sont pas dues à cette seule caractéristique « phonogrammique » (ou alphabétique) ; son apprentissage fait coexister, interférer, se compléter plusieurs systèmes dont la gestion entre en conflit : sans cesse, pour dire ou écrire un mot, il faut mettre en action les différents systèmes et faire des choix entre diverses logiques. Comme le montrent les exemples développés plus loin, l'*Observation réfléchie de la langue* représente donc une discipline propice à la mise en œuvre de situations-problèmes.

L'enseignement de la ***lecture*** n'offre pas les mêmes apparences de facilité ; seule la lecture d'un texte complexe et *résistant* présente des analogies. Il est important d'identifier ce qui fait le *nœud* de son fonctionnement c'est-à-dire la spécificité, l'intérêt, voire la difficulté propre à *ce* texte. La lecture littéraire semble un support privilégié pour travailler la compréhension grâce à des situations-problèmes.

L'articulation situation-problème et ***production d'écrit*** peut prendre appui sur deux éléments différents. D'une part, l'emploi de textes ou de jeux particuliers servent à créer la rupture attendue. D'autre part, les difficultés

1. Plusieurs sites Internet présentent des situations-problèmes, qui n'en sont pas pour nous mais qui, néanmoins, peuvent parfois être intéressantes.
À titre d'exemples, nous citerons :
http://users.skynet.be/Landroit/tablej : site belge de Henry Landroit proposant cinquante jeux de langue intéressants avec des remarques pédagogiques qui nous paraissent pertinentes.
cslaval.qc.ca/tic/francais/grel/pavosplumes : site canadien qui développe de nombreux thèmes – concernant différents niveaux de classe – avec la démarche à suivre et des adresses de sites Internet pour trouver des documents sur chaque sujet.

rencontrées par les élèves et les erreurs qu'ils commettent jouent le même rôle, notamment en ce qui concerne le fonctionnement des textes à produire (la progression du récit, sa cohérence, l'insertion de dialogues ou de séquences descriptives dans un récit).

Quel que soit le champ disciplinaire, bon nombre d'erreurs constituent de « petites situations-problèmes » souvent spontanées, très intéressantes à exploiter. Elles ressemblent à des exercices mais s'en distinguent par la mise en scène d'une *rupture* qui apporte du *sens*. Nous avons fait le choix d'en proposer quelques-unes à titre d'exemples. À côté d'elles, nous en fournissons d'autres plus élaborées, plus complexes, faisant souvent l'objet de prolongements ou d'élargissements possibles. Elles s'appliquent d'abord aux activités de lecture, moins souvent traitées ainsi et qui concentrent tous les intérêts de l'apprentissage de la langue ; les exemples de grammaire, orthographe et lexique ont aussi l'intérêt d'ouvrir vers l'objectif principal de ces domaines : entrer dans l'Observation réfléchie de la langue[1].

1. Cette introduction a été écrite en collaboration avec Michelle Ros-Dupont, déjà citée.

DEUX SITUATIONS-PROBLÈMES DÉTAILLÉES

223

METTRE L'ACCENT SUR LES ACCENTS ?

• Objectif

Prendre conscience de l'intérêt et du rôle des accents.

• Niveaux

Cycles 2 et 3 de l'école primaire.

• Situation-problème

– Le maître distribue un texte dans lequel tous les accents ont été éliminés. « Vous lisez ce texte que j'ai recopié et vous dites tout ce que vous remarquez. »

Discussion. Les remarques portent essentiellement sur le contenu (personnages, événements...). De toute évidence, l'absence des accents n'interpelle pas ou est remarquée par très peu d'élèves.

– Le maître précise alors que c'est un enfant qui a tapé le texte sur ordinateur et qu'il ne savait pas comment mettre les accents.

Suivant le niveau des élèves, deux problèmes peuvent se poser : « À quoi servent vraiment les accents ? » « Comment peut-on mettre des accents sur les lettres que l'on veut en utilisant un ordinateur ? »

Recherche. Au niveau ordinateur, certains problèmes émergent à partir de remarques comme : « Comment ça se fait que les accents, on les trouve parfois sur des lettres et parfois tout seuls ? » ; « C'est pas logique que l'accent circonflexe soit seulement tout seul » ; « C'est parce que l'accent circonflexe ne sert à rien : on prononce pareil ! »

Les hypothèses émises sont testées.

– Il est important de déboucher sur une généralisation concernant la présence et le rôle des accents : ils servent à modifier le son (accents aigus et graves) ; ils servent à modifier le sens en permettant de distinguer les homophones (par exemple : *a* et *à*... ou encore : *pâte* et *patte*) ; ils peuvent être la marque historique de l'évolution de la langue (par exemple *teste* devenu *tête*...).

• Obstacle et rupture

Les accents n'intéressent pas les élèves. Souvent, ils ne les regardent même pas. Mais, aveugles avant d'entrer dans la recherche, très vite ils ne voient plus qu'eux !

Voici un élargissement par une autre situation-problème.

224

DES ACCENTS, MÊME SUR LES MAJUSCULES ?

• Objectif

Comprendre quel peut être l'intérêt de placer les accents sur les majuscules... et se demander si cela a vraiment un grand intérêt !

• Niveaux

À partir du cycle 3 de l'école primaire jusqu'à la formation d'enseignants (suivant la manière dont la situation-problème est présentée).

• Situation-problème

– Voici un texte : « Parmi les idées reçues concernant l'orthographe, il en est une, très tenace, à propos des accents sur les *E* majuscules. Ainsi, combien de fois avons-nous entendu ce refrain : "Les majuscules ne prennent pas d'accent." Une confusion aggravée par la difficulté, avec nombre de traitements de texte, de mettre ces fameux accents ; et par la paresse, aussi, de bien des individus dont le métier est pourtant d'écrire[1]... »

Alors, qui a raison ? Thierry Leguay ou les livres de grammaire ? C'est vraiment important de mettre ces accents ?

1. Texte et exemples qui suivent pris dans Thierry Leguay, *Les poules du couvent couvent. Les curiosités du français*, Mots et Cie, Mango Littérature, 1999.

Discussion.

– Puis donner le document suivant : « Ce n'est pas la même chose de dire J'AI UN AMI INTERNE que J'AI UN AMI INTERNÉ ! L'ami en question ne se trouve pas du même côté de la barrière. Et de la même façon : UN DEPUTE ASSASSINE ! Ce sera peut-être un titre qui fera suite à : UN DÉPUTÉ ASSASSINÉ ! NOTRE PAYS ATTAQUE et NOTRE PAYS ATTAQUÉ. Ils pensaient assister à une conférence au PALAIS DES CONGRÈS. En fait, ils entrèrent dans un aquarium géant : le PALAIS DES CONGRES ! »

Alors, c'est vraiment important de mettre les accents ?

• Obstacle et rupture

Nous avons tous appris à l'école ce que Thierry Leguay dénonce. Faut-il y renoncer ? N'est-ce pas logique ? Cela facilite la lecture pour les jeunes élèves.

Mais, inversement, ne doit-on pas aussi apprendre à utiliser le contexte pour découvrir le sens d'un mot, comme on le fait pour la lecture en général ?

... Et que dire de certains choix comme celui du journal *le Monde* dans lequel les lettres capitales ne sont accentuées... que pour les titres ?

225

ET SI LES *S* N'EXISTAIENT PAS[1] ?

• Objectifs

D'une manière générale, sensibiliser à la spécificité de l'écrit et découvrir que l'orthographe est porteuse de sens.

Prendre conscience que la lettre *s* peut être la marque du pluriel, une marque verbale, une marque dérivative (exemple : trois – troisième), que sa présence peut être due à l'usage...

Prendre aussi conscience de la valeur de la place des graphèmes et de l'impact de sa modification quand l'environnement change.

1. À partir d'une activité menée dans une université d'été organisée par la SPR (Société Pédagogie romande), à Jongny (Suisse), 1998.

• Niveaux

Cycle 3 et collège.

• Situation de départ

Émergence des conceptions préalables : « À quoi peut servir la lettre *s* ? »

• Situation-problème

Certains mots contiennent la lettre *s* et on ne la prononce même pas. Alors à quoi sert-elle vraiment ?

Et si les *s* n'existaient pas ?

Comme exemple, le maître choisit un texte (ou simplement une phrase que les élèves peuvent déjà avoir rencontrée) contenant beaucoup de *s* et il les élimine (un animal peut être venu les croquer !). Ce pourrait être : « ceon de avourer ce aucion ec[1] ! »

On ne comprend plus rien ? D'accord... mais alors, les *s* servent à quelque chose ! À quoi ?

Le maître choisit quelques textes plus simples dans lesquels il a supprimé les *s* et une recherche est lancée sur les rôles possibles de cette lettre.

• Obstacles et rupture

Certains textes « ne veulent rien dire » ! Et le *s* peut avoir de nombreux rôles (fonctions phonétiques, orthographiques, grammaticales, sémantiques)... comme les autres lettres.

Comment mener cette recherche ? À partir de l'ensemble des textes proposés (on peut aussi demander aux élèves d'en récolter ou d'en produire), ceux-ci émettent des hypothèses sur les fonctions du *s*, puis les testent en se référant à d'autres exemples pris dans différents textes. Enfin, en consultant des livres de grammaire, les hypothèses considérées comme sérieuses sont validées, complétées... ou remises en cause.

On aboutit à une synthèse (ou à un début de synthèse) des différents rôles de la lettre *s* et des règles régissant le fonctionnement du *s*. Cela pourra être complété ou modifié au fur et à mesure des découvertes ultérieures.

• Élargissements possibles

Des éléments de l'histoire du français écrit peuvent être apportés en cours de démarche suivant l'âge des enfants et les connaissances... de l'enseignant !

1. Cessons de savourer ces saucissons secs !

Prenons comme exemple l'histoire du *s adverbial*.

Plusieurs adverbes ont un *s* final qui s'explique par l'étymologie (exemple : « plus » qui vient du latin *plus* ou « moins » qui vient du latin *minus,* etc.). La langue du Moyen Âge (probablement par analogie) a ajouté ce *s*, dit *s adverbial*, à un nombre considérable de particules (adverbes, conjonctions, prépositions) qui, étymologiquement, n'y avaient pas droit (exemple : *avesques, donsques, encores, guères, mêmes*). Le *s adverbial* se rencontrait encore chez les auteurs du siècle classique : « J'ai eu presques envie » (Corneille). La langue moderne a gardé ce *s* dans *jadis, tandis, sans, volontiers*... Naguère, *guère* et *jusque* l'ont perdu mais peuvent toujours s'écrire avec l'*s adverbial* en poésie, pour les besoins de la rime ou de la mesure (Exemple : « Tout le pays d'ici jusques à Montpellier », a écrit Victor Hugo). Même en prose, pour le rythme ou pour l'euphonie, on écrit parfois « jusques » devant un mot commençant par une voyelle. Exemple : cette histoire du *s adverbial* n'était pas encore venue jusques à nous parce que nous ne possédions point la célèbre grammaire française Grevisse de laquelle sont tirées ces informations[1] !

Il ne s'agit évidemment pas de retrouver toute l'histoire du *s* (qui le pourrait vraiment ?)... mais de permettre aux savoirs d'être source d'ancrage identitaire et culturel. Et ainsi de ne point les enfermer dans une grammaire descriptive et normative, se présentant comme un ensemble de règles, de faits établis, répertoriés et indiscutables... Découvrir, prendre conscience, que, en français écrit, *des « fautes » du passé*, des coutumes d'autrefois, établies par simple analogie, *sont parfois devenues les « règles » d'aujourd'hui* peuvent modifier le rapport à l'erreur, à l'apprendre, au savoir.

On peut consulter avec bonheur toute grammaire faisant référence à l'histoire de la langue écrite, comme celle précédemment citée qui demeure un classique parce que l'auteur est d'abord observateur des pratiques sociales qui fixent provisoirement le français écrit dans un miraculeux équilibre toujours instable et évolutif. De telles lectures nous permettent tant de connaître le génie des hommes que de relativiser les règles de la grammaire scolaire qui manquent tellement de souplesse face à des grammairiens montrant, bien souvent, que telle règle, hors des murs scolaires, n'est actuellement pas sûre, que la confusion règne dans son usage chez les écrivains et les poètes, que l'Académie elle-même ne la respecte pas, bref que la langue est vivante et bouge. Et que tout cela provoque des débats passionnants qui peuvent avoir lieu en classe comme dans les pratiques sociales !

Il sera enfin intéressant de faire un retour sur le travail réalisé (évaluation de la démarche et de ce qui a été appris), ce qui permet de construire les savoirs plus en profondeur.

1. Maurice Grevisse, *Le Bon Usage, grammaire française*, Duculot.

Lorsque les élèves ont en leur possession un certain nombre d'exemples, il est essentiel de faire une ou des synthèses.

Bien sûr, il est difficile de gérer ainsi ces questions avec les enfants d'école élémentaire. En revanche, le maître peut *raconter* ces évolutions. On peut aussi partir de *devinettes* : pourquoi un *s* à la fin de... ? La réponse (que le maître va donner) est dans l'ouvrage de Maurice Grevisse. Là encore, l'intérêt est d'amener les élèves à *observer* la langue écrite, à se questionner sur les formes qu'elle utilise et qui ne s'expliquent pas immédiatement.

Voici un autre exemple pour des élèves plus jeunes.

• Objectif

Connaître les différentes raisons qui font qu'un mot se termine par la lettre *s*.

• Niveau

Début cycle 3 de l'école primaire.

• Situation-problème

Romain : « On a vu que les mots qui se terminent par *s*, c'est les noms et les adjectifs qui sont écrits au pluriel. »

Dany : « C'est pas vrai parce que regarde les mots que j'ai trouvés : *mais, puis, dansons, manges, un os, écoutes, dans, marchons.* Ton truc, ça ne marche pas ! »

Qui a raison ?

• Obstacles et rupture

Personne n'a raison car la règle de Romain peut s'appliquer dans un grand nombre de cas mais pas toujours. Les mots peuvent donc se terminer par la lettre *s* pour différentes raisons, et les élèves doivent les retrouver :

- le mot s'écrit toujours ainsi ;
- c'est un nom dans un groupe nominal au pluriel ;
- c'est un déterminant pluriel ;
- c'est un verbe précédé de *tu ;*
- c'est un verbe précédé de *nous ;*
- ce peut être aussi, parfois, un verbe contenu dans une phrase impérative correspondant à *tu* ou à *nous.*

Arriver à cette liste résulte justement d'activités de tri d'exemples, ce que les programmes français de 2002 appellent à très juste titre l'*Observation* (on relève, on trie, on classe par identités) *réfléchie de la langue. Réfléchir* permet d'identifier et de comprendre le fonctionnement grammatical du texte et de la phrase ainsi que la morphologie du mot.

▲ Élargissement

• Objectif

Ne pas confondre *pluriel* et *pluralité.*

• Niveau

Cycle 3 de l'école primaire.

• Situation-problème

Pour qu'il y ait pluriel, il faut qu'il y ait plusieurs choses. Oui, mais alors, pourquoi on parle *des ciseaux* quand il n'y en a qu'un et de *la foule* quand il y a beaucoup de gens ?

• Obstacle et rupture

Nous sommes dans deux champs de référence différents (le premier est grammatical, le second fait référence au sens). La pluralité peut être évoquée par un groupe nominal singulier puisqu'elle se rapporte au sens.

Quant aux *ciseaux*, on devrait dire *une paire de ciseaux* car ils sont constitués par *deux* branches mobiles coupantes, chacune correspondant bien à un *ciseau.*

• Et, pour rire un peu...

La maîtresse : « Quand dit-on "chevaux" ? » Réponse (véridique) d'une élève : « Quand il y a plusieurs chevals. »

On peut utiliser le même type de démarche avec d'autres lettres.

▲ Exemple en forme de situation-problème pour les enseignants

Peut-on faire le même travail avec n'importe quelle lettre ? Exemple pour la lettre *h.*

• Objectif

Savoir quels sons utilisent la lettre *h.*

• Niveau

Cycle 3 de l'école élémentaire.

• Situation-problème

Défi : Inventez un texte qui contient beaucoup de *h* ; il pourrait commencer ainsi :

« C'est la photo de Christian en short, avec son chat, sous le hêtre... »

On corrige. Les élèves ne sont pas d'accord entre eux. On tente de comprendre les rôles des lettres *h*.

• Obstacle et rupture

La lettre *h* a des rôles très différents.

– En début de mot, elle ne correspond à aucun son. Elle fait partie de l'orthographe du mot, de son histoire. Elle permet parfois de distinguer certains mots qui se prononcent de la même manière (*être* et *hêtre*).

– Lorsqu'elle est précédée d'une lettre comme *c*, *p*, *s*, elle transcrit des sons particuliers : [CH] dans chat, short...[F] dans photo...

Ce type de constat permet de passer à la production d'écrit et de créer un texte dont chaque mot contient la lettre *h*.

L'inverse est également possible : comme Georges Perec, on produit un lipogramme, c'est-à-dire un texte qui n'emploie pas une (ou même plusieurs) lettre(s). Cela paraît facile ? Essayez simplement d'écrire une phrase comportant une dizaine de mots en n'utilisant pas la lettre *e*. Une phrase qui a du sens ! Et pensez à Georges Perec qui a écrit un roman de 312 pages de cette manière[1] !

1. Georges Perec, *La Disparition*, Gallimard, 1969.

DES SITUATIONS-PROBLÈMES EN LECTURE

Voici comment, par exemple, on peut présenter l'entrée dans les situations-problèmes en lecture[1].

« Le développement cohérent du savoir-lire des enfants suppose que l'on prenne en compte les difficultés qu'ils rencontrent – par exemple dans la lecture des romans – et qu'on les aide à les dépasser...

« Ces apprentissages se construisent tout au long des lectures "en vraie grandeur" de romans et de nouvelles. Mais comment aider ceux qui se découragent et abandonnent la lecture ? Ce qui revient à se demander comment enclencher ou relancer une dynamique d'apprentissage ? En lecture comme dans d'autres domaines d'apprentissage, il s'avère fructueux de mettre les élèves face à une situation problématique qui les interpelle, qui provoque le débat et la réflexion. Il s'agit en l'occurrence d'un texte, d'un questionnement sur ce texte et de modalités de travail spécifiques :

« – un texte « difficile... ;

« – une ou des questions qui permettront de faire apparaître les divergences... ;

« – des modalités de travail (travail individuel, petits groupes, groupe-classe) qui favorisent l'explicitation du problème, la confrontation des hypothèses et l'argumentation...

« Il s'agit de moments de rupture, de remise en question des représentations et de routines acquises... »

Cette approche nous semble particulièrement intéressante, car à la base d'une pédagogie par situations-problèmes ; mais nous retrouvons difficilement, dans les exemples qui suivent, ce que nous appelons des situations-problèmes.

Les fiches pédagogiques « décrivant des situations-problèmes de lecture » en sont le reflet. Elles correspondent à une véritable volonté de faire entrer l'élève dans des démarches de recherche. On y retrouve de manière constante des objectifs qui en témoignent :

« – apprendre à faire des inférences ;

« – apprendre à "circuler dans le texte" pour prélever des indices et les mettre en relation ;

1. Rosine Lartigue (sous la direction de), *Vers la lecture littéraire*, Argos Démarches, 2001.

« – apprendre à justifier ses hypothèses et interprétations, à les argumenter en s'appuyant sur le texte... ;

« – apprendre à parler de ses lectures ;

« – faire évoluer ses stratégies de lecture. »

Pour illustrer cela, prenons l'exemple de consignes contenues dans une fiche destinée au cycle 3 de l'école primaire, fiche relative à la « multiplicité des personnages » que l'on rencontre dans un texte.

Déroulement :

– Travail individuel : Une première lecture découverte, individuelle, sans consignes, permettant aux enfants de prendre connaissance du récit.

Consignes :

1. Fais la liste des personnages de ce passage.
2. Précise l'identité de chacun d'eux.
3. Indique ceux qui sont réellement présents.
4. Si tu dois corriger les réponses à la première question, tu fais les modifications en utilisant une couleur différente.

– Mise en commun.

On voit bien qu'il s'agit en grande partie d'une démarche *imposée par le maître* qui peut faire perdre aux élèves le sens de l'activité. Une fois de plus, *la suite des questions* peut empêcher les enfants de définir ***leur*** *propre démarche*, donc de *s'approprier en profondeur l'ensemble du problème*. Mais cela ne signifie pas que ce travail n'a aucun intérêt.

226

LIRE... JUSTEMENT PARCE QU'ON EST NON LECTEUR ?

• Objectif spécifique

Prendre conscience qu'un mot est identique à son modèle s'il est composé des *mêmes lettres* dans le *même ordre* à l'intérieur de deux espaces graphiques.

• Niveau

Grande section de maternelle.

• Situation-problème[1]

La maîtresse lit partiellement une comptine aux enfants. Elle leur donne individuellement la photocopie de la page suivante qui comporte un dessin et du texte puis leur demande de la *lire* et d'émettre des hypothèses sur la suite de l'histoire.

Dans Paris il y a une rue
Dans cette rue il y a une maison
Dans cette maison il y a une chambre
Dans cette chambre il y a une table
Sur cette table il y a un tapis

sur ce tapis il y a une cage

dans cette cage il y a un œuf

Les hypothèses sur la suite de l'histoire mais aussi sur la signification des mots du texte sont différentes, et pourtant plusieurs élèves croient reconnaître certains mots !

• Obstacles et ruptures

Comment *lire* la suite d'une histoire quand on est non lecteur !

Un obstacle est très prégnant : la plupart des élèves pensent que si « les mots commencent pareil » ce sont les mêmes mots.

1. D'après Gérard De Vecchi, Nicole Carmona-Magnaldi, *Faire vivre de véritables situations-problèmes*, *op. cit.* Activité menée par Pascale Desplats, La-Croix-en-Brie (77). Ouvrage utilisé : Pierre Olivier Leclerc, *Dans Paris il y a une rue*, CHARABIAS D'AU éditeur, 1978.

Certains élèves reconnaissent des mots... mais ils ne leur donnent pas la même signification !

Suite de l'activité :

– Certains enfants disent : « Je sais pas parce que je sais pas lire. »

D'autres « lisent » l'image seulement. D'autres enfin tentent d'identifier les mots, par mise en relation avec d'autres déjà vus et consignés dans le dictionnaire de classe (certains vont par exemple chercher le mot *œuf* dans le dictionnaire « pâtisserie »).

– La maîtresse leur demande comment savoir si leurs hypothèses sont vraies.

Pour ceux qui lisent l'image, leur réponse peut être : « Y a une cage avec un nid. » Pour d'autres, ils demandent à la maîtresse de lire elle-même les mots. Pour ceux qui tentent de faire des relations avec le dictionnaire de la classe, soit le mot est reconnu globalement, soit il est identifié par la mise en place d'une correspondance terme à terme.

Les résultats proposés sont différents : on croit avoir reconnu les mots *nid*, *souris*, *oiseau*, *œuf*. Certaines erreurs apparaissent. Par exemple, *oiseau* est supposé vrai car il commence comme *œuf* ; et *souris* est supposé vrai car toutes ses lettres sont contenues dans le texte mais en désordre et dans plusieurs mots.

– « Puisque nous ne trouvons pas les mêmes mots, qui a raison ? Comment avez-vous fait ? »

– Est-ce toujours vrai ?

S'ensuit une validation collective des résultats.

À partir d'un obstacle supposé, d'autres sont apparus ; les enfants prennent conscience, par exemple, qu'une image ne suffit pas à la construction du sens et qu'elle évoque même, parfois, ce qui n'est pas forcément clairement dit dans le texte.

Ce travail permet aux élèves *d'éprouver le besoin*, pour devenir lecteur, de se constituer un dictionnaire de classe et d'aller y rechercher le même mot que le texte, donc de mettre en place des stratégies d'identification de mots.

227

CONTE OU NOUVELLE ?

• Objectif

Savoir distinguer un conte d'une nouvelle et en connaître les caractéristiques principales.

• Niveau

Cycle 3 de l'école primaire.

• Situation-problème

Deux extraits de textes sont proposés aux élèves :

Premier texte[1] : « Hier, j'ai rencontré quelqu'un d'un peu bizarre. D'abord, je n'ai pas tout de suite compris ce qu'il disait. Peut-être que je n'étais pas bien réveillé, ou un peu trop distrait. J'ai cru entendre quelque chose comme : "*Dzwiagztrochv kinghuaxyelz trrpllikdawq iiiiiiuhhh.*" Et puis : "*Sprechen Sie Deutsch ?*" Et ensuite : "*Do you speak english ?*" Et enfin : "Parlez-vous français ?" Je ne sais pas pourquoi il m'a demandé ça. Évidemment que je parle français. C'est même la seule langue que je parle. Ce qui m'a un peu étonné aussi, c'est la façon dont il était habillé. Avec une espèce de combinaison verte et rouge, toute drôle : on aurait dit une peau avec des écailles.

« En y réfléchissant bien, je crois que sa tête aussi m'a un peu surpris. Une tête toute ronde qui tournait sans arrêt comme un gyrophare sur une ambulance.

« Mais il était très gentil. Il m'a salué poliment et m'a tendu la main. Une main pleine de doigts. Au moins cent. Ça fait un peu bizarre quand on la serre... »

Deuxième texte[2] : « Dans le jardin de Madame Denis, deux pinces à linge, l'une en bois, l'autre en plastique font un brin de causette pour passer le temps.

"Ah ! soupire la pince en bois, si je pouvais m'installer sur un fil électrique ! Ça doit être excitant ! Ou sur les cordes d'une guitare..." »

1. B. Friot, *Histoires pressées*, Milan Poche Junior, 1999.
2. *Ibid.*

Marine : « Ça doit être des jolis contes. »

Maïté : « Non, c'est pas des contes, seulement le premier parce que c'est des extraterrestres. »

Malec : « Non, seulement le deuxième parce que c'est pas possible. »

Qui a raison ?

- **Obstacle et rupture**

Un *conte* ne se définit pas seulement par la mise en scène de personnages imaginaires ou de situations irréelles : les personnages (rois, princes... fées, sorcières mais aussi jeune enfant ou pauvre paysan, animaux ou objets) ont à affronter une situation difficile qu'ils surmonteront après avoir subi une série d'épreuves. L'issue est souvent heureuse et le conte peut se terminer par un mariage. D'autres caractéristiques plus subtiles le définissent : des formules initiales et finales rituelles, un récit atemporel, des personnages indéterminés dans lesquels on peut s'identifier, des épisodes à répétition et l'intervention du merveilleux (formules et pouvoirs magiques).

Une *nouvelle* met en scène des personnages de tous les jours, même s'ils ont des comportements irréels ou s'ils font des rencontres étonnantes. Dans une nouvelle, c'est surtout la manière de mener le récit qui est intéressante. Il convient alors de s'intéresser à la structure, la manière « dramatique » dont le suspense est mené (montée dramatique) et la chute, c'est-à-dire la manière rapide, surprenante, inquiétante ou humoristique dont le récit s'achève.

On devra proposer aux élèves d'autres exemples de contes et de nouvelles afin qu'ils puissent généraliser.

228

QUI EST-IL ? QUI EST *IL* ?

- **Objectifs**

Savoir que le pronom personnel remplace le groupe nominal et savoir trouver à quel groupe nominal le pronom fait référence.

- **Niveau**

Cycle 3 de l'école primaire.

• Situation-problème[1]

« Qui est-il ? Qui est *il* ? Au fur et à mesure de ta lecture, tu écris dans la colonne celui qui se cache derrière le pronom *"il"*.Tu n'as pas le droit de revenir en arrière. Facile ? Je te parie que tu n'y arrives pas tout de suite ! »

Quand *il* pénétra dans la pièce, *il* sentit en même temps la douce chaleur qui provenait de la cheminée et une odeur appétissante de chair fraîche : « Ça sent la chair fraîche ! » se dit-*il*. *Il* s'approcha et commença à fureter partout. Plus *il* se rapprochait de cette odeur et plus son plaisir grandissait. La porte de la cuisine enfin ouverte, la présence devint insoutenable. Très excité, bavant, reniflant, *il* fouillait partout, entrant presque entièrement dans les placards mais se ravisant tant *il* avait peur de se retrouver coincé. C'est derrière la gazinière qu'*il* découvrit la tranche de poisson qui l'attirait tant. Hum ! Pourquoi attendre ! De toute façon, *il* lui faudrait beaucoup d'efforts pour la ramener jusqu'au nid du grenier. De plus, *il* n'y en aurait pas assez pour sa femelle et ses douze petits de la dernière portée. « Par mes moustaches ! », se dit-*il*. Et *il* dévora la tranche à belles dents.	Qui est « *il* » ?

• Obstacle et rupture

La plupart des réponses d'élèves passent successivement d'un *homme* à un *ogre*, à un animal (le plus souvent un *chien*) pour enfin aboutir à un *rat*.

Les enfants comprennent qu'il ne suffit pas que l'auteur sache de qui il s'agit ; il faut qu'il en soit de même pour le lecteur. Il est donc important de bien savoir identifier qui se cache sous le pronom.

• Élargissement

On peut donner aux élèves d'autres textes de ce type (en prenant par exemple un texte original et en remplaçant tous les groupes nominaux par des pronoms personnels) ou même leur demander d'en inventer.

Exemple : « Le jour où il l'avait ramenée à la maison, elle n'avait cessé

1. Situation-problème conçue par Patrick Jourdain, Dammarie-les-Lys (77), dans Gérard De Vecchi, Nicole Carmona-Magnaldi, *Faire vivre de véritables situations-problèmes*, *op. cit.*

de crachoter tout le long du chemin. Il l'avait donc remisée bien au chaud sous une couverture en attendant de l'ausculter plus avant. Et elle n'avait pas apprécié, mais pas apprécié du tout ! Quand au bout de quelques jours, elle l'avait senti soulever délicatement la couverture, elle lui avait sans crier gare vomi une large flaque huileuse sur les chaussures et le bas du pantalon. Alors la colère était montée et il s'était mis à fouiller sans délicatesse dans ses entrailles. »

Et si vous réécriviez l'histoire en nommant les personnages ? Nous comparerons ensuite vos résultats.

– Discussion.

– On compare ensuite les différentes réponses au texte original.

Par rapport à ce que pensent les élèves, s'agit-il d'une histoire qui concerne une malade et un médecin, une chienne et son nouveau maître, une histoire complètement « gore » d'un fou recueillant une pauvresse ou... ?

DES SITUATIONS-PROBLÈMES EN LECTURE LITTÉRAIRE

229

MAIS QUI EST *JE*?

• Objectifs

Savoir utiliser les indices grammaticaux (ici genre et nombre) pour comprendre un texte.

Amener, à partir d'une situation problème en lecture, une séance d'observation réfléchie de la langue.

• Niveau

Cycle 3 de l'école primaire.

• Situation-problème[1]

À partir du texte : « Soupçon[2] ». Le maître lit à haute voix un texte court, qui ne présente aucune difficulté lexicale ou syntaxique. Cette lecture doit être captivante afin de mettre en évidence la montée dramatique qui caractérise cette nouvelle. À la fin de la lecture, alors que l'angoisse est à son comble, intervient la chute, inattendue et humoristique : les élèves rient, ce qui prouve qu'ils ont compris le sens littéral de l'histoire. Un échange dans la classe, la relecture des moments principaux permet d'affiner cette compréhension et de comprendre que la montée dramatique est construite sur le lien entre différents épisodes, personnages et lieux.

Le récit est fait par un narrateur : seul est employé le *JE* de première personne. Les autres personnages sont des animaux (un chat, un poisson, une souris, un oiseau).

La lecture s'achève alors sur une question inattendue : **mais qui est *JE* ?**

1. On peut, bien sûr, utiliser d'autres textes car la littérature permet d'en trouver de nombreux qui fonctionnent ainsi.
2. B. Friot, *op. cit.*

À l'écoute, une seule indication permettrait de répondre : « *Inquiet*, je me suis levé et je suis allé... » Par l'intonation, le débit et la voix, il est intéressant que le lecteur détourne l'intérêt sur l'histoire et le mystère afin que les élèves ne prennent pas conscience de l'indice.

La question posée permet d'élaborer, dans un échange oral rapide, diverses hypothèses : *JE* est-il un garçon ? une fille ? l'auteur ? Un narrateur est-il toujours l'auteur ? *JE* est-il le lecteur ? Seules la lecture silencieuse et l'identification des marques de genre permettent de résoudre la question : c'est donc une réelle situation d'Observation réfléchie de la langue qui est mise en place.

• Obstacle et rupture

La lecture à haute voix efface les difficultés que les faibles lecteurs pourraient rencontrer et facilite surtout la compréhension globale. La particularité du texte repose sur sa structure : la narration, analogue à celle d'un texte d'angoisse, prend la forme d'une montée dramatique par paliers successifs. Mais un problème se pose : *aucun indice ne permet de savoir qui est JE.*

La réponse ne se trouve que dans des arguments plus prosaïques, que seuls la lecture silencieuse et l'appui sur les indices morphosyntaxiques permettent de résoudre. Les élèves peuvent se livrer à une *chasse aux indices* qui est une activité de grammaire authentique. Les constats sont d'importance :

– à l'oral un seul indice est donné : *inquiet... ;*

– à l'écrit ils sont nombreux : *je me suis levé, je suis allé...*

Des formes verbales comme *j'ai eu peur, j'ai pris, j'ai ouvert...* ne donnent aucune information. La lecture peut déboucher sur une activité décrochée d'orthographe qui sera faite à un autre moment ; les formes relevées alimenteront un outil de référence analogique.

230

QUI A VOLÉ QUI ?

• Objectif

Comprendre l'intérêt littéraire de tromper délibérément le lecteur.

• Niveau

À partir du cycle 3 de l'école primaire.

• Situation-problème[1]

On demande aux élèves de lire une fois (une fois seulement) le texte suivant : « Un voleur dans la nuit. Pendant la dernière grève des transports en commun, un jeune homme rentrait chez lui en passant par un jardin public. Il était tard et il était seul. À mi-chemin, il vit quelqu'un venir dans sa direction. Il y eut un moment de panique : il changea de côté, l'homme aussi changea de côté et, comme ils le firent en même temps, et dans le même sens, ils se heurtèrent en se croisant.

« Quelques instants plus tard, le jeune homme pensa que cet incident pouvait difficilement être fortuit. Il mit la main à la poche où était son portefeuille. Celui-ci avait disparu. La colère l'emporta : il fit demi-tour, rattrapa le pickpocket et lui demanda son portefeuille. L'homme le lui tendit.

« Quand il arriva chez lui, la première chose qu'il vit, ce fut son portefeuille. Il n'y avait pas moyen de se cacher la vérité : il avait volé quelqu'un. »

... Mais qui avait volé qui ?

• Obstacle et rupture

La chute a été écrite pour remettre en cause la représentation que le lecteur s'était progressivement construite et qu'il éprouve quelques difficultés à modifier.

Le point de vue est biaisé, il n'est pas spontanément identifiable. On l'a conduit sur une fausse piste par rétention d'informations. De plus, le texte est parsemé de leurres. C'est seulement la fin de la dernière phrase qui révèle, très brutalement, la vérité.

Et on ne peut le saisir vraiment qu'après avoir compris à tort. D'ailleurs, beaucoup d'enfants ne comprennent pas immédiatement la méprise. Une ou plusieurs relectures s'imposent.

1. Élaborée à partir d'un récit d'école, traduit de l'allemand, et présenté dans Catherine Tauveron (sous la dir. de), *Lire la littérature à l'école*, Hatier, 2002.

231

QUI VA GAGNER : LA POULE OU LE LOUP ?

• Objectifs

Comprendre qu'un texte littéraire peut supporter plusieurs interprétations.

Prendre conscience qu'apprendre à lire c'est aussi lire *au-delà de ce qui est écrit.*

• Niveau

À partir du cycle 3 de l'école primaire.

• Situation-problème[1]

Voici le résumé d'une histoire : *Un loup trop gourmand.* « Un loup, affamé, se fixe comme objectif de dévorer sa voisine la poule mais seulement après l'avoir faite grossir. Pour arriver à ses fins, il dépose chaque jour, devant la porte de la poule, crêpes, beignets et gâteaux en se disant chaque fois : "Mange bien, ma poulette. Deviens belle et grasse à souhait pour mon souper." Quand il estime que son repas est à point, il s'apprête à le dévorer, mais les choses ne se passent pas comme prévues. La porte s'ouvre brusquement et la poule s'exclame : "Oh ! c'était donc vous Monsieur Loup ! Les enfants, les enfants, regardez bien ! Les crêpes, les beignets et le somptueux gâteau n'ont pas été apportés par le Père Noël. Ce sont tous des cadeaux de l'oncle Loup." Les poussins se précipitent alors sur le loup et lui donnent cent baisers. Le texte se termine ainsi : "Finalement, l'oncle Loup ne mangea pas de poule au pot cette nuit-là. Mais Madame Poule lui prépara quand même un bon dîner. 'Flûte alors, se dit-il, en rentrant chez lui. Demain, je préparerai peut-être une centaine de sablés fondants pour ces petits coquins-là !'" »

Et si le loup était plus malin et plus gourmand qu'on peut le penser ?

Et si la poule était beaucoup moins naïve qu'on le suppose ?

Que peut-il s'être réellement passé dans la tête du loup et de la poule ?

1. À partir d'un texte de Keiko Kasza, *Un loup trop gourmand*, Flammarion-Jeunesse, 1987. Résumé de l'histoire et analyse de Catherine Tauveron (sous la dir. de), *Lire la littérature à l'école, op. cit.*

• Obstacle et rupture

À l'école primaire (et souvent, bien plus tard encore), le verbe *comprendre* est souvent employé d'une manière absolue : l'élève *a compris* ou *n'a pas compris*. Il est vrai que, dans la grande majorité des cas, il n'y a pas plusieurs manières d'interpréter un texte[1].

L'intrigue qui nous concerne ne présente en elle-même aucune difficulté particulière. L'analyse qui en ressort généralement est banale.

Pourtant, la dernière phrase peut être interprétée de différentes manières. En effet, à l'issue de la lecture du texte, deux problèmes subsistent :

– les réelles intentions futures du loup : il renonce à son projet initial, au risque de saper sa réputation... ou il envisage de faire mieux que prévu, en revenant plus tard manger la poule... et la couvée quand elle sera bien grasse elle aussi (n'oublions pas le titre : *Un loup « trop » gourmand*) ;

– la grande naïveté ou la particulière clairvoyance de la poule : elle est totalement inconsciente et méconnaît la longue tradition de l'histoire des loups... ou, ayant compris le stratagème, elle s'est empressée de valoriser le loup pour l'amadouer... et se méfiera beaucoup plus la prochaine fois !

Il est important qu'un texte littéraire autorise et même encourage la recherche de plusieurs interprétations. Le lecteur doit donc apprendre à mesurer l'indétermination ou l'incertitude laissée par un texte. Il doit savoir aussi qu'on ne l'oblige pas à choisir et qu'il peut y avoir un certain plaisir à rester dans l'indécision, même s'il doit aussi comprendre que certaines lectures sont parfois meilleures que d'autres.

1. Notons au passage que, en maternelle, au contraire, on a souvent tendance à laisser libre cours aux réactions et aux interprétations des élèves.

SITUATIONS-PROBLÈMES ET PRODUCTION D'ÉCRITS

232

CRÉER... AVEC DES BRUITS ?

• Objectif

Comprendre ce que sont les *onomatopées* et savoir les utiliser.

• Niveau

Cycle 3 de l'école primaire.

• Situation-problème[1]

« Chut ! Écoutez. Il se passe quelque chose dans la pièce d'à côté ! BZZZ ! MIAOU ! TIC ! TAC ! TOC ! TOC ! CRAC ! GRRR ! CLAC ! Mais, au fait, que s'est-il bien passé ? »

Travail d'émission d'hypothèses, de création...

• Obstacle et rupture

Lorsqu'on lit ces onomatopées dans l'ordre, on peut, assez rapidement, se construire une histoire dans sa tête. De ce fait, plusieurs enfants croient assez vite avoir reconnu l'histoire. Et pourtant, leurs propositions sont très différentes. À titre d'exemple, voici quelques premières hypothèses produites par des élèves de cycle 3 de l'école primaire[2] : « C'est des enfants qui jouent en imitant des bruits » ; « C'est peut-être des personnes qui répètent une pièce de théâtre » ; « Des animaux qui font du bruit » ; « C'est une personne qui frappe à la porte » ; « Les animaux et les objets sont terrorisés » ; « C'est peut-être quelqu'un qui raconte une histoire imaginaire en faisant du bruit » ; « Des bruits qui se sont échappés des objets et des

1. D'après Gérard De Vecchi, Nicole Carmona-Magnaldi, *Faire vivre de véritables situations-problèmes, op. cit.*
2. Classe de Gwenola Senot, Neuilly-Saint-Front (02).

animaux, ils font du bruit partout pour embêter les gens » ; « Les mots se sont échappés de la bouche des hommes ; il ne reste que les bruits pour communiquer » ; « Les hommes doivent réinventer une façon de parler, donc apprendre à utiliser les bruits. »

• Prolongements possibles...

Et si on faisait pareil ? Et si on racontait une histoire avec beaucoup de bruits... ou même seulement avec des bruits ?

On peut aussi analyser comment les bandes dessinées utilisent les onomatopées.

233

ACCIDENT SUR LA VOIE... LACTÉE ?

• Objectifs

Connaître une ou quelques stratégies utilisées pour inventer des poèmes. Comprendre en particulier que l'on peut choisir d'opposer des champs lexicaux qui ne se rencontrent pas habituellement.

• Niveau

À partir du collège.

• Situation-problème

– Vous avez déjà appris des poèmes. Vous savez un peu comment ils se présentent. En petits groupes, essayez de raconter un accident à la manière d'un poète.

– Puis on distribue un exemple de poème répondant à la consigne précédente :

Constat
Sur l'asphalte du ciel
La lune a dérapé.
(Traces visibles de freinage)
sur dix années-lumière).

Choc frontal contre le Chariot.
Voie lactée dégradée.
Poissons jetés sur la Balance.
Taureau en fuite.
Manquent quatre cordes à la Lyre.
Deux ovnis rétamés.
Dommages corporels : néant.
Dommages au Néant : néant
Signé : Grande ourse (en service)

Yves Heurté[1]

• Obstacle et rupture

Il y a télescopage de deux champs lexicaux très différents puisque l'un correspond au langage familier et l'autre utilise un vocabulaire scientifique (ou astrologique !).

Tout d'abord, les élèves racontent un accident, mais plutôt comme le ferait une personne interrogée sur un trottoir ou au bord d'une route !

Le décalage qui apparaît quand on leur fournit le poème les frappe et souvent leur donne envie de faire de même... ce qui peut être mis en œuvre après analyse de quelques techniques utilisées dans les poésies ! On peut les aider en leur fournissant un texte court, pris dans la rubrique des faits divers d'un journal local, et relatant un accident. Malgré cela, cette activité est très complexe, le texte proposé se situe au croisement de deux fonctionnements textuels (fait divers et texte poétique). Elle fait référence à plusieurs compétences que les élèves n'ont pas forcément intégrées (comprendre ce qu'est une métaphore, savoir écrire en style télégraphique comme le sont les petites annonces dans la presse, comprendre ce qu'est un travail sur les champs lexicaux...). Mais cette complexité fait aussi la richesse de la situation-problème. C'est à travers ces difficultés à surmonter que les compétences vont commencer à se construire ou s'affiner.

▲ Élargissement

• Objectif

Prendre conscience que, dans les textes littéraires, il y a des choses *cachées* que l'on ne comprend pas forcément tout de suite.

• Niveau

À partir du cycle 3 de l'école primaire (varie avec les textes choisis).

1. Yves Heurté dans Michel Cosem, *Au pays des mille mots*, Milan.

• Situation-problème

À l'occasion de l'étude d'une poésie mettant en scène des animaux, des élèves s'expriment :

Rémi : « Si dans les poésies on écrit des choses impossibles, alors à quoi ça sert ? »

David : « C'est vrai, ça ! À quoi ça sert ? »

Céline : « Alors pourquoi beaucoup d'auteurs l'ont fait... et continuent à le faire ? »

Et vous, qu'en pensez-vous ?

• Obstacle et rupture

Souvent, lorsqu'un auteur choisit de prendre des animaux comme personnages... c'est pour parler de nous, les êtres humains (voir ici ce que la culture littéraire et la lecture des fables peuvent apporter).

▲ Prolongement

• Objectif

Comprendre que produire un texte littéraire, c'est veiller à être en même temps *compris* et *incompris*.

• Situation-problème

Qu'est-ce qui fait la signification d'un poème ? La volonté de l'auteur ? L'inconscient de l'auteur ? Le lecteur ? L'inconscient du lecteur ? Ou encore autre chose ?

• Obstacle et rupture

L'écrivain fait souvent en sorte que ce qu'il écrit puisse prendre plusieurs sens.

On prend donc conscience qu'il est important de rechercher des indices et de les mettre en relation. Tout peut jouer un rôle (forme du texte, transformations, sonorités, proximité de certains mots, répétitions, structures grammaticales...).

C'est pour cette raison que l'enseignant se doit de choisir des textes un peu complexes, qui *résistent*, qui permettent de découvrir, lors des lectures successives, certains éléments qui n'avaient pas été perçus initialement[1].

1. On peut rapprocher cette démarche de ce qui se fait en arts plastiques et dans tous les arts d'une manière générale.

On peut utiliser le texte suivant d'Octave Mannoni[1] : « La poésie, comme le rêve, font subir aux signifiants un traitement "paradoxal" : des syllabes "s'allument", ou "s'éteignent" en dépit du sens et au profit d'une signification. Et ces "courts-circuits" ne trouvent par chance leur signification que grâce au désir inconscient du scripteur. Les mots ne jouent pas tout seuls, mais leur sens est travaillé par une sorte de procédé de codage qui échappe le plus souvent à la conscience claire et s'apparente aux processus du rêve. »

• Élargissement

Il semble important (essentiel !) de déboucher sur la production de poèmes, individuellement et/ou en ateliers d'écriture.

« Jouer avec les mots, écrire, prendre des mots aux autres, les ré-inventer dans son histoire, lire, raturer, coller, réécrire, jouer avec le temps, relire, réécrire une fois encore et retrouver, à chaque étape, le geste de tâcheron qui accompagne tout acte d'écrire, dans sa répétition, ses ratés, ses reprises, ses trouvailles[2]. »

Un grand nombre de jeux d'écriture peuvent être utilisés. On en trouve dans de nombreux ouvrages et sites Internet dont certains sont cités dans cet ouvrage.

234

QUATRE ET QUATRE FONT HUÎTRE ?

• Objectifs

Apprendre à jouer avec les mots et leurs sonorités pour développer sa créativité.

À partir de jeux sur des sonorités voisines, aller vers la création de poèmes.

1. Cité dans Maria Dolorès Aranda, Dominique Sémanzato, Joëlle Ducos, Pierre Colin, « L'impératif de l'essentiel », *Dialogue*, n° 51, 1984. Octave Mannoni, *Clés pour l'imaginaire*, Éditions du Seuil.
2. Odette-Anna Toulet, « Décalquer l'invisible », *Dialogue*, n° 75, 1992. Le GFEN a beaucoup travaillé sur les ateliers d'écriture. Voir de nombreux exemples dans les revues *Dialogue*. Exemples : Yves Béal, Frédérique Maïaux, « Et nous délivrerons les mots », *Dialogue*, n° 85, 1996. Pierre Colin, « La poésie sera faite par TOUS », *Dialogue,* n° 61, 1987. D'autres ouvrages sont aussi à la disposition des enseignants : Les publications de Yak Rivais chez Retz et à l'École des Loisirs. Th. Leguay et A. Duchesne, *La Petite Fabrique de littérature*, Magnard, 1991 et G. Vermeesch, *La Petite Fabrique d'écriture*, Magnard (éd. non datée).

• Niveaux

À partir du cycle 3 de l'école primaire (variable suivant les exemples choisis et la manière de les présenter).

• Situation-problème[1]

Mariana : « Je ne comprends rien à ce que Jérémie m'écrit ! Ça ne veut rien dire ! »

Axel : « Mais oui, il a seulement un problème. Regarde mieux. À moins qu'il ait fait exprès ! “Quatre et quatre : huître. Quatre et cinq : bœuf. Cinq et six : bronze. Six et six : bouse[2]”. »

Mariana : « Oui, mais qu'est-ce que je lui réponds ? »

Axel : « Essaie de faire comme lui ! »

Et nous, ne pourrions-nous pas faire comme Jérémie ?

• Élargissement (pour jouer autrement avec les mots)

Pourquoi ne pas *créer de nouveaux mots* en associant deux mots qui entretiennent des rapports de sonorités mais pas de sens : jeux phoniques qui génèrent des mots dont le sens ne convient pas, création de mots-valises...

Exemples[3] : Un *journal* n'apporte que de mauvaises nouvelles !

Une *institutriste* est une enseignante qui n'a vraiment pas le moral...

Ne pourrions-nous pas essayer de faire la même chose ?

• Obstacles et rupture

Il y a rupture car cela va demander aux élèves d'*oser*. C'est en « acoquinant » deux mots peu habitués à se rencontrer qu'on obtient les meilleurs mots-valises. C'est dire qu'il s'agit là d'une technique irrévérencieuse et créative. Irrévérencieuse car, au début, les enfants peuvent avoir du mal à se *débloquer*. Créative car ils produisent des mots nouveaux, inattendus (du *jamais vu*).

1. D'après Gérard De Vecchi, Nicole Carmona-Magnaldi, *Faire vivre de véritables situations-problèmes*, *op. cit.*
2. Texte de Pef, puisé dans P. Benaych, R. Bastien, D. Gallet, D. Guérault, R. Schiss (sous la direction d'A. Bentolila), *Maîtrise de la langue. Cycle 3,* coll. « L'île aux mots », Nathan, 2000.
3. Exemples et analyse qui suit empruntés à Henry Landroit, site Internet déjà cité.

• Élargissement interdisciplinaire

On peut aussi associer les noms de deux animaux ou de deux objets très différents et tenter de les dessiner ou même, pour les animaux, de définir leur *carte d'identité* avec leur mode de vie (voir situation-problème « Où vit la libelnouille ? » en biologie dans le tome 1 de cet ouvrage).

De toute manière, il sera intéressant de réfléchir, avec les élèves, sur le *pourquoi* de la réussite de certains mots-valises.

Une autre manière de jouer avec les mots : Le maître dicte et Arnaud a écrit : « Le magasin du bijoutier est tout vert à partir de 10 heures. Je voudrais acheter l'écolier que j'ai vu dans sa vitrine. »

Qu'en pensez-vous ? Cela ne pourrait-il pas constituer une technique pour créer des textes ou des poèmes ?

SITUATIONS-PROBLÈMES ET GRAMMAIRE

235

UN PAYS ORIGINAL, LA PANOUTSIE

• Objectifs généraux

Prise de conscience du rôle et de l'importance de la grammaire : elle participe au sens du texte.

Sentir le besoin de lui accorder de l'intérêt... ou restaurer l'intérêt à lui accorder !

• Niveau

Cycle 3 de l'école primaire et 6e de collège.

• Situation-problème

« En Panoutsie : un pays original. Les Panoutsiens ne trabulent jamais les djurks. En effet, ils ne se crustodent que de djiurn car, comme il y a beaucoup de blourk, la vilaille est rousdaille et flibuge. »

Vous lisez ce texte et vous faites toutes les remarques que vous voulez.

– Discussion.

– Proposition d'un *défi* à relever : « Et si on essayait de remplacer tous les mots "en charabia" par de vrais mots : ce serait possible de raconter une toute petite histoire ? »

• Obstacles et ruptures

Dans la discussion, certains obstacles apparaissent. On peut donc se donner comme objectifs spécifiques d'en renverser certains.

C'est, par exemple, le cas des « petits mots » (déterminants, connecteurs). Certains élèves pensent que « les petits mots, ça sert pas à grand-chose ». Le fait de « masquer le sens » met en évidence l'importance de ces mots.

Les connecteurs participent à la dynamique du texte. Les déterminants donnent des renseignements précieux sur la classe des mots que forment les noms, sur leur genre et leur nombre. Contrairement à ce que pourraient croire les élèves, ce sont des unités qui contribuent à donner du sens au texte.

Il y a, bien sûr, d'autres indicateurs sur lesquels on peut travailler[1].

• Élargissements

On peut utiliser des textes dont les mots n'ont pas été transformés mais simplement éliminés. Attention ! Il ne s'agit pas d'exercices à trous. En effet, ces derniers ont une fonction d'évaluation et permettent de matérialiser une connaissance (on peut se demander, au passage, si retrouver un mot signifie qu'il y a vraiment eu intégration d'un savoir !). Pour les *textes-éponges* que nous proposons, il s'agit de développer la créativité en inventant par exemple un récit... qui a du sens. Il faudra donc que les mots éliminés puissent permettre de trouver de nombreuses solutions possibles, comme le texte sur la Panoutsie. De plus, en supprimant uniquement les mots-liens ou les adverbes par exemple, cela permettra d'aborder ou d'affiner grammaticalement ces concepts.

On peut enfin inviter les élèves à produire eux-mêmes, en petits groupes, des textes du même type qu'ils soumettront à leurs camarades... ou à leurs parents.

236

LE REPAS DU CROCODILE ?

• Objectif

Prendre conscience de l'intérêt et du besoin de la ponctuation.

• Niveau

Cycle 3 de l'école élémentaire.

1. Une analyse plus détaillée de la démarche utilisée pour mener cette situation-problème ainsi que des réactions et des productions d'élèves peuvent être trouvées dans Gérard De Vecchi, Nicole Carmona-Magnaldi, *Faire vivre de véritables situations-problèmes*, *op. cit.*

• Situation-problème

Demander à deux petits groupes de préparer un jeu de rôle pour mimer, devant la classe, les phrases suivantes qui sont notées sur un carton qui leur est donné :

Premier groupe : « Le crocodile mangeait. La belle Charlotte, sa compagne, le regardait, émerveillée. »

Deuxième groupe : « Le crocodile mangeait la belle Charlotte. Sa compagne le regardait, émerveillée. »

Juste avant que débutent les mimes, le maître écrit au tableau :

« Le crocodile mangeait la belle Charlotte sa compagne le regardait émerveillée » (en n'utilisant surtout pas de ponctuation !)

Il est bien évident que les scènes ne seront pas les mêmes !

– On peut aussi faire mimer à deux autres petits groupes :

« Le policier, dit le voleur, est emmené en prison. »

« Le policier dit : le voleur est emmené en prison. »

• Obstacle et rupture

Les élèves prennent conscience que l'on peut jouer la scène de deux manières *opposées* (suivant la ponctuation qui a été utilisée).

Les signes de ponctuation sont souvent considérés comme peu importants, voire négligeables. De plus, beaucoup d'élèves... et d'adultes (... même enseignants) ne savent pas en utiliser certains (la *virgule* par exemple) !

• Élargissement

Dans le même état d'esprit, on pourrait demander à des élèves de *raconter* :

– « Messieurs les Anglais tirez les premiers » (bataille de Fontenoy). Qui, des Français ou des Anglais, ont tiré les premiers ? (« Messieurs les Anglais, tirez les premiers » ou « Messieurs, les Anglais, tirez les premiers ! »)

– « Ils ont mordu notre ami Alexandre notre voisin saura les calmer » (« Ils ont mordu notre ami Alexandre. Notre voisin saura les calmer » ou « Ils ont mordu notre ami. Alexandre, notre voisin, saura les calmer. »)

D'autres phrases du même type peuvent être utilisées pour élargir la notion et construire une généralisation : « La maîtresse dit la directrice est en forme. » « Agnès appelle son ami Marc le voisin lui répond. » « Je voudrais bien manger Agathe mais je ne sais pas si c'est l'heure[1]. »

Voici une autre situation-problème répondant au même objectif général.

1. D'après Gérard De Vecchi, Nicole Carmona-Magnaldi, *Faire vivre de véritables situations-problèmes*, *op. cit.*

• Objectif

Comprendre l'intérêt et le sens de la ponctuation.

• Niveau

Cycle 3 de l'école primaire.

• Situation-problème

– Un élève a recopié un texte de Daniel Pennac qui s'intitule « L'œil du loup ». « debout devant l'enclos du loup le garçon ne bouge pas le loup va et vient il marche de long en large et ne s'arrête jamais le loup pense il m'agace celui-là cela fait bien deux heures que le garçon est là debout devant ce grillage immobile comme un arbre gelé à regarder le loup marcher qu'est-ce qu'il me veut c'est la question que se pose le loup ce garçon l'intrigue il ne l'inquiète pas car le loup n'a peur de rien il l'intrigue qu'est-ce qu'il me veut »

– Une remarque de Margot : « Tu l'as mal recopié, le texte ; on ne comprend plus rien ! »

Comment aider cet élève à comprendre le texte ?

• Obstacle et rupture

L'absence de majuscules et de ponctuation, souvent considérées comme accessoires par les élèves, permet de prendre conscience de leur importance et de leurs différents rôles.

• Prolongement

Dans le poème qui suit, Jacques Prévert n'a utilisé aucune ponctuation ! On peut tenter de comprendre ce qu'apporte ce choix et pourquoi le texte est tout de même lisible.

Quartier libre[1]
j'ai mis mon képi dans la cage
et je suis sorti avec l'oiseau sur la tête
Alors
on ne salue plus
a demandé le commandant
Non
on ne salue plus
a répondu l'oiseau
Ah bon

1. Jacques Prévert, *Paroles*, Gallimard, 1946.

excusez-moi je croyais qu'on saluait
a dit le commandant
Vous êtes tout excusé tout le monde
peut se tromper a dit l'oiseau

• Autre prolongement

On peut proposer puis faire construire des *histoires à tiroirs*, c'est-à-dire des histoires dans lesquelles tellement de choses sont écrites les unes dans les autres qu'on ne s'y retrouve plus... surtout s'il n'y a pas de ponctuation pour en favoriser la lecture !

• Situation-problème

« C'est le frère de la sœur dont l'oncle a été assassiné dans une ville dont je ne me souviens plus du nom qui ressemblait pourtant à celui d'un roman que j'ai adoré dans mon enfance qui fut malheureuse mais bien moins que celle de cette fille du grand-père de ma tante qui avait épousé le beau-frère de mon père...[1] »

Avez-vous pu lire ce texte jusqu'au bout... en le comprenant ?

À quel moment avez-vous décroché ?

Mais alors, comment le modifier ?

• Objectifs

Outre la prise de conscience de l'intérêt et du rôle de la ponctuation, ce travail permet de faire ressentir les limites de la construction de la phrase. « Une analyse de telles phrases peut être utile pour faire sentir ce qui a été utilisé comme *système*. Ainsi, les élèves comprendront qu'il s'agit le plus souvent de l'extension d'un groupe du nom (avec un effet *vache-qui-rit*, comme dans la célèbre boîte de fromage). Les propositions ou les compléments s'imbriquent les uns dans les autres, introduits soit par des prépositions soit par des pronoms relatifs, et noient le sens dans leur avalanche. »

On peut demander à des élèves de produire une histoire à tiroirs en rajoutant, les uns après les autres, une idée qui se rapporte à la précédente. Théoriquement, une histoire de ce genre peut être aussi longue que l'on veut !

1. Exemple et analyse qui suit empruntés à Henry Landroit (site Internet déjà cité).

237

NÉGATION OU INTERROGATION ?

• Objectifs

Bien reconnaître les formes des phrases : *négatives* par les éléments de négation et *interrogatives* par les éléments d'interrogation.

Reconnaître une phrase qui mêle les deux ou *phrase interro-négative.*

• Niveau

CM2 (cycle 3 de l'école primaire).

• Situation-problème

On a appris à reconnaître les phrases négatives et interrogatives. Je croyais avoir compris. Or, voici une phrase dont il faut que je dise si elle est négative ou interrogative... et je n'arrive pas à choisir ! « Pourquoi ne voit-on pas certains oiseaux l'hiver ? »

Et celle-ci : « Il est interdit de déposer des ordures » veut dire qu'*il ne faut pas* déposer d'ordures... mais est-ce que c'est une phrase négative ?

Et voilà une dernière phrase : « Je me demande si les escargots voient la salade. » Je vois bien qu'il y a une *interrogation* mais la phrase ne se termine pas par un point d'interrogation ! Est-elle interrogative ?

• Obstacles et ruptures

Identifier la forme d'une phrase n'est pas simple : les enfants donnent souvent une prépondérance au *sens* en négligeant le champ grammatical. De plus, les phrases peuvent ne pas ressembler à la norme enseignée : une phrase peut être en même temps négative et interrogative. Elle peut avoir un sens négatif sans être négative (*interdire*, *défendre* = ne pas). Il en est de même pour une interrogation.

Cela renvoie au problème des champs de référence. Quand, un peu rapidement, on affirme que « le sujet fait l'action », justement cela ne se dit pas... ou ne devrait pas ! En linguistique on parle de *procès*, cela est vrai dans la phrase « Julie regarde la Lune » mais le même type de problème se pose lorsque cette phrase devient « Julie ne regarde pas la Lune ». Si, dans la réalité, Julie ne regarde *effectivement* pas la Lune, elle fait *grammaticalement* l'action ! Nous retrouvons l'idée de champ de référence dans le langage mathématique qui reprend des termes du langage familier mais en leur attribuant un sens très différent[1].

238

IL LIT UN LIVRE OU IL LIVRE UN LIT ?

• Objectif

Prendre conscience que l'ordre des mots détermine le *sens* de la phrase.

• Niveau

Cycle 3 de l'école primaire.

• Situation-problème

Le maître : « C'est important l'ordre des mots dans une phrase ? »

Florian : « Pas tellement si c'est exactement les mêmes mots, on comprend toujours ! »

Mathilde : « Moi, j'en suis pas aussi sûre que toi ! »

Et vous, qu'en pensez-vous ?

– Discussion, puis le maître donne quatre mots : « Pierre », « lit », « livre » « un ».

Et si on construisait une phrase seulement avec ces mots ?

Facile !

– Tout le monde ou presque trouve la phrase : « Pierre lit un livre. »

On discute des différentes phrases proposées si c'est le cas.

Si une seule solution a été proposée, le maître dit : « Tiens, moi je n'ai pas la même phrase ! : "Pierre livre un lit" »[2] !

– Discussion sur le sens des deux propositions.

---

1. Voir plusieurs situations-problèmes dans le chapitre sur les mathématiques.
2. Exemple de phrases citées par Évelyne Charmeux. À ce sujet, voir en particulier Évelyne Charmeux, *Apprendre à lire : échec à l'échec*, Milan, nouvelle éd., 1998. Évelyne Charmeux, Françoise Monier-Roland, Michel Grandaty, *Une grammaire d'aujourd'hui – 1, 2, 3 –*, SEDRAP, 2001.

• Généralisation avec d'autres exemples et élargissement

• Autre situation-problème du même type[1]

– Essayez de construire une phrase simple avec les mots suivants : « rien », « ne », « vaut », « vie », « la ».

Bien sûr, l'exemple le plus couramment proposé est : « Rien ne vaut la vie » (on a fait exprès de donner les mots presque dans l'ordre !).

Discussion sur le sens de cette phrase et les éléments qui lui donnent son sens. Ce sont, bien sûr, les mots utilisés !

– On propose alors une autre phrase si elle n'a pas été trouvée : « La vie ne vaut rien. » Que signifie-t-elle et quels sont les éléments qui lui donnent son sens ?

• Rupture

On s'aperçoit que, avec les mêmes mots, les deux phrases ont des sens non pas seulement différents mais pratiquement *opposés* !

– On peut chercher d'autres exemples simples : « Pierre bat Paul » ou « Paul bat Pierre » ; « Il vaut mieux être un enfant curieux qu'un curieux enfant » ; « Je suis un pauvre homme ou un homme pauvre et si je suis un homme grand, je suis loin d'être un grand homme[2] ! »

▲ Élargissement

• Objectif

Comprendre que le même mot peut, suivant le contexte, être un verbe ou un nom et identifier les unités graphiques qui permettent d'identifier la classe du mot.

• Situation-problème

On peut reprendre les deux phrases précédentes :

Pierre lit le livre	Il lit le livre
Pierre livre le lit	Il livre le lit

Est-ce que les mots *lit* et *livre* sont des noms ou des verbes ? Quels éléments de la phrase permettent de répondre à la question ?

1. D'après Alain Souchon, « La vie ne vaut rien », album *J'veux du live*, 2003.
2. Autres exemples pris dans Évelyne Charmeux, *op. cit.*

On peut aussi prendre d'autres exemples.

Deux élèves discutent de deux phrases :

– Première phrase : « Je *tartine* une tartine de pain avec du Nutella. »

Noémie : « *Tartine*, c'est les verbes. »

Stéphanie : « Non, c'est des noms ! »

Noémie : « *Tartine* c'est un verbe puisqu'on peut le conjuguer : je tartine, tu tartines. »

– Deuxième phrase : « En fait, elle va probablement perdre. »

Noémie : « *Fait* c'est encore un verbe. »

Stéphanie : « Je n'en suis pas sûre ! »

Avec qui êtes-vous d'accord ?

• Obstacle et rupture

Suivant les exemples considérés, les mots *fait* et *tartine* correspondent soit à un nom soit à un verbe ! De même, on peut trouver des exemples où le même mot peut être un nom ou un adjectif (le *blanc* de l'œil, le nuage *blanc*)...

On prend donc conscience que les mots isolés *ne sont pas* des noms, des verbes ou des adjectifs mais *jouent le rôle* de nom, de verbe ou d'adjectif. Souvent, les enfants ne prennent en compte que la forme du mot, son *image graphique,* ou l'une de ces images, qu'ils connaissent et utilisent comme un « signe du mot ». Dans le second exemple, Stéphanie analyse le mot *faire* uniquement à partir de sa forme alors que le premier exemple nous laisse voir que, parfois, c'est le savoir lui-même qui peut faire obstacle : l'enfant utilise une connaissance exacte sans tenir compte du contexte de la phrase (puisque ici, seul le déterminant permet d'identifier qu'un des deux mots *tartine* est un nom). Observer le fonctionnement de la langue permet de voir que, dans une phrase, le mot n'existe pas seul. Le déterminant informe sur la classe du mot qu'il accompagne (le nom) de même que le *« je »* précise qu'il accompagne un verbe. Les phrases reposent sur des *alliances*, importantes, qu'il est nécessaire d'identifier. C'est une *enquête* qu'il faut mener sur les relations que les unités graphiques entretiennent les unes avec les autres.

239

TU CHANTE OU TU CHANTES ?

• Objectif

Savoir différencier les présents de l'indicatif et de l'impératif.

• Niveaux

Cycle 3 de l'école, cycle 1 de collège.

• Situation-problème[1]

« Tu chantes ? Eh bien, danses maintenant ! »

Yasmina : « Il faut pas mettre un s à *chante* et à *danse !* Ça s'écrit comme ça : "Tu chante ? Eh bien, danse maintenant !" »

Erika : « Non, il faut mettre un s ! »

Qui a raison... et pourquoi cela ne s'écrirait pas : « Tu chantes ? Eh bien, danse maintenant ! » ?

• Obstacle et rupture... et obstacles supplémentaires

Tu est un indicateur du singulier (deuxième personne) et un *s* à la fin d'un mot est un indicateur du pluriel (pour les noms et les adjectifs).

L'homophonie de la forme verbale pose problème (voir situations-problèmes sur l'homophonie) : le mot se prononce de la même manière mais s'écrit différemment !

Enfin, c'est la même personne qui est concernée alors que le verbe s'écrit de façon différente ; les élèves ne peuvent ni percevoir ni comprendre la différence entre les présents de l'indicatif et de l'impératif.

• Et, pour rire un peu quand on conjugue...

Quel est le futur du verbe « Je bâille » ? Réponse (véridique) : « Je dors. »

1. D'après Gérard De Vecchi, Nicole Carmona-Magnaldi, *Faire vivre de véritables situations-problèmes*, *op. cit.*

240

AVARE DE VERBE ?

• Objectifs

Découvrir et savoir utiliser la *phrase nominale* (qui ne contient pas de verbe conjugué) pour créer des effets rythmiques.

Découvrir le type de textes qui l'utilisent couramment.

• Niveaux

À partir du cycle 3 de l'école primaire.

• Situation-problème[1]

« Fait divers. Quelle horreur ! Quel drame ! Des automobiles défoncées, déchiquetées, renversées sur l'autoroute A4. De l'avis de notre journaliste, présent lors de cet effroyable accident nocturne, ces trois mots : "Du jamais vu !" Ce témoignage d'une victime : "Des coulées de boue impressionnantes, déferlant comme des vagues." Lourd bilan, peut-être encore provisoire dû à cette catastrophe naturelle : 9 morts et 35 blessés graves. »

Souligne en rouge les verbes conjugués.

• Obstacle et rupture

Ce texte ne contient... aucun verbe conjugué ! Nous avons affaire à des phrases nominales.

Alors que l'on a appris qu'une phrase devait posséder un verbe, il est possible de faire des phrases sans verbe ou sans verbe conjugué. Les élèves prennent conscience que si le verbe n'existe pas, il est tout de même sous-entendu.

Attention, le mot *fait*, dans « fait divers », peut faire penser au verbe *faire* et aucun déterminant ne permet de justifier sa nature !

1. Situation-problème conçue par Christophe Miraucourt, Chauffry (77), dans Gérard De Vecchi, Nicole Carmona-Magnaldi, *Faire vivre de véritables situations-problèmes*, *op. cit.*

241

OÙ SONT LES SUJETS ?

• Objectif

Remettre en cause la conception qui veut que le *sujet* soit constitué d'un groupe nominal comportant un nom ou un pronom, comme c'est généralement le cas.

• Niveau

Cycle 3 de l'école primaire.

• Situation-problème

Phrase 1 :	Damien boit un petit coup.
Phrase 2 :	Ah ! il a bu un petit coup ?
Phrase 3 :	Il est agréable de boire un petit coup.
Phrase 4 :	Oui. Boire est agréable.

Où sont les sujets ?

• Obstacle et rupture

Il est donc difficile d'identifier un sujet. Pour les élèves, le sujet (la fonction) est assimilé à la nature (un nom, un groupe de mots nommé groupe nominal). La véritable question posée se limite à identifier le ou les éléments qui forment le sujet, ce qui revient à être capable d'identifier d'abord un verbe *conjugué*.

Les exemples proposent des ruptures complexes pour les élèves.

– Dans la phrase 2, *il* représente Damien, un homme, une personne : il est donc *personnel*.

– Dans la phrase 3, *il* ne désigne personne : il est *impersonnel*.

– Dans la quatrième phrase, le sujet... c'est le verbe *boire* – un verbe à un mode impersonnel (encore) c'est-à-dire non conjugué. Un verbe à l'infinitif peut être sujet !

Ces exemples montrent que le remplacement par *il* est souvent difficile à manipuler. De plus, *il*, *ils*, *elle* ou *elles* peuvent jouer un autre rôle dans la phrase (« Des bateaux se déplacent sur elle [la mer] »).

Pour identifier le sujet, on peut entourer un groupe par le présentatif *c'est... qui* : C'est Damien qui boit... C'est lui qui a bu... C'est boire (le fait de boire) qui est agréable...

Créer la surprise, permettre d'essayer des outils d'identification, donner à mesurer les erreurs pour mieux les faire disparaître peuvent prendre une dimension ludique dont le savoir découle.

• Et, pour rire un peu...

La maîtresse : « Dans la phrase “Le voleur a volé les pommes”, où est le sujet ? »

Réponse d'un élève (véridique !) : « En prison. »

SITUATIONS-PROBLÈMES ET ORTHOGRAPHE

242

DES RÈGLES... QUI (NOUS) TROMPENT ?

• Objectifs

Prendre conscience que certains fonctionnements, ordinairement considérés comme des « exceptions » orthographiques..., n'en sont pas.

Comprendre que les mots d'une phrase ou d'un texte doivent être considérés comme des *unités linguistiques* qui appartiennent à un *système.*

• Niveau

Cycle 3 de l'école primaire, collège.

• Situation-problème[1]

– Amina : « Demain, c'est le jour de la dictée. Avec maman, j'ai révisé les mots que le maître nous a donnés à apprendre : une bouée, la pluie, la monnaie, une balle, une oie, une rue, la banlieue, une roue. Mais je me trompe toujours ! »

Anouck : « Il y a au moins quelque chose qui est facile : quand c'est au féminin, les noms se terminent par un *e.* »

– Lorsque ce premier état de représentation est atteint, à travers l'affirmation d'Anouck, le maître propose d'écrire : une fourmi, une nuit, une souris, une tribu, la vertu, la paix, la toux, la loi.

Quelles sont vos réponses ? Qui a raison ? Comment le savoir ?

• Obstacles et ruptures

Les élèves prennent conscience que, même si la plupart des noms féminins se terminent par un *e*, il ne s'agit pas d'une règle puisque le fait ne

1. D'après Gérard De Vecchi, Nicole Carmona-Magnaldi, *Faire vivre de véritables situations-problèmes, op. cit.*

peut être généralisé : ce qu'Anouck propose n'est donc pas une règle de grammaire et il n'en existe pas sur cette question.

Que faire en classe ? Travailler sur des relevés, observer, classer des mots en fonction de leurs points communs sont nécessaires pour établir la connaissance d'une langue particulièrement complexe. Les mots peuvent être considérés comme des *unités linguistiques* qui appartiennent à un *système*.

L'orthographe (dite lexicale) dépend de l'origine du mot, de son histoire... et certaines « exceptions » peuvent se comprendre et se retenir lorsque le mot est appris dans son « contexte » familial : la nuit / nuitée, nuitamment...

Cela conduit à mettre en œuvre :

– des recherches dans le dictionnaire ;

– des mises en relation du mot avec ceux de sa « famille » ;

– des identifications, des identités et des différences[1].

Les mots gagneraient donc à être enseignés dans leur système.

▲ Élargissement

• Objectif complémentaire

Accepter que l'orthographe de certains mots ne soit pas toujours directement explicable et qu'elle soit même parfois en contradiction avec ce qui semble logique au premier abord.

• Situation-problème

Nous avons pris conscience que de connaître l'origine des mots permettait entre autres d'écrire plus correctement l'orthographe de certains mots.

Comment s'écrit *bracelet...* et essayez d'expliquer pourquoi.

• Obstacle et rupture

Les élèves ont tendance à écrire le mot de la manière suivante : *brasselet.*

Ils expliquent que :

– bracelet vient de *bras* (ce qui est exact !) donc ne s'écrit pas avec un *c* mais avec un *s ;*

– il faut deux *s* car autrement ça ferait *brazelet.*

1. D'après Michelle Ros-Dupont, *Enseigner l'Observation réfléchie de la langue,* à paraître.

On donne la réponse. Et on précise même que *bracelet* s'écrit avec un *c* tandis que les autres dérivés de bras comme *brasse, brassard, brassière...* s'écrivent tous avec deux *s*. D'ailleurs, le dictionnaire nous apprend que *bracelet* vient de *petit bras*. Mais est-ce réellement *inexplicable* ? En fait, en latin, le bras se dit *brachium* !

243

PLUSIEURS QUI NE FONT QU'UN ?

• Objectif

Être capable de choisir le bon accord du verbe avec son sujet lorsqu'il s'agit d'un nom collectif.

• Niveau

À partir du cycle 3.

• Situation-problème

« Une foule de touristes visit<u>e</u> Paris. » « Un troupeau de moutons retard<u>e</u> notre allure » ! ... à moins que ce soit : « Une foule de touristes visit<u>ent</u> Paris. » « Un troupeau de moutons retard<u>ent</u> notre allure. »

Et vous, comment écririez-vous ces deux phrases ?

– Discussion puis...

Et si la réponse c'était plutôt : « Une foule de touristes visit<u>ent</u> Paris. » « Un troupeau de moutons retard<u>e</u> notre allure. »

...Mieux encore : et si c'était à vous de choisir ?

Discussion.

• Obstacle et rupture

Lorsque le sujet d'un verbe est un nom collectif *(foule, troupe, bande, nuée, horde, multitude, armée...)* employé seul, le verbe est au singulier (« La foule s'écoule »).

Lorsque ce nom est suivi d'un complément au pluriel, l'accord est plus délicat.

Certains accordent systématiquement le verbe avec le premier nom du groupe nominal. Toutefois, de plus en plus souvent, on accepte l'idée que le sens puisse commander. Ainsi, selon que l'on voudra insister sur l'*ensemble* ou sur le *complément*, on pourra mettre le verbe au singulier ou au pluriel. Ainsi, on choisira : « Un troupeau de moutons retarde notre allure » pour insister sur le troupeau ; « La foule de personnes que j'ai traversée » (on insiste sur la foule... et on ne traverse pas les personnes !). Mais on pourra écrire : « Aujourd'hui, un grand nombre de personnes ont le sida » car ce sont bien les *personnes* qui sont malades et non le *grand nombre* ! En fait, la langue ne cesse d'évoluer et l'orthographe devrait évoluer avec les mentalités ; pourtant, elle *résiste*... ce qui pose certains problèmes.

244

DES VINGTS ET DES CENTS ?

• Objectif

Savoir orthographier les adjectifs numéraux cardinaux.

• Niveaux

À partir du cycle 3 de l'école primaire.

• Situation-problème

Un élève d'une autre classe m'a dit qu'il avait appris que les adjectifs numéraux cardinaux (ceux qui indiquent une quantité – exemple 27 ou 93) étaient *invariables*.

Et pourtant, en cherchant, j'ai trouvé quelques nombres écrits de la manière suivante (les nombres choisis illustreront un nombre plus ou moins important d'objectifs spécifiques suivant l'âge des élèves. Exemple : uniquement l'accord des adjectifs *vingt* et *cent* ainsi que l'utilisation du trait d'union pour écrire les nombres inférieurs à *cent*) :

Trente et un pions. Les trente et une premières touches du piano. Quatre cents francs. Quatre cent dix francs. Quatre-vingts francs. On a compté un peu moins d'une centaine de départements en France. Il y a des centaines d'oiseaux dans le ciel. Quatre cent quatre-vingt-trois francs. Quatre-vingt-dix-neuf personnes ont assisté au match. Cent quatre-vingt-dix-neuf personnes ont assisté au match. Neuf cent-quatre-vingt-dix-neuf personnes. Dix-huit mille personnes ont assisté au match de football. Nous avons dessiné treize demi-cercles sur le tableau. Je suis resté deux années et demie à l'étranger. Etc.

Comment tout cela peut-il s'expliquer ?

(On peut intégrer les différents exemples choisis dans un texte ou dans des phrases ; ne pas hésiter à en donner beaucoup.)

L'intérêt ici, c'est l'élaboration d'hypothèses à partir d'une analyse comparative des différents exemples : c'est pour cela qu'il en faut énormément ! Ces hypothèses pourront être ensuite testées sur des textes. Les élèves les transformeront en règles qui pourront être validées (ou non) et affinées en consultant un livre de grammaire.

• Obstacles et ruptures

À première vue, il n'y a pas de véritable logique (par exemple *quatre-vingt-dix* s'écrit avec un trait d'union... mais, dans *cent quatre-vingt-dix, aucun trait d'union ne sépare cent du reste du nombre !).*

Les règles sur les accords des adjectifs numéraux cardinaux qui peuvent être construites sont les suivantes :

– Les adjectifs numéraux cardinaux sont en général invariables.

– *Un* devient *une* quand le nom est féminin.

– *Cent* et *vingt* prennent la marque du pluriel quand il y en a plusieurs et qu'ils se trouvent à la fin du nombre.

– *Centaine*, *millier*, *million*, *milliard*, qui sont des noms, prennent la marque du pluriel.

– L'adjectif *demi* est invariable quand il est devant le nom mais il se met au féminin après un nom féminin.

– On utilise un trait d'union (-) pour réunir les adjectifs numéraux formant les nombres inférieurs à cent (une exception : *un* et *onze* : soixante et un, soixante et onze).

245

MANGER DES CERISES... PAS FACILE ?

• Objectif

Savoir accorder correctement le participe passé des verbes conjugués avec l'auxiliaire *avoir*.

• Niveau

Formation d'adultes.

• Situation-problème

Un enseignant : « Accorder correctement le participe passé d'un verbe conjugué avec l'auxiliaire *avoir*, les élèves ne savent pas. Mais nous, ça va à peu près ! »

Vraiment ?

J'écris : Ils ont mangé. Elles ont mangé. Elles ont mangé des cerises. Combien de cerises ai-je mangées ? Des cerises, j'en ai mangé beaucoup ! Des cerises, qu'est-ce que j'en ai mangées !

Corrigez mes erreurs !

• Obstacles et ruptures

Il n'y a aucune erreur ! Seules les trois dernières phrases posent problème aux adultes. En effet, on sait le plus souvent que :

– s'il n'y a pas de complément d'objet (direct), il n'y a pas d'accord ;

– s'il y a un complément d'objet (direct), *avant le verbe*, il y a accord.

Mais il y a de nombreux cas particuliers !

On en a choisi un (avec le pronom personnel *en*) ; on pourrait en rajouter beaucoup d'autres dans la même situation-problème.

Quand le complément d'objet direct est le pronom personnel *en*, le participe reste d'ordinaire invariable. Mais la règle n'est pas toujours appliquée. La dernière phrase est donc écrite correctement bien qu'elle ressemble étrangement à la précédente mais on peut écrire le participe passé du verbe manger... de deux manières différentes (*ées* ou sans accord, *é*).

Mais cela n'est pas aussi simple ! Ainsi, un ouvrage de grammaire écrit : « Avec le pronom *en* : si *en* est seul (avec nuance partitive), pas d'accord ; si *en* est accompagné d'un adverbe de quantité, accord facultatif[1]. »

Mais une autre grammaire nous explique que : « Quand l'objet direct est le pronom personnel *en*, le participe reste d'ordinaire invariable... Cependant la règle n'est pas toujours appliquée, et il n'est pas rare qu'on traite *en* comme un autre pronom personnel et qu'on lui attribue le genre et le nombre du nom représenté[2] » !

Les deux ouvrages de référence ne disent pas tout à fait la même chose !

Cela peut ouvrir sur un problème plus général. Si on aborde la genèse de certaines règles de grammaire, on s'aperçoit que « ce qui est érigé en règle aujourd'hui ce sont les fautes que les lettrés ont commises dans le passé et qu'il a fallu entériner... Mais alors, les fautes d'aujourd'hui pourraient bien devenir les règles du futur[3] ! »

Voici une autre approche complémentaire.

• Situation-problème

Margot : « J'ai trouvé dans un livre la même chose mais écrite de deux manières différentes : "Les plantes que j'ai vu arroser" et "Les plantes que j'ai vues arrosées". »

Pourquoi cette différence ?

• Obstacle et rupture

Les deux phrases ne signifient pas la même chose. On comprend bien qu'il ne s'agit donc plus ici d'un problème de grammaire mais de *sens*[4].

• Autre situation-problème

Voici quatre remarques :

– Voltaire raconte que l'abbé Dangeau « renvoyait les lettres de ses maîtresses quand elles étaient mal orthographiées et rompait avec elles à la troisième fois ».

1. D'après Albert Hamon, *Grammaire pratique*, Hachette, 1983.
2. Maurice Grevisse, *Le Bon Usage, grammaire française*, *op. cit.*
3. Maria-Alice Médioni dans *GFEN*, *Construire ses savoirs, construire sa citoyenneté*, Chronique sociale, 1996. Une situation-problème complète sur l'accord du participe passé est présentée dans cet ouvrage.
4. Pour une autre approche pédagogique du problème de l'accord des participes passés, voir J. Dion, M. Serpereau, *Grammaire, conjugaison, orthographe*, cycle 3, Bordas, 2002.

– Rivarol (à la même époque) répondant à un éditeur qui le pressait d'écrire une grammaire dont il différait sans cesse la rédaction : « Je suis comme un amant obligé de disséquer sa maîtresse. »

– « Oui, la langue française est ma seconde femme, mon autre "éternelle bien-aimée" (selon les mots de Kafka). Celle dont les défauts sont les charmes mêmes, dans ses ambiguïtés, ses étrangetés, sa diversité, sa musicalité[1]. »

– Une anecdote (vraie) : J'avais 9 ans. J'aimais beaucoup ma marraine qui habitait un peu loin. Un jour, j'ai eu envie de lui dire mes sentiments ; je lui ai envoyé une lettre. Le seul retour d'elle ? « Tu as fait beaucoup de fautes d'orthographe ! » Je ne lui ai plus jamais écrit et, aujourd'hui, ce souvenir me touche encore. D'ailleurs, j'ai horreur d'envoyer des cartes postales (ce que je ne fais jamais même pour le nouvel an).

Alors, la grammaire, une source de soucis... ou de joie ?

On peut élaborer des situations-problèmes de ce type pour de nombreuses règles d'orthographe ou de grammaire. Les élèves ne se contentent pas d'appliquer une règle mais ***se la construisent***. S'ils ne trouvent pas, c'est que, parfois, la situation-problème a été mal cernée par rapport aux compétences des élèves. De toute manière, on leur proposera d'aller rechercher dans un ouvrage de grammaire et ils seront *motivés* pour le faire car cela répondra au *besoin* de résoudre un problème. Et, dans tous les cas, ils pourront s'entraîner en élaborant, en petits groupes, des *exercices* qu'ils proposeront aux autres groupes d'élèves. Les exercices auront donc comme objectif de s'*exercer* !

246

UN NOM A-T-IL UN SEXE ?

• Objectif

Comprendre qu'un nom n'a pas de « sexe ».

• Niveau

Collège, adultes.

1. Thierry Leguay, *Les poules du couvent couvent. Les curiosités du français*, *op. cit.* Les deux citations précédentes sont tirées de ce même ouvrage.

• Situation-problème

Vous demandez à vos élèves de mettre un nom ou un groupe nominal au féminin ? Et si vous aviez tort ? Un nom a-t-il un sexe ?

Pourtant, c'est à la mode de féminiser certains noms, de profession par exemple ! Alors, le métier de professeur, qui se féminise de plus en plus, devrait déboucher sur le terme *professeure* quand il s'agit d'une femme ?

• Obstacle et rupture

On peut ne pas mettre un nom ou un groupe nominal au féminin mais seulement *reconnaître* le genre d'un groupe nominal (masculin ou féminin). En fait, le problème ne se pose pas. Les noms ont un *genre*. En revanche, c'est le choix de ce genre qui est arbitraire, puisque chaque langue en décide de façon différente. Mais dans une langue, en synchronie, chaque mot a un genre clairement déterminé que le dictionnaire permet d'identifier et qui ne se discute pas. Bien sûr, parfois deux genres sont possibles (<u>la</u> voile / <u>le</u> voile) ; cette distinction se justifie : elle sert à identifier des sens différents.

De ce fait, est-il pertinent de féminiser certains noms, de profession par exemple ? Un professeur, une professeure. Et si on considérait que la vraie parité, c'était de définir *le métier comme une fonction* et non comme une qualification liée au sexe ? Pour être professeur, on peut aussi bien être un homme qu'une femme !

• Autre situation-problème

Pour reconnaître si un nom est masculin ou féminin, il suffit parfois de repérer s'il se termine ou non par un *e* (étudiant, étudiante).

On peut appliquer cela aux mots qui suivent : batteur – batteuse ; chauffeur – chauffeuse ; chevalier – chevalière ; tireur (d'élite) – tireuse (de lait) ... et même mitrailleur – mitrailleuse.

Rien ne vous choque ?

Discussion pour prendre conscience de la rupture.

• Obstacle et rupture

Les jeunes enfants assimilent sexe et genre parce que le deuxième fait référence à leur vécu (garçon, fille). Les noms choisis correspondent à des professions s'ils sont masculins... mais ce n'est plus le cas des noms féminins. Ce qui est intéressant de noter, c'est que le masculin se rapporte à une *activité* et le féminin à un *objet* (seulement un objet !). Notre langue aurait-elle enregistré une dépréciation séculaire exercée envers les femmes ?

• Suite de la situation-problème

Faites la même chose avec les mots suivants : coureur – courtisan – entraîneur – gars – maître.

Qu'en pensez-vous ?

• Obstacle et rupture

On obtient facilement des noms au féminin... mais quels noms (coureuse, courtisane, entraîneuse, garce, maîtresse) ! Ne font-ils pas de la femme une prostituée ou au moins une personne de mœurs légères ? Est-ce un hasard ?

L'insulte la plus courante *(con)* ne correspond-elle pas... au sexe de la femme ?

Vous n'êtes pas encore convaincu(e) ?

Le même genre de dévaluation n'a-t-il pas aussi lieu pour certains adjectifs ? Un homme public... une femme publique. Un grand homme (célèbre)... une grande femme (par la taille)...[1]

Dans ces approches, l'usage du dictionnaire propose les différentes significations du mot suivant le contexte.

1. D'après Thierry Leguay, *Les poules du couvent couvent. Les curiosités du français*, *op. cit.*

SITUATIONS-PROBLÈMES ET HOMOPHONIE

Le français est une langue très homophonique : nombre de mots (voire de sons) s'entendent et se prononcent de la même manière dans la langue orale mais s'écrivent de façon différente : on dit alors que les homophones (même son) sont « hétérographes » (de graphie différente). L'homophonie provoque des erreurs de segmentation *(vieil art/vieillard)* et touche aussi bien le lexique *(pin/pain)* que la grammaire *(a/à)*. Cette non-correspondance entre l'oral et l'écrit constitue l'une de grandes difficultés de l'apprentissage du français.

Aborder la question à partir du problème posé et de la situation que celui-ci offre s'avère plus efficace que de gérer le handicap créé à partir d'oppositions, ce que proposent, sans grand résultat, la plupart des manuels.

247

LORS TÔT GRAPHE DEUX MAGES NAISSENT ?

• Objectifs

Savoir utiliser et reconnaître les homophones (même prononciation, graphie et sens différents).

Apprendre à orthographier de nombreux mots.

• Niveau

Cycle 3 de l'école primaire.

• Situation-problème

– Sous la dictée, les élèves sont invités à écrire les mots suivants : désillusion, désespoir, déménage, désarme.

On corrige. Qui ne s'est pas trompé ?

– On s'aperçoit que les mots énoncés oralement *hors contexte* peuvent s'écrire de deux manières différentes et avoir deux sens différents *(des illusions, des espoirs, des ménages, des armes)*. Si les élèves ont tous fait les mêmes choix, l'enseignant peut présenter les autres réponses.

Alors, comment savoir qui avait raison ?

• Obstacle et rupture

Bien sûr, personne n'a raison... puisque c'est le sens général du texte qui détermine le sens des mots et donc leur orthographe.

Nous avons affaire à des homophones renvoyant à deux mots ou groupe de mots différents.

On peut aborder un grand nombre d'exemples de mots simples qui ont la même prononciation et pas la même orthographe (exemples : *mai, met, mets, mais* ou *vert, ver, vers, verre* ou encore *air, aire, ère, erre, ers, haire, hère*).

À l'écrit, c'est souvent l'orthographe qui permet de distinguer les homophones. À l'oral, c'est le sens général, le contexte qui permet de savoir à quel homophone on a affaire.

• Élargissements

Il est aussi possible d'aborder d'autres problèmes.

Parallèlement aux homophones, on peut analyser les **homographes** (même orthographe, sens différent).

On peut avoir affaire en même temps à des homophones et des homographes, le mot pouvant même être un nom ou un verbe *(tartine, plante, coupe...)*.

Enfin, il existe aussi des homographes hétérophones (même orthographe et prononciation différente) : tu *as* un *as* de trèfle ; c'*est* la direction de l'*est*... De la même manière, peuvent aussi exister des groupes de lettres identiques mais qui, dans deux mots différents, ne se prononcent pas de la même manière : *exa<u>men</u>* (in) et *abdo<u>men</u>* (ène), *<u>qua</u>ntité* (ca) et *a<u>qua</u>rium* (coua), *f<u>aon</u>* (an) et *phar<u>aon</u>* (a-on), *<u>oi</u>seau* (oi) et *<u>oi</u>gnon* (o)... et même *f<u>ille</u>* (iye) et *v<u>ille</u>* (ile) ou *m<u>er</u>* (ère) et *aim<u>er</u>* (é).

On peut encore aborder le problème des mots qui existent au masculin et au féminin avec un sens différent selon leur genre : *carpe* (poisson et os du bras), gîte (abri, maison ou inclinaison d'un bateau), *barde* (poète ou tranche de lard)...

▲ Autre élargissement

• Situation-problème[1]

Défi : Et si on essayait de produire une phrase ou un texte en utilisant uniquement (ou le plus souvent possible) des mots de la langue française qui, lus à haute voix, fournissent un texte qui a du sens, mais qui s'écrivent avec d'autres mots ? Exemple : *Mois geai tout jour gare dé lors tôt graphe deux mais disant* !

• Obstacle et rupture

Des erreurs, on en fait sans le savoir. Mais en faire volontairement, c'est beaucoup plus difficile, surtout à chaque mot !

Voici un exemple de texte écrit par des enfants de 10-11 ans : « Y lit a dès oie zoo. Est me tue là belle gît que ? Sas heure alla va rit sel. Mais jeu suie trait baux. Ceux ma teint noue somme a rivé lèpre mi ai aller colle. Jeu nœud suie pas sein. »

• Et, pour rire un peu…

N'écrivez pas : « Des poules s'étaient enfuies du poulailler, *des cons* leur avaient ouvert la porte » mais plutôt : « Des poules s'étaient enfuies du poulailler, *dès qu'on* leur avait ouvert la porte. »

248

L'ORTHOGRAPHE À LA RESCOUSSE DE L'ORAL ?

• Objectif

Savoir identifier le genre grammatical de la personne qui écrit, et prendre conscience que l'orthographe permet d'éviter les malentendus en donnant des informations précises.

• Niveau

Cycle 3 de l'école primaire.

1. D'après des exemples d'Henry Landroit, site Internet cité précédemment. Exemples toujours empruntés au même site.

• Situation-problème

« J'ai trouvé une lettre : c'est une correspondance entre deux amis. Mais c'est drôle, je ne sais pas si ce sont des garçons ou des filles ! Aidez-moi. Comment pourrais-je faire ? »

Laisser les élèves s'exprimer (ils formulent des propositions : utilisation de *il* ou *elle*, signature, prénom dans le texte...).

Puis : « Je vous lis la lettre. Je pourrai vous la donner tout à l'heure. »

« Chère Claude,

« Il paraît que tu as été malade. Est-ce pour cela que tu n'es pas venue à mon anniversaire ? Tu étais pourtant invitée. J'étais sûr que tu viendrais et j'ai été déçu.

« À bientôt.

« Dominique[1]. »

• Obstacle et rupture

Rien dans ce qui est lu ne peut permettre de connaître la solution (attention à la prononciation des mots *chère* et *sûr*). En revanche, le fait de fournir le texte de la lettre permet aux élèves de prélever des indices qui apparaissent seulement à l'écrit.

▲ Prolongement

• Objectif

Prendre conscience que l'orthographe sert à distinguer les mots qui se prononcent de la même manière.

• Niveau

Cycle 3.

• Situation-problème[2]

– Défi : Écrivez (sous la dictée) en tentant de faire le moins d'erreurs possible :

> « Caen. Je vais pour prendre le car... Je demande à l'employé :
> “ Pour Caen, quelle heure ?

1. Lettre tirée de P. Benaych, R. Bastien, D. Gallet, D. Guérault, R. Schiss (sous la direction de A. Bentolila), *Maîtrise de la langue. Cycle 3*, *op. cit.*
2. D'après Gérard De Vecchi, Nicole Carmona-Magnaldi, *Faire vivre de véritables situations-problèmes*, *op. cit.*

– Pour où ?
– Pour Caen !
– Comment voulez-vous que je vous dise quand, si je ne sais pas où ?
– Comment, vous ne savez pas où est Caen ? (...)
– Prenez le car.
– Il part quand ?
– Il part au quart.[1]" »

– Voyons maintenant si vous êtes tous d'accord !

• Obstacle et rupture

Bien sûr, le texte est construit avec de nombreux mots pouvant avoir un double sens.

1. Raymond Devos, *Matière à rire*, Plon.

SITUATIONS-PROBLÈMES ET LEXIQUE

249

FAUT-IL BRÛLER LES DICTIONNAIRES ?

• Objectifs

Savoir trouver, dans un dictionnaire, un mot dont on n'est pas sûr de l'orthographe.

Prendre conscience de la complexité de la langue française et des limites de l'utilisation du dictionnaire.

• Niveaux

À partir du cycle 3 de l'école primaire, jusqu'à la formation d'enseignants (suivant la manière de présenter les situations-problèmes).

• Situation-problème

Un petit groupe d'élèves, voulant produire un conte et n'étant pas certain de l'orthographe de certains mots, recherche *paysan*, *carosse* et *charriot* dans le dictionnaire.

Pas de problème pour *paysan*, mais il n'en est pas de même pour les deux autres termes.

Carosse : ustensile du cordier. Fruit du carossier[1] ! Ils ne comprennent pas car, pour eux, un carrosse ce n'est pas cela !

Quant au mot *charriot*... ils ne le trouvent pas. « Il y a *charrieur* mais pas *charriot* ! »

C'est vrai que cela est bien étrange. Comment pourrions-nous les aider ?

• Obstacles et ruptures

Un mot, mal orthographié, peut induire en erreur s'il correspond à un autre mot qui, lui, existe. De plus, *charrette*, *charrue*... s'écrivent avec deux *r* et

1. Espèce de palmier d'Afrique.

il est difficile de concevoir que ce n'est pas le cas pour *chariot*. Les élèves doivent donc émettre d'autres hypothèses sur l'orthographe de ce mot.

Notons qu'il est important de savoir localiser la place précise que le mot recherché occupe ou occuperait s'il existait (exemple : entre *charrier* et *charroi* pour *charriot*).

▲ Élargissement

• Situation-problème

Voici une liste de mots écrits de deux manières différentes ; laquelle est la bonne ?

Aérolite ou aérolithe ? Bisexuel ou bissexuel ? Bizuth ou bizut ? Boomerang ou boumerang ? Caduque ou caduc ? Canisse ou cannisse (tige de roseau) ? Chausse-trappe ou chausse-trape ? Euristique ou heuristique ? Fellagha ou fellaga ? Homuncule ou homoncule ? Laïc ou laïque ? Lombago ou lumbago ? Mafia ou mafia ? Nénufar ou nénuphar ? Pic-vert ou pivert ? Tannin ou tanin ?

• Obstacle et rupture

Tous ces mots s'écrivent... des deux manières, même si l'une est parfois plus courante que l'autre (certaines ne sont même pas répertoriées dans les traitements orthographiques des ordinateurs !).

• Autre petite situation-problème

« Ce bois me paraît dur, impénétrable comme du *granite* » ; « Le *granit* est une roche constituée de cristaux assemblés les uns contre les autres. »

Alors, comment s'écrit le mot *granit(e)* ?

Vous n'êtes pas tous d'accord ? Qui a raison ?

En fait, les deux propositions sont fausses ! Comment cela est-il possible ?

• Obstacle et rupture

En effet, les deux orthographes utilisées pour écrire le mot *granit(e)* sont réellement fausses. Le mot *granit* ne prend pas de *e* quand il est utilisé dans le langage courant. En revanche, il prend un *e* lorsqu'il est utilisé dans un texte scientifique.

▲ Autre situation-problème

• Objectifs

Prendre conscience des limites d'une définition du dictionnaire.

Comprendre qu'une définition ne suffit pas à connaître le concept correspondant car, celui-ci, il faut SE le construire.

Ouverture sur une interdisciplinarité avec la géologie (on peut d'ailleurs proposer directement cette situation-problème en géologie).

• Niveau

À partir du cycle 3 de l'école primaire jusqu'à la formation d'enseignants.

• Situation-problème

– On ne connaît pas la différence entre deux termes ?

Y a qu'à chercher dans le dictionnaire !

Vraiment ?

Voici deux définitions que le *Petit Robert*[1] donne des mots *mer* et *océan* :

MER [mer] n. f. – du latin *mare*. 1. Vaste étendue d'eau salée qui couvre une grande partie de la surface du globe. = > océan. [•••]

OCÉAN [oseü] n. m. – du lat. *oceanus*. 1. Vaste étendue d'eau salée qui couvre une grande partie de la surface du globe terrestre. = > mer. [...]

Alors ! Où est la différence ?

– ... Mais, au fait, pour vous, où se situerait la différence entre *mer* et *océan* ?

– Puis : ... S'ils ne servent à rien, ne faudrait-il pas brûler les dictionnaires ?

• Obstacle et rupture

Cherchez la différence ! Pour *océan*, seul le mot *terrestre* diffère de la définition de *mer* ; nous voilà bien avancés !

Pour certains termes, la définition du dictionnaire est rarement satisfaisante.

En effet, lorsqu'on aborde des connaissances scientifiques ou quand on commence à maîtriser un concept et qu'on s'y intéresse, la définition initiale ne nous convient plus ; elle nous semble partielle, stéréotypée et ne répond pas à certaines questions que l'on se pose.

En réalité, une mer correspond à une *partie de continent immergée* (le fond a donc une structure très variable) tandis que le fond d'un océan est constitué de *roches volcaniques formées au niveau des rifts.*

Vous pensez peut-être que le mot *rift ne* peut pas être employé dans la définition du terme *océan* car il est trop complexe ? Pourtant, ce mot est présent dans ce même dictionnaire : (« **Rift** de *rift-valley* "Fossé d'effondrement". Fossé tectonique long de plusieurs centaines ou de plusieurs

1. *Le Nouveau Petit Robert*, 1993.

milliers de kilomètres, correspondant à une zone de fracture de l'écorce terrestre. »). On peut se demander où est la cohérence d'un ouvrage tel que le dictionnaire ?

Et, que dire de : « Être vivant : être doué de vie ». « Vie : propriété d'un être vivant » (!)

Faut-il pour autant brûler les dictionnaires ?

Non, bien qu'ils pourraient parfois faire un petit effort supplémentaire ! Par exemple, on connaît mal la signification du mot *allégorie* (nous en utilisons dans quelques situations-problèmes en histoire). Le dictionnaire va-t-il nous sauver ? Voici la définition que le *Petit Robert* en donne : « Suite d'éléments descriptifs ou narratifs dont chacun correspond aux divers détails de l'idée qu'ils prétendent exprimer. » Il faut y réfléchir à deux fois ! Heureusement que, pour illustrer le terme, une citation va nous éclairer : « De l'allégorie au symbole, il y a la différence de mécanisme au vivant, et de la symétrie à la souplesse (Thibaudet) » (!!!) Et, pour différencier plus nettement *mer* et *océan* que l'on avait pris précédemment comme exemples, ne pouvait-on pas au moins faire référence à leur étendue, même si cela est insuffisant ?

Il serait dommage de négliger les dictionnaires car ils correspondent à une somme de référents généraux qui permettent de communiquer. Leurs définitions conviennent quand on ne connaît rien ou pas grand-chose au mot recherché. Elles nous fournissent alors quelques repères qui ne sont pas négligeables, même s'ils sont tout à fait insuffisants et parfois inducteurs d'erreurs. N'oublions jamais qu'*un concept se construit en le voyant fonctionner et en le faisant fonctionner dans des situations multiples et diverses*[1]. Mais n'oublions pas que le dictionnaire représente, pour certaines personnes, la seule référence à laquelle ils font appel. Et pensons à certains autodidactes qui les ont lus avec délectation !

• Élargissement

Pourquoi ne pas faire un peu de *littérature définitionnelle* ? Cela consiste à remplacer un mot par sa définition trouvée dans le dictionnaire ? Et pourquoi ne pas continuer en cherchant de nouveau la définition de certains mots que l'on a utilisés pour remplacer les premiers ? Cela peut aller très loin !

Voici un exemple simple donné par Henry Landroit[2] auquel on peut aboutir : « L'organe reproducteur des végétaux de l'embranchement des phanérogames est dans un récipient de forme variable et servant à des usages divers. »

1. Exemple et analyse tirés de Gérard De Vecchi, Nicole Carmona-Magnaldi, *Faire construire des savoirs*, *op. cit.* Pour plus de détails sur la construction des concepts, voir ce même ouvrage.
2. Site Internet déjà cité.

D'où provient cette phrase ? Sans doute de « La fleur est dans un vase » !

Le résultat peut être beaucoup moins « lumineux » : « L'obscurité résultant de la rotation de la Terre est entraînée à terre en perdant son équilibre ou son assiette » correspond à « La nuit tombe. »

Il est intéressant de réfléchir avec les élèves sur l'intérêt relatif des deux types de formules. Cela peut amener à analyser différentes catégories de textes et ouvrir sur la création de poèmes, l'utilisation de métaphores...

250

LES MOTS EXISTENT... MAIS CE NE SONT PAS LES BONS ?

• Objectif

D'autres manières de prendre conscience qu'un mot identique à l'oral s'écrit de façon différente en fonction du sens.

• Niveau

Cycle 3 de l'école primaire.

• Situation-problème

Voici une lettre de Pierre destinée à ses grands-parents :

« Paris, le 10 juillet 2003

« Cher Papi, chère Mamie,

« On <u>et</u> enfin arrivés <u>a</u> Paris. Papa <u>à</u> perdu son parapluie. Il n'était pas content, surtout qu'il pleuvait, et que son manteau était tout <u>salle</u> ! On <u>et</u> allés visiter le Muséum d'histoire naturelle. <u>On</u> a vu la <u>sale</u> des dinosaures. Ils <u>on</u> des <u>dans</u> énormes. <u>Dent</u> une autre pièce, il y avait des <u>je</u> pour connaître notre planète. Ils nous <u>on</u> bien plu. <u>On</u> s'<u>et</u> bien amusés.

« J'espère que vous allez bien <u>et</u> que le petit chat <u>et</u> guéri.

Pierre[1] »

1. Texte (sans les erreurs orthographiques) pris dans Évelyne Charmeux, Michel Grandaty, Françoise Monier-Roland, Claudine Barou-Fret, *La Langue française mode d'emploi*, CM1, SEDRAP, 2003.

Écoutons Tamara : « Il fallait écrire tous les mots qui sont soulignés. On me dit que beaucoup sont mal écrits. Mais j'ai regardé dans le dictionnaire et ils existent tous. Je ne comprends pas pourquoi. »

Que peut-on répondre à Tamara et comment l'aider ?

• Obstacle et rupture

Écrire un mot, qui peut avoir plusieurs significations, implique de tenir compte du sens, c'est-à-dire du contexte, mais aussi de la nature et de la fonction des mots. Il y a des homophonies grammaticales *(et/est)* et lexicales *(sale/salle).*

Voici une autre situation-problème complémentaire.

251

BATTRE LES ŒUFS... OU LA MESURE ?

• Objectif

Prendre conscience qu'un mot peut avoir de nombreux sens (polysémie) et comprendre comment on peut identifier ce sens.

• Niveau

Cycle 3 de l'école primaire.

• Situation-problème

On connaît tous le verbe *battre*. On l'utilise souvent... parfois même un peu trop souvent ! On a trouvé plusieurs phrases qui contiennent le mot battre : « Il est interdit de se battre à l'école » ; « J'ai le cœur qui bat » ; « Pour faire une omelette il faut battre les œufs » ; « On entendait la pluie battre les tuiles du toit » ; « Tu me bats toujours quand je joue avec toi au Monopoly » ; « Avant de distribuer les cartes il faut les battre » ; « À Waterloo, Napoléon a battu en retraite » ; « Les chasseurs battent la campagne pour trouver du gibier » ; « Ces ouvriers battent monnaie » ; « Cet homme bat le pavé » ; « Le chef d'orchestre bat la mesure » ; « Maman a battu mon manteau pour faire sortir la poussière » ; « Tu me bats les oreilles avec ta musique. »

Et même... « battre en brèche », « battre le fer quand il est chaud », « battre pavillon français », « se battre contre les moulins à vent »...

Eddy : « Moi, je ne comprends plus rien. »

Magali : « Mais alors, c'est quoi le sens du verbe battre ? »

Et vous, qu'en pensez-vous ?

- **Obstacle et rupture**

Le verbe *battre* n'a pas un seul sens mais un grand nombre.

Pour trouver le sens d'un mot, si c'est un verbe, on peut regarder les petits mots qui l'entourent, les groupes nominaux qu'il peut avoir et les prépositions qui précèdent ces groupes nominaux. S'il s'agit d'un nom ou d'un adjectif, il faut chercher les synonymes et les contraires, ce qui permet de définir des *familles de sens*. Et il est essentiel d'aller tester les hypothèses que l'on a faites dans un dictionnaire, en cherchant les exemples où le mot a le même contexte[1].

- **Autre situation-problème**

« Je suis ce que je suis mais je ne suis pas ce que je suis car si j'étais ce que je suis je ne serais plus ce que je suis ! »

Impossible ?

Pas si sûr que cela !

Aide : Et si le mot *suis* correspondait à deux verbes différents ?

- **Obstacle et rupture**

En effet, c'est tout à fait possible si l'on considère que le mot *suis* peut correspondre au verbe *être* ou au verbe *suivre*. Mettons, par exemple, cette phrase à l'imparfait : « J'étais ce que j'étais mais je n'étais pas ce que je suivais car si j'étais ce que je suivais je ne serais plus ce que j'étais. »

Vous avez deviné ? Il s'agit d'une personne qui suit... un corbillard !

▲ Élargissement avec une autre situation-problème

- **Objectifs**

Savoir distinguer *sens propre* et *sens figuré*.

Avoir une première idée de ce qu'est une métaphore.

1. D'après Évelyne Charmeux, Michel Grandaty, Françoise Monier-Roland, Claudine Barou-Fret, *La Langue française mode d'emploi*, CM1, *op. cit.*

• Situation-problème

Un drôle de texte... *La peur de Léonard*[1].

« Léonard est un *garçon en or.* Il a toujours *le cœur sur la main.* Son seul défaut : il a *une peur bleue* des araignées. Quand il en voit une, *il prend ses jambes à son cou.* »

« Je ne comprends rien, dit Chloé ; c'est pas drôle ! »

Comment pourrions-nous aider Chloé ?

– Et, en petits groupes, les élèves peuvent s'exercer à produire des textes, qu'ils soumettront aux autres élèves, en employant des expressions du type : *avoir un cheveu sur la langue, casser les pieds, se serrer la ceinture, se frotter les mains, jouer avec le feu, avoir l'oreille fine...* et toutes celles qu'ils connaissent. Ils pourront même en inventer.

Le dictionnaire est, bien sûr, autorisé.

• Obstacle et rupture

Pas aussi simple que cela paraît !

Mais ces images sont-elles véritablement des *métaphores* ?

En fait, ces formules, construites à partir de métaphores, sont devenues des *clichés*, de simples expressions verbales. Utilisées comme telles, elles ont donc perdu toute leur dimension poétique ! En revanche, il peut être intéressant de s'arrêter quelque peu sur certains mots et expressions *inventés* par les jeunes des banlieues et qui passent dans leur langage courant.

• Et, pour rire un peu...

L'institutrice demande : « Quand je dis : "Je suis belle", quel temps est-ce ? »

Réponse d'élève (véridique) : « Le passé, madame. »

▲ Autre exemple

• Objectifs

Prendre conscience qu'il peut exister un sens courant et un sens particulier pour le même mot.

Prendre conscience que le sens d'un mot est parfois déduit du contexte.

Savoir que c'est le contexte qui donne du sens à un mot et que celui-ci peut avoir différentes significations.

---

1. Texte de P. Benaych, R. Bastien, D. Gallet, D. Guérault, R. Schiss (sous la direction d'A. Bentolila), *Maîtrise de la langue. Cycle 3, op. cit.*

• Niveau

Cycle 3 de l'école primaire.

• Situation-problème[1]

– Voici quatre mots : *sommet, arc, piste, col.*

Que veulent-ils dire (réponses écrites ou, en groupe-classe, définitions notées au tableau) ?

Certains élèves peuvent donner des définitions différentes pour certains mots.

Pour vérifier qui a raison, on distribue le premier texte suivant : « Le clown entre en piste. Bien qu'au sommet de sa carrière, il a toujours peur. Nerveusement, il tire sur le col pointu de sa chemise, ajuste son arc minuscule et tire une petite flèche. »

– On vérifie qui avait raison.

Certains ne sont pas d'accord et défendent le sens qu'ils donnaient à ces mots !

On donne un second texte : « Les Alpes forment le plus grand massif montagneux d'Europe. Les sommets les plus élevés sont le Mont-Blanc, et les Grandes Jorasses, dans les Alpes du Nord. Le versant externe de l'arc alpin se nomme les Préalpes. Cette chaîne de montagnes attire de nombreux touristes sur les pistes de ski en hiver. En été, elle offre de belles randonnées près des cols[2]. »

Alors, qui avait raison et que peut-on en déduire ?

252

« L'ART DE *TRAIRE* LES HOMMES » ?

• Objectif

Prendre conscience de l'évolution de la langue française.

1. D'après Gérard De Vecchi, Nicole Carmona-Magnaldi, *Faire vivre de véritables situations-problèmes*, *op. cit.*
2. Les deux textes sont tirés de P. Benaych, R. Bastien, D. Gallet, D. Guérault, R. Schiss (sous la direction d'A. Bentolila), *Maîtrise de la langue. Cycle 3*, *op. cit.*

• Niveau

Collège, adultes.

• Situation-problème

Des mots comme *dégueulasse* mais aussi *bandeur, branler, baiser...*

Des « gros mots »... ou la richesse du langage ?

Voici quelques citations ; quelle est leur signification ?

« À force de baiser, vous m'en feriez envie » (Pierre Corneille) ; « Ce notable bandeur avait une invention que j'estime devoir être décrite » (D'Aubigné) ; « Branlant le dard dont il voulait le percer » (Fénelon) ; « Il se laissait enfiler, que c'était une bénédiction » (Hamilton) ; « Et l'hymen d'Henriette est le bien où j'aspire » (Molière) ; « Mon Dieu ! Je sais l'art de traire les hommes » (Molière).

• Obstacle et rupture

Divers mots s'avèrent d'un emploi différent lorsqu'une signification sexuelle (ou argotique, ou familière) vient se superposer à leur sens ordinaire ou ancien. Cette mise en évidence nous montre combien la langue française a évolué.

baiser = embrasser ; *bandeur* = aventurier, coureur de bandes ; *branler* = agiter, remuer ; *enfiler* = tromper, percer avec une épée ; *hymen* = mariage ; *traire* = obtenir de quelqu'un.

• Élargissement

Les *« gros mots »* : le comble de la vulgarité... ou la richesse du langage ?

La vulgarité, bien sûr, surtout dans la bouche des élèves !

Pourtant, voilà ce qu'écrit Henri Gougaud : « À châtier trop sévèrement le langage, on le châtre, et l'on fabrique des impuissants (...) Certains ne sont jamais grossiers, ils sont bien pires : désespérants. »

Qu'en pensez-vous ?

Il est important de se pencher sur l'évolution de la langue, avec tous les chemins qu'elle emprunte, et de considérer que cette évolution est une richesse.

« Peu à peu, de nombreux mots nous quittent à jamais, seulement présents dans les colonnes discrètes de dictionnaires anciens. D'autres demeurent parmi nous, mais pour une vie très pâle, comme s'ils étaient affaiblis. Ainsi qu'une personne âgée s'aidant d'une canne, ils ne cheminent plus jamais seuls, mais accompagnés d'autres mots. Ainsi du *rez*, qui est toujours "-de-chaussée", du *martel*, toujours "mis en tête", ou des *attrapes*, qui cousinent toujours avec les "farces"...[1] ».

Thierry Leguay cite encore Maryse Courberand : « En effet, pourquoi diantre le fétu serait-il toujours de paille, le laps de temps et le clin d'œil ? Pourquoi le for serait-il uniquement intérieur, la lurette belle, le dam grand et le huis clos ? Pourquoi ne crierait-on plus haro que sur le baudet ? »

253

LES SUPERLATIFS QUI ÉTONNENT ?

• Objectif

Savoir faire la différence entre comparatif et superlatif en français et en langues.

• Niveau

Cycle 3 de l'école primaire, 6e.

• Situation-problème[2]

Deux joueurs de tennis : l'un des deux est le meilleur mais il n'est pas bon !

Comment est-ce possible ?

• Obstacle et rupture

Le fait de lire attentivement la phrase proposée nous permet, très vite, de comprendre que la contradiction n'est qu'apparente. Ce n'est donc pas un véritable problème à résoudre... *pour nous*. Mais il n'en est pas de même pour de jeunes élèves qui confondent souvent les *comparatifs* et les *superlatifs*.

Pour compléter la situation-problème, on peut faire chercher un ensemble d'autres exemples du même type.

1. D'après Thierry Leguay, *Les poules du couvent couvent. Les curiosités du français*, *op. cit.*
2. D'après Gérard De Vecchi, Nicole Carmona-Magnaldi, *Faire vivre de véritables situations-problèmes*, *op. cit.*

254

PRENONS GARDE AUX FAUX AMIS !

• Objectif

Savoir ce qu'est une famille de mots et être capable d'utiliser le contexte pour se méfier des « faux amis ».

• Niveau

Cycle 3 de l'école primaire.

• Situation-problème

Fanny : « Les mots *fendre* et *défendre* ont le même radical avec, pour le second, le préfixe *dé-*. Ils se ressemblent drôlement. Ils sont de la même famille ? »

Damien : « Sûrement. »

Marek : « Je crois que j'ai vu dans le dictionnaire que champ et camp étaient de la même famille. J'ai dû me tromper parce qu'ils ne parlent pas du tout de la même chose. »

Pensez-vous que Fanny, Damien et Marek ont raison ?

• Rupture

Une *famille de mots* n'est pas toujours une *famille de sens*. Et tous les mots ayant, à première vue, le même radical ne font pas toujours partie du même groupe. *Fendre* vient du latin *fendere* tandis que *défendre* provient du latin *defendere*.

On retrouve le même problème avec les mots *finir* et *définir*, *livrer* et *délivrer...*

Il faut toujours utiliser le contexte pour comprendre les mots que l'on ne connaît pas bien, et se servir du dictionnaire pour vérifier.

• Élargissement

En revanche, d'autres mots provenant de la même famille ont des sens très différents !

Par exemple, certains mots d'origine latine : *prehensio :* prison et préhension ; *votum :* vote et vœu ; *campus :* champ et camp ; *captivum :* captif et chétif... et *frigidus :* froid et frigide.

▲ Élargissement

• Objectif

Comprendre les limites d'une règle.

• Situation-problème[1]

Nous avons tous appris que le préfixe *in-* ou *im-* placé devant un adjectif ou un nom le transforme en son contraire ou son opposé. Par exemple, *complet* et ***in**complet*, *possible* et ***im**possible*...

À ce compte-là, une *infraction* serait un nombre entier (une *fraction*) et un élève *interne* un élève brillant (*terne*) ? D'ailleurs, un élève interne ne peut-il pas aussi être terne ?

Quel est le contraire de *pression*, *fusion* ?

De même, on affirme que les préfixes *dé-* et *dis-*, associés à un nom, un adjectif ou un verbe, expriment la séparation, la négation, la privation (exemples : *déboucher*, *décoller*, *décodé*, *démaquillant*, *dissemblable*...). En physique, un ion *dispositif* n'est pas un ion négatif !

Et si on cherchait d'autres exemples de ce type ?

On peut faire la même recherche avec le privatif *a-* (*anormal*, *apolitique*... mais pas *atout*, *adorer*...).

1. À partir du jeu « Les contraires » présenté par Henry Landroit dans son site Internet déjà cité.

DISCIPLINES ARTISTIQUES

ARTS PLASTIQUES[1]

Pour les élèves, l'apprentissage en arts plastiques vise surtout à rendre concevables des œuvres qui, pour l'instant, relèvent bien souvent de la blague, de la fumisterie, de la plaisanterie, du sacrilège... ou du « n'importe quoi » !

Les représentations, qui s'appuient essentiellement sur les critères de l'art « classique », sont de véritables *obstacles* à l'appréciation de l'*art contemporain*, quand elles n'induisent pas son rejet pur et simple. Elles ne manquent pas de se faire entendre, dès qu'un professeur montre une œuvre d'artiste qui n'est pas conforme au mode de représentation illusionniste de la perspective euclidienne, qui ne représente pas de manière *réaliste*, qui ne cherche pas à représenter, qui ne veut rien représenter... **Une œuvre qui se contente d'être, de figurer, de défigurer, de suggérer est encore souvent inconcevable.** Ceci est à nuancer à l'école primaire car, pour de très jeunes enfants, le concept d'œuvre d'art n'a sans doute pas la même valeur que pour un adolescent, ou un adulte.

Dès lors, qu'en est-il de l'enseignement en arts plastiques ?

Chaque situation a pour objectif d'inscrire du sens dans des œuvres qui, initialement, n'en ont pas. Il s'agit de *reconstruire un savoir* qui est bien souvent réduit à des jugements de valeurs et qui s'appuie sur des critères non pertinents (le beau, le bien fait, le bien fini, le ressemblant, le difficile à faire, le fait-main, le conforme à la réalité, le conforme à notre goût...). Ces critères sont fréquemment confondus avec les véritables problématiques artistiques qui correspondent à des notions et des concepts toujours en débat.

Il y a plusieurs manières de libérer le regard et de dépasser le jugement *a priori*. On peut demander à l'élève de passer par l'expérience, par une mise en projet dans lequel il pourra inscrire du sens, ou par la résolution d'un problème avec des contraintes, en y inscrivant une intention personnelle... Mais on peut aussi proposer des ***situations-problèmes*** qui permettront de renouveler un questionnement, de formuler, de clarifier, d'approfondir ce qui n'était pas évident au départ, en comprenant le paradoxe apparent d'une proposition. « Dans une situation-problème, l'apprenant

1. L'ensemble des situations-problèmes présentées a été conçu en collaboration étroite avec Patricia Berdynski, IUFM Nord-Pas-de-Calais, université de Valenciennes.

n'a aucune règle en sa possession qu'il peut appliquer immédiatement. Il est obligé d'inventer un chemin de résolution, nouveau *pour lui*. Les situations-problèmes valorisent donc l'invention plutôt que le "déjà là[1]" ». Voilà exactement une proposition qui répond aux objectifs du professeur d'arts plastiques. Amener l'élève à *inventer des solutions plastiques* qu'il ne connaît pas encore et qui, pour l'instant, recueillent son incompréhension quand il les voit mises en œuvre par les artistes.

L'idée que les situations-problèmes visent la construction de concepts précis, bien cernés (par exemple un concept scientifique, historique ou même une règle de grammaire) peut s'avérer déroutante. En effet, en art, les concepts sont des outils théoriques, *sans cesse questionnés et remis en débat dans les œuvres.*

Dès lors, quel savoir construire ? Précisément celui qui consiste à aider à la compréhension de ce qu'est une œuvre et de ce qu'elle peut avoir à nous *dire* ou *faire penser*. Savoir dépasser les *a priori* est essentiel, et cela particulièrement dans un domaine où le goût et le subjectif peuvent faire écran à la recherche de la compréhension et de l'intérêt que peut présenter telle ou telle œuvre.

Dans les activités qui vont suivre, quand les matériaux ne sont pas imposés, cela signifie qu'ils peuvent tous être utilisés ; il en est de même des techniques à mettre en œuvre.

Certaines situations nécessitent une petite discussion préalable avec les élèves pour qu'ils puissent s'approprier la proposition et sachent la reformuler en se représentant la tâche à accomplir. Par exemple, dans « Faire voir... le mur ? », on pourra expliquer que l'on doit voir le mur réel, et chercher une idée pour qu'il serve à quelque chose d'autre qu'à être recouvert par la feuille, le dessin ou la peinture. Si on fait un paysage, le mur devra en faire partie. Le problème consistera à trouver comment l'un doit tenir compte de l'autre.

Ensuite, il faudra prendre le risque de *faire*, avec toutes les surprises que l'on obtiendra, y compris en constatant, en découvrant qu'il se passe des choses que l'on n'a pas forcément voulues et qui se révèlent au moment de l'interprétation du travail (par soi-même ou par les autres). Ainsi, les arts plastiques constituent un formidable déclencheur de la fonction symbolique et de l'imaginaire (capacité à trouver du sens à partir des éléments matériels, tels qu'ils sont présentés dans l'œuvre).

1. Gérard De Vecchi, Nicole Carmona-Magnaldi, *Faire vivre de véritables situations-problèmes*, *op. cit.*

Certaines situations-problèmes sont bien développées, avec la manière de les mener et les réactions des élèves (voir par exemple « Des *mots* qui font voir autre chose que ce qu'ils disent ? »). Pour la plupart des autres, de nombreux documents sont proposés mais, faute de place, ils ne sont pas présentés[1].

1. Introduction : Patricia Berdynski. Pour plus de détails sur ce type de travail, voir en particulier Patricia Berdynski, *Je ne vois pas d'art là-dedans !,* à paraître.

UNE SUITE DE SITUATIONS-PROBLÈMES DÉVELOPPÉES EN ARTS PLASTIQUES

255

DES *MOTS* QUI FONT VOIR AUTRE CHOSE QUE CE QU'ILS DISENT ?

- **Objectifs**

Prendre conscience que le visible dépasse ce que nous voyons. Comprendre que la peinture, l'œuvre d'art, même quand elle utilise les *mots*, ne fait que nous montrer ce que d'habitude nous ne voyons pas.

Faire se poser un certain nombre de problèmes :

– *Faire lire* pour montrer relève-t-il d'une intention picturale ou littéraire ?

– L'écriture utilisée par le peintre a-t-elle le même statut, la même fonction, joue-t-elle le même rôle que celle de l'écrivain, est-ce de la même écriture dont il s'agit ? À quoi sert-elle ?

Comprendre la différence entre un rapport texte-image logique, attendu (de type publicitaire), décalé (de type humoristique) et une *relation artistique* questionnante qui permet au spectateur d'inscrire un ou plusieurs sens qui deviennent possibles grâce à cette rencontre d'un texte et d'une image.

Apprendre à interpréter, projeter, créer des liens pas forcément prévisibles, attendus.

• Niveaux

À partir du collège (ou cycle 3 de l'école primaire en adaptant la situation-problème).

• Situation-problème

1er temps : Après avoir distribué à chaque élève une feuille de même format : « Dessinez une pomme, la plus ressemblante possible » (si l'enseignant le décide ou si les élèves le demandent, on peut même distribuer des pommes qu'on aura apportées).

On leur laisse une durée de 20 minutes, pour qu'ils s'appliquent !

Puis on ramasse les travaux, on les accroche au tableau en deux séries égales, comme ci-dessous, en rajoutant ce qui est écrit, les dessins étant pris au hasard. L'enseignant s'arrange pour que les deux séries soient « équivalentes », c'est-à-dire que chacune comporte autant de pommes « moins ressemblantes » et « très ressemblantes ».

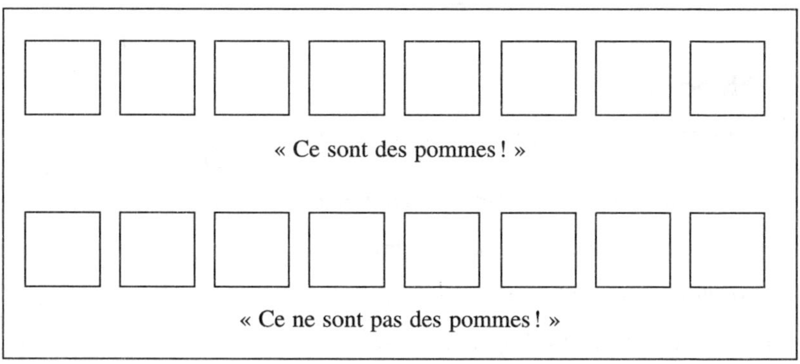

Y a-t-il une affirmation plus « vraie » que l'autre ?

On laisse les élèves débattre, on note les remarques, les réflexions, on pointe les désaccords, les tensions.

• Obstacle et rupture

Pour les élèves, ce que l'on voit représente la réalité. N'est-ce pas ce que tout le monde pense ? Pourtant, une pomme n'est qu'un moyen de désigner quelque chose qui n'existe pas dans la réalité sous cette forme (un dessin de pomme n'est jamais strictement une pomme que l'on peut croquer ; on ne peut rien fumer avec un dessin de pipe !).

Leur première réaction s'est faite à partir d'une lecture *logique, convenue* du rapport texte-image de la première série de productions. Mais la deuxième série n'est plus *convenable*. Elle fait réfléchir sur une question artistique qui est celle du *réel* et du *représenté*, de l'image et du modèle. Le décalage est donc source de questionnement et permet de créer une signification qui n'aurait pas été perçue autrement.

Interroger le rapport texte-image, dans une relation hors norme (hors habitude), peut-être artistique.

2e temps : On propose les dessins de l'aviateur du *Petit Prince* de Saint-Exupéry[1] quand celui-ci lui demande : « S'il vous plaît... dessine-moi un mouton... », *mais* sans le texte.

On sait que le premier mouton représenté a été considéré par le Petit Prince comme malade.

Quant au deuxième, portant des cornes, ce ne pouvait être qu'un bélier !

Le troisième lui a semblé trop vieux...

Et le quatrième dessin représentait simplement une caisse : « Le mouton que tu veux est dedans ».

Discussion : D'après vous, si vous ne le savez déjà, quel est le mouton que le Petit Prince a choisi ?

Puis on donne les dessins accompagnés du texte. « Mais pourquoi c'est *la caisse* que le Petit Prince a préférée ? »

• Obstacle et rupture

L'animal le mieux dessiné devrait être celui qui est le plus *ressemblant*. Pour le Petit Prince, c'est le dessin qui est le moins proche du mouton qui est le plus *vrai*, le plus ressemblant par rapport à *son* mouton ou à la vision qu'il porte sur lui.

Cela permet de poser le problème : « Peut-on représenter *plus* en en montrant *moins* ? »

1. Antoine de Saint-Exupéry, *Le Petit Prince*, Gallimard.

3e temps : Montrer le tableau de Magritte : *Ceci n'est pas une pomme*[1].

Ceci n'est pas une pomme. 1964

• Nouvelle rupture

Initialement, Magritte ne pose pas aux élèves la question de l'artistique, tout simplement parce que, pour eux, sa peinture est très classique et donc très acceptable en temps qu'œuvre d'art. Ce qui pose problème, c'est précisément ce que l'écart entre texte et image remet en question. Les mots valent seulement pour les mots et les images seulement pour les images. Et c'est dans cet *écart* que l'artistique peut s'inscrire (cependant, le corollaire n'est pas vrai, tout écart n'est pas d'emblée artistique).

Magritte permet sans doute d'accroître l'acuité de cette perception, d'en révéler les limites, de nous rendre plus vigilant, plus conscient de ce qui se joue parfois à notre insu. Il veut peut-être nous dire que la *peinture ne se regarde pas qu'avec les yeux* ! Il semble en *montrer plus* pour, finalement, dire que ce n'est pas vrai ou que ce n'est pas cela qu'il montre : n'en dit-il pas plus que ce qu'il montre en niant une apparente évidence ?

4e temps : Défi : Et si on tentait de fabriquer ou de rechercher une image, de trouver un ou plusieurs mots ou textes qui, en cohabitant dans le même espace, selon une place et avec une forme que vous déciderez, nous *trou-*

1. Magritte, *Ceci n'est pas une pomme*, 1964. Huile sur panneau, 142 × 90 cm. Galerie Isy Brachot, Bruxelles-Paris, © ADAGP, Paris, 2005.

bleraient, feraient naître un étonnement, un questionnement, révéleraient un sens *caché* ?

Les élèves peuvent éprouver quelques difficultés à se représenter la tâche à accomplir. On peut prévoir à l'avance des photos de toute nature, en grand nombre et numérotées pour y faire ultérieurement référence lors des échanges. Il est aussi possible de demander à chacun d'apporter quelques photos et quelques mots ou phrases découpés dans des titres de journaux. En classe, on pourra aussi tirer au sort des mots dans le dictionnaire...

Ces éléments pourront être associés au hasard. Les élèves devront *reprendre le hasard à leur compte* en retravaillant mot(s) et image(s) afin d'enlever l'inutile et d'aller à l'essentiel.

Il nous semble intéressant de ne pas écarter d'emblée toute réponse du style *bande dessinée* : ce type de réponse, à condition qu'il ne soit pas majoritaire, peut représenter l'*erreur exploitable* qui permet d'entrevoir une différence possible entre *arts plastiques* et *arts appliqués*, tout en sachant que, dans la réalité, les différences sont loin d'être nettes car beaucoup d'artistes se plaisent à remettre les catégories en question. Mais on entre alors dans un discours de spécialistes qui n'est pas l'objet du savoir scolaire à enseigner.

Au cours des essais, les tâtonnements des élèves peuvent amener l'enseignant à demander aux élèves de créer des associations logiques (de type publicitaire, humoristique) et des **associations artistiques**. Cela permet de mieux sentir la différence et de mieux comprendre le mécanisme de pensée et de questionnement qu'enclenche une association artistique. On peut aussi rencontrer des associations humoristiques et artistiques, des associations artistiques et critiques. Cette activité demande un temps d'exploration ; elle permet aussi de montrer que, contrairement à ce que l'on croit, pour trouver *le texte* et *l'image* qui vont produire ce que l'on cherche, il faut faire beaucoup d'essais. De plus, n'importe quel texte ne fonctionne pas avec n'importe quelle image. Les élèves finissent par construire et chercher eux-mêmes leurs phrases mais, généralement, la contrainte « utiliser des mots déjà là » est plus féconde. Pour les mots, un magazine de société permet de trouver des mots assez variés. Le maître peut exiger des images du format demi-page au moins et des lettres d'au minimum 1 cm de haut, sinon les mises en commun et les discussions se révèlent difficiles.

Si l'on considère, comme Alain Robbe-Grillet, que « la fonction de l'art est de mettre au monde des interrogations », ce travail peut aller jusqu'à poser les problèmes suivants :

– Que viennent faire les *mots* dans la peinture ? Dans une œuvre d'arts plastiques ?

– Pourquoi ont-ils leur place... et ont-ils véritablement leur place ?

– Des mots peuvent-ils être une œuvre d'arts plastiques ? Peuvent-ils, *à eux seuls*, constituer une œuvre d'art ?

– L'idée suffit-elle à faire l'œuvre ?

– La fonction de l'art est-elle de *faire du beau* ou de *mettre au monde des interrogations*, de *créer du mystère*, de *susciter la curiosité* ? Après tout, la Joconde est encore aujourd'hui assez mystérieuse !

• Documents d'aide et de généralisation

(enrichissement et diversification autour d'un même problème)

– Références artistiques de Magritte qui pourraient être montrées et soumises à l'analyse des élèves : *La Trahison des images*, 1929 ; *L'Art de la conversation*, 1950 ; *Ceci n'est pas une pomme*, 1964 ; *Je ne vois pas la (femme) cachée dans la forêt.*

– D'autres artistes ont travaillé sur cette question : Jochen Gerz : *Le Grand Amour (fictions)1*, 1980 ; *Mais les images les plus belles sont invisibles*, 1975, installation ; *Tableaux d'une exposition*, 1973, installation. Bruce Nauman : *Clear vision*. Ben : *Beau, Laid*. Victor Burgin : *La vie exige quelques concessions. Vous les faites, nous les acceptons, UK77* (1977). Nicolas Poussin : *Les Bergers d'Arcadie*. Barbara Kruger : *The Marriage of murder and suicide*. Hans Haacke : *Dying for Benetton...*
Prolongement possible par une suite d'autres situations-problèmes.

256

METTRE DE L'ESPRIT DANS NOS OBJETS ?

• Objectifs

Prendre conscience que le décalage qui peut se produire, par la *rencontre non fortuite d'objets* et par leur assemblage, est source d'humour, de trouble, d'*inquiétante étrangeté*.

Comprendre que certaines associations permettent de voir les objets sous un autre jour.

Comprendre que des associations sont plus riches, plus fécondes, plus questionnantes que d'autres, allant jusqu'à créer des objets dont on ne sait plus rien (on ne sait plus les nommer, ce n'est ni l'un ni l'autre).

• Niveaux

À partir du collège, formation d'adultes.

• Situation-problème

Lettre de Magritte à Mademoiselle Suzi[1].

1. 19 mai 1958. Lettre de Magritte à Suzi Gablik, *Magritte*, Bibliothèque des arts, Lausanne, Paris, 1978, ADAGP, Paris, 2005.

le 19 mai 1958

Chère Mademoiselle Suzi

Mon dernier tableau a commencé par la question : Comment montrer un verre d'eau dans un tableau de manière qui ne soit pas indifférente ? ni fantaisiste, ni arbitraire, ni faible – mais disons le mot : géniale ? (sans fausse honte).

J'ai commencé par dessiner beaucoup de verres d'eau :

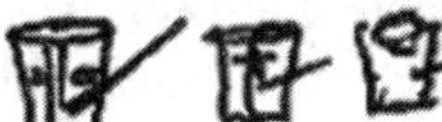

avec, toujours un trait sur le verre :

ce trait, au bout du 100ème ou 150ème dessin s'est évasé :

et a pris ensuite la forme d'un parapluie :

celui-ci a été placé ensuite dans le verre :

et pour finir, en dessous du verre :

Ce qui est la solution exacte à la question initiale : Comment peindre un verre d'eau avec génie ?

J'ai ensuite pensé que Hegel (un autre génie) aurait été très sensible à cet objet qui a deux fonctions opposées : à la fois [illegible] pas vouloir d'eau, (la repousser) et en vouloir (en contenir). Il aurait été charmé, je pense, ou amusé (comme en vacances) et j'appelle ce tableau : « Les Vacances de Hegel ».

Bien cordialement à vous

René Magritte

P.S. Je suis à chercher un tableau avec une chose comme sujet. Je n'ai actuellement qu'un ? à ce sujet.

Et vous ? Comment montreriez-vous une chose ou un objet banal « d'une manière qui ne soit pas indifférente », ni fantaisiste, ni arbitraire, ni faible... mais d'une façon « géniale », comme le dit Magritte ?

– Discussion pour clarifier la demande.

De quelle manière accompagner l'objet, le présenter, le représenter, « l'accoupler » afin de permettre soit une réflexion et/ou une expérience, soit une perception nouvelle, surprenante, étonnante, dérangeante, poétique, paradoxale, bouleversante... de l'objet de départ ? L'enseignant peut utiliser les quelques critères précédents pour alimenter les échanges avec les élèves et la discussion des élèves entre eux.

• Obstacle et rupture

La *banalité* n'est pas considérée comme un sujet artistique. Avec Magritte et les surréalistes, puis un certain nombre d'artistes qui travailleront sur l'objet, cette banalité accède à une dimension artistique. Magritte travaille à partir d'objets représentés. Il les représente de manière suffisamment illusionniste pour que ses « inventions » soient crédibles et puissent être interprétées en temps que « réalités », matérialisation de quelque chose de possible, de pensable que l'artiste nous révèle. Et c'est en cela que sa technique s'avère efficace. Il nous montre des objets mais c'est tout à fait autre chose qui est à voir.

• Documents d'élargissement et de généralisation

– Magritte : *La Corde sensible*, 1955 ; Magritte : *L'Explication*, 1952 ; Picasso : *La Guenon et son petit*, 1952 ; Picasso : *Petite fille sautant à la corde*, 1950 ; Claes Oldenbourg : *Lipstick Monument*, 1969 ; Daniel Spoerri : *Le Dernier Triple Multiplicateur d'art*, 1972.

▲ Élargissement pour formation d'adultes

257

UN PEINTRE NUL... MAIS UN GRAND ARTISTE?

• Situation-problème

« Magritte ? Il est nul comme peintre... mais c'est un grand artiste ! »

Qu'est-ce que cela peut bien vouloir dire ?

• Obstacle et rupture

Bien que « peintre médiocre », Magritte peut effectivement être considéré comme un artiste ! En effet, pour le grand public, ses tableaux peuvent être appréciés pour leur conformisme en peinture, pour leur réalisme. Ils sont suffisamment ressemblants pour que le spectateur « Lambda » ou l'élève (de l'école primaire au lycée), trouve que c'est *bien peint*.

Pour les spécialistes, ce n'est pas cet aspect-là qui présente un intérêt ou plutôt, s'il en présente un, c'est justement parce que cette médiocrité révèle sans doute davantage les *remises en question auxquelles il nous convie*. Il ne questionne pas la peinture mais l'image, notre perception, notre rapport au monde. En ce sens, il nous permet de voir, de concevoir autrement notre rapport à la réalité.

C'est un artiste *conceptuel* (qui met en œuvre des idées, des questions).

Quelques exemples de provocations de Magritte qu'il appelle « signes matériels de la liberté de la pensée » :

– Remise en question de l'importance de l'œuvre unique. À une dame qui disait aimer un de ses tableaux, Magritte lui a répondu qu'il allait lui refaire le même ! Le fait qu'il se copie lui-même est subversif par rapport au système !

– Remise en question du rapport texte/image, de la relation entre la chose peinte et « l'étiquette » qui l'accompagne (le titre du tableau).

– Remise en question de la peinture comme « miroir de la réalité ».

– Mise en œuvre de paradoxes, d'interrogations, utilisation de l'humour, de la dérision.

– Perturbation du visible, de nos repères habituels. Conflit entre réalité et illusion (exemples : *Le soir qui tombe*, *Le Réveille-Matin*, *Le Bon Sens*).

– Utilisation de motifs récurrents assez mystérieux (la quille, les grelots, le jockey).

– Rencontres d'impossibles, rendues crédibles.

– Titres questionnants, mystérieux.

Alors, Magritte, nul comme peintre... mais grand artiste ?

« La peinture ne sert pas à faire de la peinture », a-t-il dit[1] !

On peut demander aux enseignants comment on pourrait s'y prendre pour éclairer cette affirmation paradoxale.

On peut aussi leur proposer des dossiers d'œuvres qui permettraient, par comparaison, de comprendre les concepts de *peintre* (ce qui fait un grand peintre), d'*artiste* (qu'est-ce qui fait « l'*artisticité* » d'un travail) et du *lien entre les deux*, afin de comprendre ce qui se passe chez Magritte.

Une autre citation peut nous aider : « La difficulté de ma pensée, quand je souhaite trouver un nouveau tableau, c'est en effet d'obtenir une image qui résiste à toute explication et qui résiste en même temps à l'indifférence[2]. »

<u>Proposition de dossier :</u>

– Chez Magritte : *La Clef des songes*, 1930; *La Bataille de l'Argonne*, 1959 ; *L'Explication*, 1952 ; *L'Invention collective*, 1935 ; *Le Modèle rouge*, 1935 ; *Le Bon Sens*, 1945-1946 ; *Le Réveille-Matin*, 1957 ; *Le soir qui tombe*, 1964 ; *La Condition humaine 1*, 1933 ; *Le Blanc-Seing*, 1965 ; *Tentative de l'impossible* ; 1928, *La Clairvoyance*, 1936.

– Chez d'autres peintres : Œuvres d'artistes contemporains de Magritte dont le travail : (1) a davantage questionné, a remis en question la peinture, le tableau, la notion d'œuvre d'art, ou (2) qui, comme Magritte, a questionné le réel et le représenté, l'image, les catégories de l'art, mais autrement : Picasso, *Portrait d'Olga* (1) ; Matisse, *Grand Nu bleu* (1) ; Bonnard, *Nu dans le bain* (1) ; Bonnard, *Le Canet sous la neige* (1) ; Francis Bacon, *Jet d'Eau*, 1988 (1) et (2) ; Francis Bacon, *Étude d'après le portrait du pape Innocent X de Vélasquez*, 1953 (1) et (2) ; Joseph Kosuth, *One and three chairs*, 1965 (2) ; Jasper Johns, *Painted Bronze*, 1960, bronze peint (1) et (2) ; Jasper Johns, *By the sea*, 1961 ; Jasper Johns, *False Start*, 1959 ; James McNeill Whistler, *Nocturne en noir et or : The Failing rocket* (1) ; William Turner, *Pluie, vapeur et vitesse* (1) ; Claude Monet, *Les Nymphéas* de l'Orangerie (1).

Si les apprenants ont de quoi peindre, on peut leur faire la proposition de production suivante : Pour un demi-groupe, « faire une peinture de paysage ». Et pour l'autre moitié du groupe, « faire un paysage de peinture ».

1. *Art Studio*, n° 18, p. 116, automne 1990.
2. Lettre à Mr. et Mrs. Barnet Hodes, 1957.

Discussion :

– Comment chacun vous êtes-vous approprié la proposition ?

– Ces deux propositions vous ont-elles semblé différentes ? Cela se voit-il sur vos travaux ?

– Quelles questions vous êtes-vous posées et comment avez-vous fait pour faire, ou pour décider ?

Il n'y a pas de « bonne réponse », il y a simplement un curseur qui va de l'une à l'autre avec, sans doute, des cas ambigus où l'on ne sait pas trancher, à ceci près qu'il faut très peu de choses pour être dans le paysage.

Ce qui est en débat ici, c'est la présence plus ou moins prégnante de la peinture, de la plus grande matérialité à la plus grande immatérialité[1].

Toujours pour les mêmes objectifs généraux avec interdisciplinarité en français, voici la situation-problème suivante.

258

METTRE DE L'IMAGINAIRE DANS LES MOTS ?

• Objectifs

Appréhender le rapport *inconscient* qui s'établit entre le *signifié* et le *signifiant.*

Comprendre quand la perturbation de cette logique peut avoir un sens artistique, et prendre conscience que certaines propositions peuvent être plus troublantes et plus riches que d'autres.

• Niveau

À partir du cycle 3 de l'école primaire.

• Situation-problème[2]

– L'enseignant distribue à chaque élève une feuille A3 et des marqueurs de couleurs (qu'il n'est pas obligé d'utiliser).

1. Voir les trois dernières œuvres citées précédemment dans le dossier.
2. D'après Patricia Berdynski.

Chacun doit « écrire comme il le veut » les mots suivants : *son prénom, amour, haine, vent, pluie, tristesse, taper.*

Quand tous les élèves ont terminé, chacun découpe ses mots et on les colle ensemble (tous les mots *amour* ensemble, tous les mots *haine* ensemble...).

Puis la classe observe le résultat et le maître invite les élèves à faire leurs remarques : « Y a-t-il des écritures que vous remarquez davantage et pourquoi ? »

Discussion.

– Et maintenant, pourrait-on faire comprendre « je t'aime » en disant « je te hais » ?

Et avec les moyens des arts plastiques, allez-vous réussir à écrire un mot ou une phrase qui va nous *troubler* ?

• Obstacle et rupture

Dans un premier temps, les élèves trouvent remarquable les formes d'écritures qui confirment, renforcent le sens du mot. Ce qui ressort de la discussion c'est que certaines façons d'écrire *expriment mieux le sens du mot* et que cela leur convient mieux. Par exemple, « avec la croix gammée comme point sur le i du mot "haine" ça parle bien de quelque chose qui se rapporte à la haine », ou encore « "amour" écrit en cœur ça fait bien penser à l'amour », « "taper" écrit en rouge, avec comme du sang qui coule, ça renvoie bien à ce qui se passe quand on tape », ou encore « "pluie", écrit avec des gouttes, ça fait bien penser à la pluie », ou encore, « "vent", écrit en penchant les lettres, ça fait mieux sentir le vent »...

En publicité, on utilise souvent les formes, les couleurs et la manière d'écrire les mots, pour confirmer ce que l'on veut dire et être certain de ce que le spectateur va comprendre. Mais renverser le sens est une tout autre démarche qui est troublante. Qu'est-ce qui provoque ce trouble et comment cela agit-il ? Les élèves se rendent compte que *le paradoxe crée de la richesse.*

Il existe différentes manières d'entrer dans le problème. Les élèves peuvent eux-mêmes trouver des idées, presque de manière ludique, en prenant les pages d'un dictionnaire, en faisant différentes propositions et en jugeant celles qu'ils trouvent, *a priori*, les plus troublantes, les plus signifiantes. Mais, *in fine*, la réalisation permet d'aller plus loin et d'analyser ce qui se passe de plus quand on le voit vraiment car tout n'est pas prévisible et c'est cela même qui justifie l'intérêt de la production.

Exemples :

– Une copie d'élève avec un travail truffé de fautes à qui on a mis des appréciations valorisantes (très bien, continue, 20/20)... et l'inverse : l'ensemble est troublant !

– Le mot LÉGER écrit en pâte à modeler et installé... au fond d'une bassine d'eau.

– Une vidéo au cours de laquelle le mot ÉTEINT est écrit avec des allumettes non consumées, collées sur une planche de bois ; on y met le feu, on éteint et on monte le tout avec une bande-son qui fait entendre des bruits d'eau à certains moments...

À première vue, ce travail paraît assez simple. Mais très rapidement, on s'aperçoit que ce n'est pas le cas ! La matérialité fait sens.

Les élèves s'amusent beaucoup. Ils se rendent progressivement compte que n'importe quoi ne donne pas toujours un résultat intéressant ! Il n'y a pas vraiment de recette : les réponses les plus explicites ne sont pas les meilleures. En revanche, certaines *fulgurances* font sens.

Comme Magritte, on interroge le rapport entre le nom et la chose, entre l'image (représentation forcément incomplète, forcément ratée... et pourtant réussie) et l'autre représentation de la chose qu'est le nom, sans oublier leur lien.

Ces activités renvoient à des notions abordées en français (polysémie, homophonie, différentes figures de style...). La théâtralisation de la parole permet enfin de comprendre que le corps et tout ce qui est non verbal permettent de dépasser le sens premier du mot, de l'intensifier ou de jeter le trouble... D'où l'intérêt d'une ***approche interdisciplinaire avec le français*** qui peut s'avérer très riche.

AUTRES SITUATIONS-PROBLÈMES EN ARTS PLASTIQUES

259

LIBRE... SOUS CONTRAINTE ?

• Objectif

Réfléchir sur la conception qu'ont les enseignants concernant le besoin de créativité chez leurs élèves.

• Niveau

Formation d'adultes.

• Situation de départ[1]

Dans une école de quartier populaire, un enseignant invite ses élèves, à la fin de la journée, à faire un *dessin libre.*

Beaucoup de filles dessinent un dauphin (en s'inspirant d'une série télévisée) et de nombreux garçons reproduisent un personnage d'une carte à jouer faisant fureur à ce moment dans les préaux d'écoles. L'enseignant réagit très vivement à ces conduites peu créatives. Leur conformisme le choque, il ne le comprend pas ou le refuse.

Qu'en pensez-vous ?

• Situation-problème

La créativité est une dimension valorisée par les programmes.

Mais la liberté doit-elle interdire aux élèves de faire comme les autres ?

La liberté se décrète-t-elle ?

• Obstacles et rupture

Si la définition de la *créativité*, c'est la capacité à produire un grand nombre de propositions différentes, sans tenir compte de la qualité et de l'origina-

1. D'après Philippe Perrenoud.

lité des réponses produites, la liberté sous contrainte implique-t-elle que l'on soit capable ou obligé de produire quantité de réponses différentes ?

L'esthétique et la vision de la créativité d'un enseignant cultivé créent une forte distance normative avec ses élèves. De plus, les normes esthétiques sont diffuses et diverses, donc très difficiles à mettre en œuvre au nom de l'institution qui, pourtant, y invite.

Mais est-ce là le plus important ? Dans la tête des enseignants, *la liberté impose l'originalité* ! Le problème est que, lorsque l'école la concède, *elle interdit* de faire comme tout le monde. Plutôt que de liberté, ne s'agit-il pas d'une *double contrainte...* et d'une *injonction paradoxale* ? Il est donc important de se demander si la liberté est une condition nécessaire à la création. Ne faut-il pas aussi réfléchir à la manière dont les conventions s'installent ? Le vrai problème n'est-il pas de trouver des moyens de *favoriser la création*, c'est-à-dire de mettre les élèves en situation d'explorer des pistes, qu'ils n'auraient pas choisies sans l'existence du cours ?

De plus, l'originalité est-elle un *critère artistique* ? Et, en art, qu'est-ce qu'être *original ?* Prenons l'exemple de *La Cène* de Léonard de Vinci. Il s'agit un thème déjà largement traité dans l'histoire de l'art. Avant Léonard, d'autres artistes avaient peint cet événement ; on pourrait presque dire que *la scénographie* était déjà très codifiée, pour ne pas dire figée. Le mérite et l'originalité de Léonard (on pourrait aussi appeler cela *la prise de risques*) a été d'avoir choisi de représenter *un autre moment* que celui habituellement dépeint qui donnait lieu à une mise en scène assez statique et « sereine ». Il a décidé de prendre le moment où Jésus révèle à ses disciples que l'un d'entre eux l'a trahi. Cela lui permet de proposer une tout autre scénographie exprimant le trouble ressenti par les onze apôtres non concernés par la trahison. De ce fait, il les regroupe par trois, donne un rôle différent à chaque groupuscule et à chaque personnage du trio, ce qui lui permet aussi de donner corps à ses recherches sur l'expression des émotions. Ce qui fait son « originalité », c'est également l'éclairage tridirectionnel qui éclaire la scène.

Donc sur un thème déjà abondamment traité, Léonard renouvelle complètement la manière de le représenter et après lui, il ouvre le champ des possibles et influence toutes les autres représentations de la cène qui suivront.

Finalement son originalité c'est de **se *poser le problème autrement***.

260

MÊME EN CLASSE, L'ART DEVRAIT ÊTRE SUBVERSIF ?

• Objectif

Faire évoluer la conception qu'ont de l'art la plupart des élèves... et des enseignants non spécialistes.

• Niveaux

Formation d'adultes (et élèves à partir du collège en adaptant la situation-problème).

• Situation-problème

Un enseignant affiche les travaux de ses élèves et leur pose la question suivante : « D'après vous, est-ce que ces travaux peuvent être considérés comme des travaux *artistiques* ? »

À titre d'exemples, voici quelques réponses : « Oui parce qu'ils sont bien faits, on s'est appliqué » ; « Oui parce qu'ils sont beaux » ; « Oui parce qu'ils sont ressemblants » ; « Oui parce qu'on a mis des belles couleurs » ; « Non parce que c'est copié » ; « Non parce que c'est vous qui nous avez demandé de dessiner, on ne l'a pas fait de nous-même » ; « Non parce qu'il y en a qui ne sont pas très bien faits. »

Mais, maintenant, qu'allez-vous donc pouvoir proposer aux élèves pour qu'ils comprennent que tous ces arguments ne sont pas des critères artistiques et qu'ils ne servent pas à décider qu'il s'agit d'art ?

• Obstacle et rupture

Dans cette situation-problème, on part des conceptions des apprenants pour questionner celles des enseignants qui, souvent encore... sont à peu près les mêmes !

Fréquemment, pour le non-spécialiste comme pour l'élève, les critères qui permettent de juger et de décider si c'est ou non de l'art n'ont rien à voir avec l'artistique. Ils ont à voir avec le *goût*, la *morale*, le *conformisme, l'artisanat...* ce qui est tout au plus un aspect de la problématique artistique. Ainsi, de simples éléments qui posent question sont considérés comme des « critères décisifs » (le *beau*, le *bien fait*, le *bien fini*, la *ressemblance*, *l'inventé à partir de rien*...).

Certaines productions d'artistes modernes, jugées par beaucoup comme sans intérêt, et même vécues comme de véritables tromperies, seraient tout de même des œuvres d'art ? Cela semble choquant ! Pourtant, il est difficile de croire que des œuvres de ce type, qui restent ou qui font date, et qui ont été achetées par de grands musées, puissent être insignifiantes ! En fait, la plupart du temps, nous ne savons pas voir la dimension artistique d'une production, car nous sommes aveuglés par nos critères et nous n'avons pas appris à questionner et à regarder la peinture. Peut-être qu'aimer un tableau que nous trouvons *beau*, *bien fait*, *ressemblant*, nous suffit parce qu'il correspond à nos valeurs que nous projetons sur la surface de la toile. Cela a quelque chose de rassurant et ne nous fait pas éprouver le besoin d'en savoir davantage. Mais, ce qui est suffisant pour l'amateur ou le spectateur occasionnel, ne l'est pas pour le spécialiste ou simplement celui qui a besoin d'en savoir plus.

D'une manière très simple, nous pouvons dire qu'il peut y avoir production artistique quand celle-ci est *en rupture* avec ce qui existait précédemment dans le champ conceptuel et formel de l'art. Elle est donc *singulière* et en cela nous *provoque*, nous *dérange*, apporte un étonnement, *renouvelle notre manière de voir* ou de concevoir les choses, l'art, le monde ou la vision que nous en avons. Elle nous questionne (nous renvoie à nous-même) et nous permet d'entrer en communication avec l'artiste dans le sens où elle nous confronte à une vision et à une conception qui sont quelquefois très différentes des nôtres. On peut également remarquer que ce qui peut faire problème dans notre culture n'en est pas un pour une autre culture. En Afrique, la stylisation et l'abstraction vont de soi. La représentation asiatique de la figure humaine et de l'espace ne correspond pas à la représentation réaliste héritée de la Renaissance : la lumière n'y joue pas le même rôle et le modelé n'existe pas. Pourtant, elle aussi est très codifiée, au moins pour tout ce qui n'est pas contemporain.

L'art est donc subversif. Dès qu'une norme se construit, faire de l'art c'est la prolonger pour *aller plus loin* mais c'est surtout *la remettre en question* ! Une œuvre s'inscrit donc dans un système, un cadre théorique, un contexte, et ce qui a pu être subversif à un moment ne l'est plus à un autre. Aujourd'hui par exemple, les Impressionnistes ne nous posent plus les problèmes de validation qu'ils ont soulevés à leur époque. De plus, « la subversion pour la subversion » ne suffit pas à faire de l'art.

• Suite de la situation-problème

Déboucher sur une production : L'enseignant ou le formateur peut proposer aux apprenants de mettre à plat toutes leurs conceptions de l'art (ce qu'il doit être et comment doit se présenter une œuvre d'art).

Il les écrit au tableau afin que cela serve ultérieurement de référence.

Il leur propose ensuite le travail suivant.

261

HORS LIMITES !

Et si vous tentiez de produire un travail d'arts plastiques (validable comme tel) qui, d'une manière ou d'une autre, irait *au-delà des limites* que vous venez de donner à l'art et aux œuvres.

• Obstacle et rupture

Il s'agit d'un travail *contre* les conceptions de chacun.

Face aux travaux produits, il faudra ensuite leur demander de justifier en quoi cela constitue des arts plastiques, ce que cela permet de montrer et de faire penser.

Des élèves ont par exemple choisi de peindre au sol avec leurs pieds, sur un grand format, la peinture pouvant ensuite être parcourue par le spectateur (nouveau support, nouvel outil, rôle du hasard, nouveau point de vue). D'autres ont choisi de transformer la cour et les élèves de la classe en échiquier géant (performance, travail à l'échelle du paysage qui ne peut être appréhendé dans sa totalité que vu d'en haut). D'autres encore ont décidé d'étaler au sol, dans un couloir du collège, les pages d'un dictionnaire (travail qui permet de se rendre compte de la surface qu'il occupe, installation d'un objet donné à voir de manière inhabituelle). D'autres enfin ont choisi de reproduire un crayon de la taille d'un arbre (changement d'échelle, proposition d'une nouvelle expérience de la réalité, modification du rapport au réel)...

Notons que toutes les trouvailles des élèves et les limites qu'ils ont dépassées existaient déjà dans l'art... mais ils ne le savaient pas. En fait, les critères d'un travail d'arts plastiques ne sont pas ceux d'une œuvre d'art ; mais les moyens, le cadre de référence et la manière d'interpréter sont identiques.

Quelques œuvres de référence qu'il est possible d'utiliser : *La Cène* de Léonard de Vinci ; *Les Nymphéas* de Monet ; *Guernica* de Picasso ; *Autoportrait* de Francis Bacon ; *Femmes* de Willem De Kooning ; *Portrait de Paul en costume de pierrot* de Picasso ; *Portrait d'Olga* de Picasso ; *Les Joueurs du Parc des Princes* de Nicolas de Staël ; *Les Grands Nus bleus* de Matisse...

262

PRODUIRE PLUSIEURS ŒUVRES QUI SE RESSEMBLENT, CE N'EST PAS SE RÉPÉTER ?

• Objectifs

Comprendre comment le « faire du même » peut devenir une œuvre d'art.

Comprendre que l'on peut *copier et créer* (en reproduisant plusieurs fois le même sujet, on peut arriver à montrer *autre chose* qui s'inscrit aussi bien dans la différence que dans la ressemblance... et que c'est même une façon pertinente d'y arriver).

• Niveaux

À partir du collège, formation d'adultes.

• Situation-problème

On présente une *série* (par exemple les cathédrales ou les nymphéas de Monet).

Mathias : « C'est facile : c'est le même motif, il se recopie ! »

Un artiste qui *se recopie*, peut-il produire des œuvres artistiques ?

• Obstacle et rupture

Faire du même, répéter, se répéter est une pratique artistique courante mais difficilement concevable dans l'esprit du grand public. Pourtant, il y a bien Monet et ses cathédrales ou ses meules de foin ! Il y a aussi On Kawara et ses *dates paintings*, Opalka et ses *Détails de un à l'infini*, etc. Mais l'artiste... *se répète-t-il vraiment ?*

Généralement, quand il répète son *sujet* jusqu'à ce que celui-ci ne soit plus qu'un *motif...* c'est que le véritable sujet est ailleurs ! Il s'agit d'en faire voir plusieurs pour faire voir *autre chose,* et la série devient un moyen de réaliser une intention qui se révèle par la répétition.

Monet, par exemple, a abandonné le dessin précis au profit du travail sur la couleur et sa perception. Peindre sur le motif (en extérieur), à différentes heures du jour, à différentes saisons ou selon le temps météorologique, lui a permis de nous faire voir (et donc d'arriver à nous faire saisir) l'insaisissable changement de la réalité sous l'influence de la lumière et du temps. Finalement, il parvient à fixer l'idée que ce qui peut, à première vue, paraître peu changeant est en réalité impossible à définir en une seule image, bref que le réel nous échappe sans arrêt. Il a ainsi transformé la matière en lumière. En cela, il a rejoint la théorie de Chevreul sur la couleur et sur la lumière qui a aidé, avec l'invention de la photo, à renouveler le questionnement des artistes. En effet, comme la couleur n'existe pas en elle-même, qu'est-ce donc que l'on perçoit, comment le perçoit-on... et qu'est-ce que le réel ?

D'une manière générale, on pourra se poser les problèmes suivants :

– En quoi la répétition peut devenir source de création ?

– Que devient l'élément dans la série, quels sont les changements qui s'opèrent ?

Et, pour se rapprocher de la situation de classe proposée :

– Comment et par quoi relancer les propositions des élèves pour que ce qui était semblable finisse par faire voir quelque chose qui ne peut que s'inscrire entre la ressemblance et le « presque même » ?

• Suite de la situation-problème

Déboucher sur une production : On peut proposer l'expérience suivante :

– « Prenez une demi-feuille. Ce n'est pas une punition mais je vous demande d'écrire dix fois la phrase suivante : “J'écris dix lignes dix fois.” Je répète : vous écrivez dix fois “J'écris dix lignes dix fois.” Allez-y. »

– Avant que tout le monde ait fini, on arrête le travail, on affiche toutes les feuilles au tableau et on regarde.

Le travail n'est pas terminé mais que se passe-t-il ? Que voit-on quand on affiche côte à côte toutes vos feuilles ?

• Obstacle et rupture

Ce qui apparaît, c'est *autre chose* que ce qui a été fait, c'est une sorte de « tableau » du fonctionnement de chacun face à la même consigne. On voit comment chacun a fonctionné, plus ou moins vite, en s'organisant différemment par rapport au travail à faire...

Ce que l'on peut conclure c'est qu'en affichant plusieurs productions on a montré *autre chose*.

• Suite de la situation-problème

On peut ensuite repartir sur la proposition suivante : « Ce que je veux montrer, vous ne pourrez le voir que si j'en fais plusieurs exemplaires, semblables mais différents ! »

Chaque personne cherche une idée.

Il peut arriver qu'un élève commence à produire quelque chose, un peu au hasard ; puis on essaie de voir ce que cela produit, à quoi cela renvoie, ce que cela permet de voir ou de penser. Au besoin, on affine le projet. Par exemple, un élève avait eu l'idée de faire dessiner à chaque camarade de la classe un extraterrestre. À l'affichage, il est apparu l'image que chacun se faisait de quelqu'un qui n'existait pas, mais en même temps on a senti fortement la prégnance d'un stéréotype. Autre exemple : en photocopiant un document, et en photocopiant la photocopie... jusqu'à effacement complet du document, cela a permis de mettre en question la validité d'une photocopie, de relativiser le terme *photocopie* et de mettre en scène une disparition.

• Élargissements et œuvres de référence possibles

On Kawara, *Dates paintings* ; n'importe quelle série de Claude Monet (*Nymphéas*, *Cathédrale de Rouen*, *Meules de foin*, *Vétheuil*, *Venise*, *Étretat...*) ; Roman Opalka, *Détails de un à l'infini* ; Allan Mac Collum, *Plaster surrogates* ; dix portraits photographiques de Christian Boltanski ; *La Montagne Sainte-Victoire* de Cézanne ; *Les Guitares* de Picasso ; les séries à partir des *Ménines* de Vélasquez par Picasso ; les autoportraits de Van Gogh ; de Rembrandt ; de Picasso...

263

(S)TOP MODÈLE ?

• Objectifs

Mieux cerner les *liens* et les *écarts* qui existent entre la *représentation* et le *modèle*.

Comprendre comment, dans le travail des artistes et par les questions qu'ils se posent, ils peuvent amener le spectateur à trouver un écho à leur propre questionnement d'être humain.

Passer de l'idée de *modèle* à celle de *référent*, passer de l'idée d'imitation obligatoire à celle d'impossibilité d'imiter, et prendre conscience qu'il existe un *écart* inévitable qui peut être producteur de sens.

Comprendre l'idée de *reconstruction du réel* par la peinture, la sculpture et la représentation en général.

• Niveaux

À partir du cycle 3 de l'école primaire (en adaptant la situation-problème) jusqu'en formation d'adultes.

• Situation de départ

À votre avis, pourquoi en art appelle-t-on la personne qui pose pour l'artiste un *modèle* ?

À quoi sert le modèle ?

Le maître (ou le formateur) laisse réfléchir quelques instants les apprenants. Il les prévient qu'il va faire un tour de table en donnant à chacun la parole et qu'il écrira au tableau ce que chacun proposera.

– Les réponses sont notées. Si un élève pense que sa réponse est déjà écrite, il le dit et on met un bâton devant la réponse en question ; si ce n'est pas strictement la même, on la note.

On peut demander à deux apprenants volontaires de recopier le tableau ; on le retape ensuite sous forme d'une succession de phrases ou d'un ensemble de bulles *(bullogramme).*

– Discussion autour des réponses et de quelques autres problèmes : Et nous, avons-nous des modèles ? À quoi nous servent-ils ? Comment les utilise-t-on ? Peut-on se passer d'un modèle ?

Généralement, émergent les idées de copie, d'imitation, de différence entre modèle et exemple, de reproduction, de prototype, de conduite à suivre...

• Situation-problème

Et si on décidait de faire une peinture... dont le modèle n'existe pas, ça donnerait quoi ?

Au travail !

Chacun prend sa feuille, ses pinceaux et propose sa réponse.

On affiche les travaux, qui généralement divergent, on en discute ; chacun expose son parti pris. Cela va de la peinture de type *science-fiction* à la *feuille monochrome* en passant par la maladresse, la déformation, la création de chimères par assemblage... Certains, par exemple, revendiquent le tableau monochrome, en disant : « Ça représente une couleur » ; « C'est une couleur qui se présente elle-même » ; « Il n'y a rien d'autre que de la peinture, j'ai pensé à rien d'autre, j'ai rien voulu représenter d'autre. »

• Obstacle et rupture

Ce qui fait obstacle, c'est l'idée que seule la fidélité au modèle est acceptable, que bien souvent, dès qu'un trompe-l'œil est suffisamment réussi, on ne voit même pas les écarts qu'il a dû subir par rapport au modèle. De même, le concept de référent n'étant pas construit, on ne peut nommer ce que l'on voit et qui n'est pas « copie conforme » des choses entrevues. De plus, l'idée de *faire référence* permet de qualifier la nature de la référence (métaphore, métonymie, détail, fragment, silhouette, allusion plutôt qu'illusion, association, signe, symbole, stylisation, épuration, abstraction et tout ce qui permet de déplacer la ressemblance, d'aller au-delà du visible).

Les apprenants se rendent compte que la référence au modèle peut être plus ou moins visible et qu'elle n'est pas toujours là où ils la pensent. Ils prennent conscience que, finalement, même quand ils n'ont pas imité, ils ne peuvent pas toujours dire qu'il n'y avait *rien* à l'origine. En analysant, en explicitant leurs critères pour dire qu'il n'y avait pas de modèle dans le travail réalisé, ils peuvent se rendre compte qu'il leur manque un mot pour dire qu'ils n'ont pas *copié*. En fait, ils *se sont inspirés de...*, ils *ont fait référence à...* Ils découvrent ainsi que si le *modèle* n'était pas devant leurs yeux, ils avaient tout de même *une idée, une image dans leur tête* !

Souvent, ils prennent aussi conscience que, quand la peinture est abstraite, soit ils peuvent encore désigner des figures géométriques, soit ils voient des taches ou des formes qu'ils peuvent nommer... mais que cela n'avait pas été voulu par le *créateur*, la *créatrice* !

Les apprenants se rendent donc compte que la moindre représentation s'appuie sur des référents constitués par des images mentales liées à leur vie, à leur histoire. Ils doivent donc **passer de l'idée de *modèle physique* à celle de *modèle mental*.**

La *copie du réel*, au sens strict, n'existe jamais vraiment en art, dans la mesure où, le plus souvent, on n'a pas le « modèle » de l'artiste à disposition, et que si on l'a, on ne peut que constater l'écart qui existe entre ce modèle et la représentation qu'il en a faite. Même dans le *trompe-l'œil*, où celui-ci nous saisit au point de nous aveugler, nous pouvons, une fois cette fascination dissipée, prendre de la distance pour regarder la peinture, la construction de l'image, les choix faits par l'artiste, et ne pas rester à la surface des choses.

• Élargissements possibles

(grandes classes et formation d'adultes)

– On montre quelques œuvres d'art dont le titre ne reflète pas directement ce qui est représenté. Exemples : Le *Guernica* de Picasso, *Deux femmes* de Fernand Léger (voir d'autres œuvres possibles dans les élargissements).

Il y a un titre, il y a une production.

Comment réagissez-vous ?

Ou (suivant le niveau des apprenants) :

– À chaque fois l'artiste, par le titre qu'il donne à son tableau, nous renvoie à une référence connue qui existe, qui a existé, ou qui a une existence culturelle définie.

– Comment nous la montre-t-il, et quelles différences y a-t-il entre l'image construite par l'artiste et l'idée que spontanément nous nous en faisons ?

– Qu'est-ce que cette différence nous permet de comprendre ?

– Plus généralement, si nous parvenons à formuler la nature du lien que l'artiste a établi avec son ou ses modèle(s), cela nous permet-il de comprendre comment, nous-même, nous nous construisons par rapport aux influences que nous acceptons ?

• Œuvres de référence possibles pour analyse

(avec les liaisons possibles)

– Le *Guernica* de Picasso : La grande histoire et son jugement dans lesquels l'événement rejoint l'universel, l'intemporel. La peinture réunit la réalité et sa représentation. Comment, nous aussi, nous contenons notre part d'universel ? Comment notre histoire se construit-elle avec les histoires des autres ?

– Les mosaïques de Saint-Vital à Ravenne (l'impératrice Théodora) : Tous sur un même pied d'égalité ?

– La mort de la Vierge de Mantegna : Deux points de fuite dans le même tableau, l'unification du terrestre et du spirituel ?

– *La Trinité* de Masaccio : Trois espaces dans le même tableau ! Comment réunir dans un même espace trois univers différents ? Comment se fait le passage de l'un à l'autre ? Quel enseignement tirer de ce passage ?

– *Le Dénombrement de Bethléem*, de Breughel : Tissage, métissage du présent, de l'histoire et du passé. Le temps s'éclate et se réunit dans un même lieu, le tableau. Famille recomposée : une unité possible ?

– *Le Sacre de Napoléon*, de David : La pièce manquante, comment la peinture ignore la réalité, comment elle réalise le désir ? Comment ce qui reste peut être plus important que ce qui a été ? Quel pouvoir a-t-on de reconstruire, de recadrer la réalité ?

– *Le Portrait de Gertrude Stein*, de Picasso : Deviner la force cachée derrière les apparences, rendre visible ce qui ne l'est pas encore, voir les autres au-delà des apparences, au-delà du paraître, apprendre à découvrir l'être, l'autre, et peut-être ce qu'il y a de nous dans l'autre.

– *Agrigente* de Nicolas de Staël : Aller à l'essentiel, savoir perdre pour gagner, ne pas tout montrer pour mieux montrer : quand moins devient plus. Les manques peuvent-ils être des plus ?

– *L'Atelier rouge* de Matisse : Fusionner, rechercher l'unité par la fusion. Le tableau : un lieu d'influences ? Unifier l'espace pour mieux distinguer, brouiller les repères, affirmer une chose et son contraire, unir et disjoindre en même temps ? Est-il possible de s'entendre quand on ne voit pas la même chose ?

– *Le Portrait de George Dyer* de Francis Bacon : Les choses que l'on voit, les choses que l'on sait, ce qu'on ne voit pas, ce qu'on ne sait pas, ce qu'on ne veut pas voir, ce qui nous fait peur. Est-on capable de *se voir en face* ?

– *Deux femmes* de Fernand Léger : Le particulier élevé au rang de l'icône, l'individuel qui devient monumental. Qu'y a-t-il de grand en nous ? Qu'y a-t-il d'universel en nous, qu'est-ce que nous partageons avec les autres ?

– *Sainte Anne, la Vierge et l'enfant* de Léonard de Vinci : Une histoire de filiation, deux mères et un seul enfant. Comment faire quand on a deux mamans ?

– *La sainte Famille* de Michel-Ange : L'histoire du triangle familial ? Le passage d'un monde à un autre. Comment quitter ses parents ? Comment se détacher de son enfant ?

– *Mlle Pogany* de Constantin Brancusi (deux versions différentes) : Quand il ne reste plus rien, comment savoir ce qui nous est essentiel ?

– *Le Balzac* de Rodin : Voiler, dévoiler ? Comment se construire à partir de fragments, comment devenir soi à partir de ses morceaux d'existence ? Quand nous ne savons pas choisir, comment faire ? A-t-on le droit de se tromper ?

264

EN MONTRER MOINS... POUR EN DIRE PLUS ?

• Objectif

Comprendre que la *déformation*, l'*omission*, le *fragment* peuvent produire du sens et que l'on peut *dire plus* en montrant moins de réalité.

• Niveaux

À partir du collège.

• Situation de départ

Demander aux élèves de noter sur une feuille différents moments qui ont compté dans leur vie (événements personnels ou mondiaux).

• Situation-problème

Que nous reste-t-il des moments qui ont compté pour nous ?

Comment ce que l'on a vécu reste-t-il en nous ?

Certains disent que *le souvenir peut finir par être plus réel que le vécu* ? Cela est-il possible ?

Et si vous tentiez de représenter, de donner forme à un de vos souvenirs ?

– Aide possible : Cette situation-problème est parfois difficile à comprendre par les élèves qui ne sont pas conscients de la manière dont leur mémoire fonctionne.

On peut les aider en leur proposant d'écrire ce qu'il leur reste d'un souvenir (les détails par exemple) et de trouver ensuite des moyens pour le figurer.

On peut aussi les inciter à réfléchir autour de différentes questions :

– À quoi cela ressemblerait-il ?

– Comment faire pour réussir à représenter, à montrer, à faire sentir, à faire comprendre l'événement tel qu'il s'est construit dans votre mémoire ?

– Qu'est-ce qui est resté, qu'est-ce qui s'est effacé, qu'est-ce qui a pris le plus d'importance : des sons, des odeurs, des images, des détails, des morceaux de l'histoire ?

– Est-ce flou ? Est-ce net ?

• Obstacle et rupture

Les élèves vont devoir *dépasser le réel.* Comment montrer tout cela ?

Prendre en compte uniquement ce qui est important les met en situation de ne pas être fidèle à la réalité, mais à ***leur** réalité de la réalité.* Ils pourront être amenés à utiliser des façons de représenter qui ne sont pas conformes à leurs conceptions mais qui, par le cadre du sujet, feront sens et qu'ils pourront justifier et valider. Certains choisiront une bande dessinée pour montrer le déroulement dans le temps, ou un bâtiment en forme de croix pour représenter l'hôpital (chaque pièce matérialisant un moment de leur souvenir)... Ils pourront représenter ce qui s'est effacé du souvenir, ce qui est confus, incomplet ou subjectif, en utilisant le flou, seulement le noir, en laissant des blancs ou en filtrant avec un calque par-dessus...

Souvent, ils feront ce travail sans en être véritablement conscients, et c'est au moment de l'analyse, de la présentation du travail à la classe qu'ils pourront le conscientiser et pointer en quoi cela a fait sens.

Le renvoi au subjectif permet au spectateur de partager un peu de leur vécu, de s'interroger, de pouvoir éventuellement interroger sa propre manière de mettre en mémoire et de reconstituer aussi son propre récit à partir de ce qu'il voit. Le fait que cet échange soit possible est important ; bien sûr, ce n'est pas spécifique d'un travail sur la mémoire, mais l'apparence que cela prend nous interroge davantage, nous renvoie à un fonctionnement plus autonome de l'artiste et à une prise de liberté par rapport à des codes préétablis dont il s'affranchit. Cela exige de nous davantage d'adaptation, de plasticité (si nous le désirons), mais c'est aussi une activité qui développe l'utilisation de notre capacité à symboliser, à interpréter, à observer, à être « dépaysé ».

On peut enfin se questionner sur ce que signifie *représenter,* et rechercher ce qui se passe quand la représentation s'écarte de l'imitation du visible.

• Généralisation

Sans forcément aller jusqu'à l'audace de certains artistes (par exemple, Bacon, Picasso, De Kooning, Basquiat, Adami...) dont on pourra analyser certaines œuvres pour aller vers une généralisation, les apprenants commenceront à entrevoir que *la déformation peut faire sens.*

On pourra également regarder des œuvres dans lesquelles les artistes ont utilisé ou inventé des procédés qui leur ont permis de rendre compte, de montrer ou de questionner le fonctionnement de la mémoire, l'inscription du souvenir, la commémoration. Par exemple : Jochen Gerz, Monument invisible de Sarrebrück (où les noms des cimetières juifs allemands d'avant la Deuxième Guerre mondiale sont gravés sur la face cachée de 2 146 des 8 000 pavés de la rue piétonne qui traverse la place centrale conduisant au château, ancien siège de la Gestapo) ; Christian Boltanski, Monument

Odessa – le lycée Chases ; Charles Sidmonds, *Dwelling justice* ; Picasso, *Guernica* ; Daniel Spoerri, Restaurant de la City Galerie ; Cornélia Parker, *Exploded View* ; David Hockney, *Conversation.*

265

C'EST PARCE QUE C'EST PLEIN DE DÉFORMATIONS QUE C'EST RESSEMBLANT ?

• Objectifs

Prendre conscience que rendre compte d'une représentation n'est pas forcément une reproduction fidèle jusqu'à l'illusion.

Être capable d'opérer un glissement vers une *vision personnelle* pour laquelle ses propres règles peuvent être inventées.

Comprendre qu'accepter de *perdre de la ressemblance* c'est *gagner de la liberté*, ce qui permet d'*inventer* une autre manière de s'exprimer. Se rendre compte que le spectateur n'a plus le même rôle dans le sens où la ressemblance favorise la croyance tandis que la vision personnelle encourage le questionnement.

• Niveaux

Cycle 3 de l'école primaire, premier cycle de collège.

• Situation-problème

Voici quatre photos de votre salle de classe[1].

Les tables, par exemple, sont « déformées ».

Et c'est parce que c'est plein de déformations que c'est ressemblant !

Vous n'êtes pas d'accord ? Vérifiez !

• Obstacle et rupture

Bien sûr, les images qui représentent les lieux qui nous entourent sont pleines de déformations. Mais les élèves ne sont pas d'accord avec

1. Ou d'un autre lieu bien connu des élèves, dans lequel les déformations liées à la perspective sont très visibles. On peut aussi leur demander de prendre eux-mêmes des photos de la salle de classe.

l'affirmation énoncée. Ils éprouvent le besoin de la mettre à l'épreuve (recherche de l'endroit où les photos ont été prises, calques...). Ce qui est important, c'est qu'ils puissent vérifier *l'écart* entre la sensation (ce que l'on croit voir sur la photo) et la *réalité*. Par exemple, une table que l'on sait rectangulaire et que l'on croit être telle en regardant la photo, est tout... sauf rectangulaire quand on décalque sa forme et qu'on l'observe indépendamment ! Le trompe-l'œil est si *trompant* que les élèves ne s'en rendent pas compte.

Et pourtant, c'est bien parce que les objets sont déformés qu'on les reconnaît ! La perspective est finalement une *négociation* entre ce que l'on sait, ce que l'on voit, et la manière de transcrire un espace de 3D en 2D. Pour beaucoup d'élèves, ce travail est une véritable révélation.

Mais l'objectif visé n'est pas là. L'intérêt essentiel est de leur faire prendre conscience qu'une image n'est pas si *vraie* qu'ils le croient et que la réalité est très difficile à saisir dans sa complexité. Ils vont ainsi pouvoir percevoir que la photo ou la représentation illusionniste a des manques, des limites.

Il est important de prendre conscience que ces manques, ces limites, ***l'artiste peut les combler***. Il peut proposer, inventer des formes qui rendent compte de l'expérience subjective de la réalité.

• Suite de la situation-problème

Et maintenant, comment pourriez-vous organiser la représentation d'un lieu qui présente un intérêt pour vous, un lieu que vous aimez ou que vous connaissez bien... mais en *faisant comprendre* les aspects de ce lieu qui retiennent votre attention ? Comment nous dire (nous montrer, nous faire voir) ce qui, dans ce lieu, a *le plus de sens* pour vous ?

• Obstacle et rupture

L'élève doit entrer dans une *démarche artistique*. En effet, l'artiste s'affranchit de la représentation analogique pour arriver à une autre conception du tableau, de l'œuvre. Il aborde ainsi les règles de construction de l'illusion de la profondeur et du relief sur une surface plane... mais découvre aussi la possibilité d'inventer ses propres règles.

Pour mettre en valeur les caractéristiques, les aspects, les éléments d'un lieu auquel elle était sensible, une élève qui avait décidé de représenter la « galerie marchande d'Auchan », avec ses différentes boutiques et leur disposition, a utilisé, en volume, des parallélépipèdes rectangles de couleurs différentes sans autres détails. Sur les boutiques, elle a simplement collé des étiquettes de marques. Elle a utilisé en priorité les couleurs de ses magasins préférés et a même récréé une ambiance sonore en enregistrant ses morceaux de musique préférés. Cette galerie marchande, tout le monde la connaissait mais il n'y a qu'elle qui l'a vue et représentée de cette manière. Elle a pu ainsi nous la faire partager. Il y avait suffisamment de signes pour que l'on comprenne de quoi il s'agissait, et suffisamment d'écarts pour qu'on entre dans sa réalité. Peut-être même que certains ont pu y retrouver, par similitude ou par différence, leur propre vision et qu'ils en ont pris conscience.

En fait, l'artiste nous demande, nous propose, nous invite à chercher et à *comprendre,* plutôt que de simplement regarder et *admirer.* Et, en même temps, il nous donne des informations sur sa manière de voir, de concevoir les choses et le monde, mais aussi de penser l'œuvre d'art. Ce faisant, il nous fait prendre conscience de la singularité de la perception de chacun d'entre nous. La réalité existe-t-elle et de quelle réalité s'agit-il ? Vit-on les mêmes choses quand on les vit en même temps ? Voit-on les mêmes choses quand on regarde la même scène ?

• Élargissements

On peut montrer les œuvres suivantes : *La Cathédrale de Rouen* de Claude Monet ; *La Montagne Sainte-Victoire* de Paul Cézanne ; une estampe japonaise ; une ou deux natures mortes de Picasso (les plus différentes possibles) ; un paysage de Nicolas de Staël ; *Le Grand Nu rose* de Matisse ; *Les Trois Arbres* de Mondrian (trois tableaux successifs où l'on voit bien que les intentions ne sont pas les mêmes et où l'abstraction est croissante).

266

LA GOUACHE, CE N'EST PAS QUE DE LA COULEUR ?

• Objectif

Comprendre la différence qu'il y a entre *peindre* et *colorier.*

• Niveau

À partir de la fin de l'école primaire (jusqu'à la formation d'adultes en adaptant la situation-problème).

• Situation-problème

<u>Premier temps :</u> On va se pencher sur ce que c'est que le travail du peintre.

L'enseignant utilise un chapeau contenant, en quantités égales, des petits papiers numérotés de 1 à 4. Chaque élève tire au sort un numéro. L'enseignant note l'ensemble des résultats.

Puis il retourne 4 feuilles scotchées au tableau. Les élèves découvrent ce qu'elles mentionnent :

proposition n° 1	proposition n° 2	proposition n° 3	proposition n° 4
PEINDRE	COLORIER	PEINDRE À LA GOUACHE	COLORIER À LA GOUACHE

Il est tout de suite précisé qu'il n'y a pas de *bonne* ou de *mauvaise* réponse, il y a ce que chacun pense faire pour répondre à la proposition qu'il a tirée au sort.

Les questions des élèves laissent entrevoir un certain trouble. Ce sont surtout les deux dernières propositions qui leur posent problème car, pour eux, c'est la même chose !

Pour certains, la différence est même inconcevable, à tel point qu'ils se débrouillent pour contourner la difficulté : ils font un coloriage aux crayons de couleur et s'arrangent pour représenter une peinture (un tableau) qu'ils ont réalisée à la gouache.

• Obstacles et ruptures

Pour la très grande majorité des élèves, « *peindre* et *colorier* c'est pareil », c'est juste une question d'outil ou de médium (gouache, aquarelle, encre...). On peint avec de la peinture et on colorie avec des feutres ou des crayons de couleur. Dans tous les cas, il s'agit de mettre la bonne couleur (celle du modèle ou celle de la réalité). Pour colorier, il faut recopier un modèle déjà fait au crayon de bois ou déjà imprimé, tandis que pour peindre, on peint directement, on ne fait pas de dessin avant.

Tant que l'on pense que *peindre* consiste à *colorier*, on ne peut pas comprendre le sens des démarches d'artistes autour du monochrome, de l'inscription du geste (trace, touche), et de la matérialité de la peinture. Toute la peinture abstraite est incompréhensible par absence apparente de sujet : pour les élèves, renoncer à la représentation est encore insensé car *peindre*, c'est avant tout *représenter*. Cette conception empêche tout simplement de voir la peinture dans le tableau ; on en reste à l'image, perdant ainsi tout un aspect essentiel de l'art : le « comment peindre ».

Pour l'élève, il n'y a donc pas de différence entre *peindre* et *colorier* ou, s'il y en a une, elle n'est pas opérante pour comprendre le sens des travaux abstraits ou même, tout simplement, pour se représenter ce qui fonde le travail d'une grande partie des artistes peintres. D'autant plus que l'on peut décider que l'on va peindre de manière *invisible*, en effaçant toute trace de geste et toute épaisseur, en transformant la surface picturale en une surface lisse. On peut décider de peindre *en coloriant,* c'est-à-dire en ayant comme principale préoccupation la sensation colorée (comme pour les grandes gouaches découpées de Matisse).

Deuxième temps : L'enseignant affiche tous les travaux par catégories en rappelant quelles étaient ces catégories.

Discussion : « Repérez les travaux avec lesquels vous ne vous sentez pas d'accord, et dites comment vous auriez fait autrement. »

Ensuite, l'élève concerné explicite ses choix et ses critères de décision. Ce moment permet à tous, élèves et maître, de connaître les conceptions de chacun, de comprendre sa logique, de pointer les désaccords... et de prendre conscience du flou qui règne sur la question !

Ce n'est pas tant la différence entre peindre et colorier qui est importante : ce qui est essentiel dans ce problème, c'est de se pencher sur le ***comment peindre ?*** (les décisions que l'on va prendre, leurs conséquences et les raisons de ces choix).

Troisième temps : L'enseignant écrit au tableau : « La gouache, ce n'est pas que de la couleur ! »

(« Ah bon, monsieur, ben qu'est-ce que c'est d'autre ? »)

Et le texte suivant est distribué aux élèves : « Je n'ai qu'un seul tube de couleur pour peindre mon "tableau". »

Mais comment vais-je réussir à peindre un tableau avec un seul tube de couleur ?

Et si, sur votre feuille, vous tentiez de réaliser une « peinture » (en choisissant vous-même le thème ou le sujet de cette peinture : personnage, paysage, nature morte, abstrait...) dans laquelle *aucun blanc de papier ne resterait visible* ?

Pour réaliser cette peinture, *vous n'utiliserez bien qu'un seul tube de gouache.*

On devra y distinguer facilement *au moins dix surfaces visiblement peintes d'une manière différente.*

Comment allez-vous peindre pour réussir votre « tableau » ?

• Obstacles et ruptures

La gouache n'étant considérée que comme une couleur, il est évident que, au départ, cette demande est impossible à satisfaire pour une grosse majorité d'élèves et il faut beaucoup les rassurer. Puis, petit à petit, ils commencent à peindre en essayant d'annuler le problème, de contourner l'obstacle. En fait, il y a plusieurs sortes d'obstacles : la couleur qui ne pourra plus être réaliste, la difficulté à produire des différences visibles, la nécessité d'obtenir des contrastes qui vont rendre l'image lisible... Une solution de facilité consiste à dégrader avec de l'eau ; on peut ne pas accepter cette solution, ou laisser faire et revenir ultérieurement sur le même sujet, avec comme contrainte supplémentaire : « Pas d'eau ! » Dans le meilleur des cas, les élèves commencent à changer d'outil, voire à inventer des outils ou à utiliser des outils impensables au départ (le chiffon n'est pas un outil, mais il peut le devenir !).

Une autre situation de ce type pourrait se concevoir avec la contrainte supplémentaire : « Pas de pinceau ! »

• Généralisation

Si cela est possible, on pourra visionner des vidéos pour voir comment peignent certains artistes, par exemple : Carla Killian : *Hans Hartung*, film, 1989 ; Thierry Spitzer, *À propos d'art abstrait*, dans la série « L'art contemporain », présentée par le critique d'art Jean-Louis Pradel, CNC Akadin, émission produite par La Cinquième, CNDP 1996. Voir en particulier la première partie du film qui est consacrée à Pierre Soulages.

Le premier film montre comment fait Hartung, que l'on voit peindre avec les outils qu'il a lui-même créés. Dans le second, on devine comment Soulages a peint puisqu'on voit son atelier, ses outils et ses tableaux terminés.

En général, il faudra encore une ou deux séances pour stabiliser les découvertes et, par exemple, entrer dans un travail plus classique, c'est-à-dire dans un *sujet figuratif,* pour lequel peindre ou colorier ne semblerait pas être au cœur des questions.

Cette situation-problème peut se prolonger par la suivante.

267

UN MONDE COMME JE LE VEUX ? (ENFIN PRESQUE !)

• Objectif

Prendre conscience que représenter une matière en la peignant, ce n'est pas seulement lui mettre sa couleur.

• Situation-problème

Voici une liste de sept matières que vous allez figurer, représenter dans un paysage que vous inventerez vous-même.

1. De l'eau
2. Du ciel
3. De l'herbe
4. De l'écorce d'arbre
5. Des cailloux ou des rochers
6. Du feuillage
7. Des nuages

Il n'y a pas une seule manière de figurer une matière... il y a surtout *la vôtre* !

Comment voulez-vous que chacune de vos matières soit, quelles propriétés voulez-vous leur donner (quelle eau, quel ciel, quels nuages, quelle sorte de feuillage...) ? Trouvez comment vous pouvez les peindre pour les représenter selon votre volonté.

• Obstacle et rupture

Quand les élèves peignent, ils n'envisagent que rarement la possibilité de jouer sur la manière de peindre pour transformer la nature d'un élément, pour *lui donner vie*. Bien sûr, on pourrait leur demander de peindre une tempête, une tornade, un paysage sous la pluie, mais le fait qu'ils aient le choix les oblige à se déterminer consciemment et à entrer dans un processus artistique : qu'est-ce que je *veux* montrer, comment je *veux* que cela soit ? Certains font les choses un peu au hasard, mais l'analyse des travaux est souvent flagrante et on constate aisément le pouvoir du geste et de l'outil.

La tentation de remettre le « pilote automatique » est grande puisqu'on n'impose plus de n'utiliser qu'une seule couleur. Les élèves peignent par exemple de l'eau : bien sûr, c'est la mer, bien sûr, elle est bleue... Mais comment veulent-ils que soit *leur* eau ? Calme, agitée, transparente, opaque... ? Peut-on utiliser n'importe quelle couleur pour la peindre ? Bien sûr, puisque *ce n'est pas que la couleur qui fait la matière* ! Petit à petit, les automatismes se « débranchent » et les élèves prennent plaisir à peindre, à décider, à vouloir. Plaisir qu'il est important de faire conscientiser.

• Généralisation

Pour restructurer l'ensemble, on peut demander aux élèves de choisir, dans leur travail, trois matières peintes. Ils les nomment. Pour chacune, on tente de trouver des *propriétés* découlant de la manière de les peindre, et on précise comment elles ont été peintes.

On pourra aussi regarder plusieurs paysages (ou autres sujets) peints par des artistes comme Kandinsky, Monet, Corot, Cézanne, Mondrian, Nolde... pour caractériser les choix de chacun, les résultats perceptibles sur la toile et l'expressivité qui en résulte.

À ce moment, on peut aussi constater que le geste, la touche, la trace peuvent-être apparents ou pas, mais ceci renvoie à un autre problème.

On peut enfin se poser la question de la couleur réaliste ou pas (voir situation-problème suivante).

268

LA COULEUR SERT À REPRODUIRE... MAIS AUSSI À PRODUIRE ?

• Objectif

Prendre conscience que la couleur ne sert pas qu'à reproduire ou imiter, elle peut produire et créer.

• Niveaux

Cycle 3 de l'école primaire, collège.

• Situation-problème

Chaque élève rapporte une photo de magazine qu'il a trouvée réussie pour ses couleurs réalistes ou expressives.

Discussion pour que chacun puisse dire en quoi il considère que les couleurs sont effectivement réussies.

Cherchez avec quelles couleurs repeindre la photocopie de votre photo, pour créer une *transformation du sens* de l'image de départ sans en modifier les formes (pensez à l'atmosphère, l'ambiance, la nature, l'identité...).

On reconnaîtra, on nommera les changements obtenus (voulus et/ou constatés).

• Obstacles et ruptures

Pour la plupart des élèves, la couleur réaliste est un critère important de validation d'une *œuvre d'art réussie*. On doit vérifier cette hypothèse en leur demandant de choisir, dans une série d'une quarantaine de reproductions d'œuvres de peinture, sélectionnées de manière stratégique, un tableau pour lequel ils diraient qu'ils trouvent que l'artiste a bien choisi ses couleurs, et une œuvre pour laquelle ils ne sont pas d'accord avec les couleurs choisies par l'artiste, en expliquant pourquoi.

Alors que les artistes accordent à la couleur un pouvoir qui va bien au-delà de la ressemblance avec une réalité consensuelle, trois conceptions d'élèves se retrouvent, avec une prédominance pour la première :

– la bonne couleur, c'est la couleur qui répond à la réalité telle qu'ils se la représentent ;

– c'est une couleur qu'ils aiment ;

– c'est une couleur adaptée au sujet : un sujet triste avec des couleurs tristes.

Très rares sont les élèves qui peuvent dire : « L'artiste met les couleurs qu'il veut et il a ses raisons. »

La couleur fait l'objet de quantité de recherches qui mettent en évidence ce qu'elle peut suggérer, transformer, produire...

• Généralisation

On regardera des œuvres d'artistes en essayant de comprendre le sens des transformations de la couleur (par exemple, Bonnard, Monet, Van Gogh, Derain, Matisse, Vlaminck, Hockney, Monory, Fromanger, Nolde, Munch...).

269

FAIRE VOIR... LE MUR ?

• Objectifs

Savoir opérer un *déplacement* du rôle habituellement dévolu au *mur d'accrochage*.

Réfléchir sur les notions de fond, forme, surface, support, couleur, écran... dans un travail plastique.

Être capable d'analyser, de nommer le déplacement qui s'est opéré, et identifier les changements ainsi produits.

• Niveau

À partir du collège.

• Situation-problème

« Les artistes n'inventent rien. Ils ne font que mettre le doigt sur des choses que l'on n'avait pas bien vues », a écrit Bertrand Lavier.

Par exemple, le mur sur lequel sera fixé le tableau peut être très important !

Et si vous donniez un sens, une nécessité, un rôle visible... au *mur* sur lequel « s'accrochera » votre travail (tableau, dispositif...) ?

Vous devrez être capable de préciser les rôles nouveaux et différents que joue le mur dans votre travail (pourquoi il est *nécessaire* et *comment il devient visible*) !

Simplement dit ainsi, cette proposition peut déconcerter les élèves, surtout s'ils n'ont pas l'habitude de travailler par situation-problème. Ils peuvent avoir besoin d'une aide, voire de quelques exemples.

On peut les sensibiliser par l'expérience suivante qui permet déjà de réfléchir au rôle possible de l'endroit choisi pour accrocher une image : Mettre les élèves par deux ou trois, distribuer à chaque groupe une image, reproduction d'œuvre d'art, carte postale (paysage, objet, nature morte, portrait) en s'arrangeant pour que plusieurs groupes aient la même.

Demander à chaque groupe de trouver un endroit particulier de la classe où il ira accrocher son image, cet endroit devant être « un plus », qu'ils définiront eux-mêmes, pour regarder cette image.

Faire expliciter les différents choix qui ont motivé l'accrochage, faire pointer les *changements* qui se sont opérés à cause du lieu d'accrochage.

On peut conclure en disant que, même quand cela n'a pas été pensé au départ, l'endroit d'accrochage peut jouer un rôle, et revenir ensuite à la situation-problème : Et, maintenant, si on cherchait à réaliser un travail où le *support d'accrochage* (mur, sol, fenêtre...) jouera un rôle, aura un sens précis et pensé comme tel (au lieu d'être invisible comme d'habitude) ?

• Obstacle et rupture

Bien souvent, un tableau est accroché sur un mur qui, curieusement, devient invisible à cause de la fascination qu'exerce le tableau sur notre regard, mais aussi parce que le mur n'est pas réellement pris en compte, prévu, pensé dans le dispositif.

Dans les peintures classiques, la platitude du mur d'accrochage est niée, puisque l'image crée une fausse profondeur qui semble creuser la toile et par là même le mur d'accrochage. Mais cela n'est pas conscientisé. Les murs ont posé un problème au musée Guggenheim de New York car les pans courbes de l'édifice en spirale ne facilitaient pas l'accrochage d'œuvres occupant une grande surface.

Les élèves sont obligés de choisir un dispositif, des matériaux, de régler le problème de la couleur, de la modification éventuelle du mur... Après production de leur travail, ils doivent le décrire, préciser comment leur est venue la solution, analyser le rôle visuel que joue le mur, l'interaction entre le mur et leur travail :

– Comment l'un transforme-t-il l'autre ?

– En quoi le mur est-il nécessaire et que devient le travail sans lui ?

Mettre les élèves dans une posture artistique en *détournant* le mur d'accrochage, en lui faisant jouer un rôle qu'il n'a pas habituellement dans l'œuvre, les oblige à déplacer les champs d'action, à *voir autrement.* On peut aussi aborder la notion *d'in situ* puisque le travail dépend et modifie le lieu où il est installé. Attention cependant de ne pas la généraliser à la seule transformation du mur d'accrochage.

• Généralisation

On peut analyser les ressemblances et mesurer l'écart entre les travaux d'élèves et quelques œuvres d'artistes. Lesquelles choisir ?

Par exemple :

– Tom Wesselmann : *Autoportrait en train de dessiner*, 1983, et *Bedroom painting*, 1983, deux morceaux.

Le premier tableau ne se comprend pas d'emblée, il faut être à une certaine distance pour que tout devienne clair et que le mur fasse corps, à la fois forme, couleur, matière et écran, devenant là aussi un premier plan au lieu du dernier qu'il est en réalité. Le deuxième tableau, constitué de deux fragments espacés, ne prend son sens que par l'accrochage qui règle la distance entre ces différents morceaux et le mur qui prend littéralement corps devant nous.

– Loriot et Méliat : *Jour de fête*. Le mur sert d'écran à cette synthèse de lumières et d'ombres éparses qui, en se rejoignant sur le mur, constituent une image de lumière qui donne son sens au titre de l'œuvre et dématérialise le mur. En plus, il s'agit aussi de dessiner avec de la lumière en pensant et en matérialisant un lien entre le sujet représenté, le titre de la production et les objets mis en œuvre.

– Christian Boltanski : *Théâtre d'ombres*, 1986. Le mur devient écran recevant les ombres de la scène éclairée au milieu, l'ensemble prenant une dimension plus monumentale et plus... fantastique, inquiétante, tragique... c'est à chacun d'y mettre ses mots !

– Jean-Marc Bustamante : *Lumière VIII*, 1991. Sérigraphie sur verre. Les photographies de la série *Lumière* sont des images sans fond, de lieux indéterminés, transitoires et intangibles. Le mur où elles sont accrochées joue à leur égard le rôle de révélateur.

– Cornelia Parker : *Exploded View*. La projection des ombres sur le mur, qui devient écran, permet d'éclater l'image et d'ajouter un 3e temps à la scène exposée. C'est, dans une même œuvre et dans un même lieu, une concentration du temps et de l'espace, une sorte d'arrêt sur image qui fixerait présent, passé et futur.

– Bertrand Lavier : *Concord*, 1988. Une zone du mur, enfermée dans le quadrilatère formé par les rails des spots qui l'éclairent, est ainsi mise en exposition, ce qui transforme le mur en tableau de lumière. La zone du mur sort de l'ombre, le mur est dématérialisé ; cela nous montre qu'*éclairer c'est exposer.*

ÉDUCATION MUSICALE[1]

270

ÉCOUTER... MAIS EN CHANGEANT D'OREILLE ?

• Objectif

Comprendre ce que signifie réellement *écouter* en musique.

• Niveaux

À partir du collège, formation d'adultes.

• Situation-problème

– Écouter : « S'appliquer à entendre, prêter son attention à (des bruits, des paroles...). » *(Le Petit Robert)*

« Prêter l'oreille, tourner son attention vers ce qu'on entend ou va entendre. » (dictionnaire encyclopédique Quillet)

Et si *écouter* ce n'était pas cela ?

– Discussion et présentation du texte suivant : « L'oreille a deux portes : le tympan, et l'oreille interne. Cette dernière seule est porteuse du désir d'écouter... L'oreille décide d'utiliser ses possibilités de deux manières : dans la simple audition, les sons chatouillent le tympan, mais l'enfant peut leur être indifférent et laisser fermée l'oreille interne qui ne s'ouvre qu'avec le désir d'écouter... Dans l'écoute (que nous distinguons de cette simple audition), l'enfant mobilise tout son être au profit du discours de l'autre[2]. »

1. D'après Gérard De Vecchi, Nicole Carmona-Magnaldi, *Faire vivre de véritables situations-problèmes*, *op. cit.* Ces situations-problèmes ont été conçues à partir de Isabelle Lamorthe, *Enseigner la musique à l'école*, Hachette, 1995.
2. Citation de A. Tomatis, *Les Troubles scolaires*, Ergo Press, 1989.

- **Obstacle et rupture**

Écouter, ce peut être ce que mentionnent les dictionnaires... et ce que l'on fait habituellement dans la vie courante. Mais ce n'est surtout pas que cela !

Le texte proposé nous ouvre une autre dimension de l'écoute musicale qui prend en compte l'ensemble de la personne et la relation à l'autre.

De plus, la situation peut se complexifier car l'*oreille interne,* dont il est question ici, ne correspond pas à l'oreille interne des physiologistes qui est l'organe des sens proprement dit. Pour les scientifiques, c'est le cerveau qui écoute !

271

TOUT LE MONDE A DE L'OREILLE ?

- **Objectifs**

Se redonner confiance dans l'apprentissage de la musique.

Dépasser un blocage en prenant conscience que *l'on a de l'oreille.*

- **Niveaux**

À partir de l'école primaire, formation d'adultes.

- **Situation-problème**

Une ou plusieurs personnes chante(nt) ou joue(nt) d'un instrument. C'est une expérience courante de voir quelqu'un s'interrompre ou faire la grimace au moment même où il sent qu'il *déraille*, qu'il détone : « Je fais toujours la même faute, vous voyez que je n'ai pas d'oreille ! »

Réaction de l'enseignant ou de l'animateur : « Tout le monde a de l'oreille. Tentez de me démontrer le contraire ! »

- **Obstacles et rupture**

Ce constat d'une situation banale (et banalisée !) met en évidence la capacité de celui qui, à un moment donné, chante « faux » (ce qui arrive à tout chanteur à un moment d'apprentissage) d'entendre « juste ». La fausse note que l'on produit et qui est *reconnue comme telle* est bien la preuve qu'on a de l'oreille !

Chacun n'a plus qu'à tirer les conséquences de ce constat ! Ce que l'on en déduit dépend du parti pris dans lequel on se situe. Si on pense que *chanter faux* est un handicap insurmontable, on ne fera que le constater. Si on s'appuie sur sa capacité d'analyse, on va l'utiliser pour « rectifier le tir », et on s'aperçoit que cela nous permet de progresser.

272

SOLFÈGE : TOUS CAPABLES DE LIRE LA MUSIQUE ?

• Objectifs

Dépasser l'*horreur* que l'on a, ou que l'on a eue, pour le solfège.

Découvrir que chacun est capable de lire la musique... même sans avoir fait de solfège.

• Niveaux

À partir du cycle 3 de l'école primaire.

• Situation-problème

– Je vous parie que tout le monde peut lire une partition !

Je vous propose de mettre en relation plusieurs (au moins trois) textes musicaux de chansons très connues, avec leurs titres qui vous sont donnés à part, dans le désordre.

Il va s'agir de trouver à quel air correspond telle ou telle phrase musicale écrite.

Les textes choisis sont courts (un refrain ou une phrase musicale du couplet si celui-ci est trop long). Les chansons choisies sont très variables dans leur rythme et leur style.

– Chacun, lorsqu'il a trouvé à quel air correspond ce qui est écrit sur la portée, explique comment il a fonctionné.

• Obstacle et rupture

Comment peut-on concevoir que l'on puisse lire la musique sans en maîtriser *les bases* ?

De la même manière que l'enfant qui apprend à lire possède déjà le langage verbal, nous possédons tous un corpus minimum de langage musical, notamment à travers un répertoire d'airs ou de chansons que tout le monde connaît.

Tout le travail va consister à chanter (intérieurement ou en fredonnant) la mélodie que l'on connaît, en essayant de la faire coïncider avec l'une des partitions que l'on a devant les yeux. C'est l'écoute intérieure qui va ici fonctionner. Non seulement une remémoration mais une conscientisation mélodique et rythmique (ces deux éléments ne prennent sens que par rapport à la phrase musicale, son découpage, les motifs qui se répètent, les signes de reprise...). Conscientisation mélodique par le repérage de la courbe mélodique visualisée sur la portée (quand ça monte ou ça descend, notes répétées restant à la même hauteur, intervalles plus ou moins grands). Conscientisation rythmique par l'espace laissé entre les notes qui matérialise leur durée respective, le découpage en deux ou trois temps, le tempo indiqué (plus ou moins rapide).

Ce qui caractérise cette activité, c'est la jubilation de la découverte, le moment de mise en relation où toute la partition prend son sens et peut être lue d'un coup. Une porte s'ouvre : la lecture de la musique, ce n'est plus des notes séparées que l'on apprend par cœur, qui sont assemblées laborieusement par petits morceaux pour enfin faire une phrase musicale. Cela devient une lecture vivante d'un vrai texte musical.

273

NE PLUS TOUJOURS ÊTRE CELUI QUI COMMANDE OU CELUI QUI SUBIT ?

• Objectifs

En ce qui concerne la dynamique musicale, constater les effets produits, et savoir en tenir compte pour gérer la phrase musicale (comme un chef d'orchestre qui voit son orchestre agir et réajuste ses actes).

Plus largement, prendre conscience que l'on peut parfois sortir du dilemme *diriger ou obéir*.

• Niveaux

Pratiquement tous les âges en l'adaptant.

• Situation-problème

Elle est conçue à partir d'un jeu familier aux danseurs et aux comédiens : le *jeu du miroir*. Deux personnes se font face. L'une *dirige* le mouvement, le geste, et l'autre *suit*, non pas après coup, mais de façon synchrone (comme s'il était le miroir de l'autre).

Ici, la consigne s'enrichit (et se complexifie) d'une contrainte supplémentaire.

« Faire *en même temps* les mêmes sons (vocalement), c'est-à-dire avec la même énergie, le même timbre, la même hauteur, la même intensité. C'est impossible ? Et si on essayait ? »

• Obstacle et rupture

L'habitude de reproduire le modèle musical après coup fait donc place à une écoute corporelle globale, dans l'instant, où celui qui est le miroir doit être *totalement disponible* à l'imprévu, mais aussi celui qui dirige doit être *totalement disponible* à la capacité de l'autre à réagir. Ni l'un ni l'autre ne peuvent anticiper ; ils vont se laisser porter par la dynamique musicale, c'est-à-dire la naissance, le développement et la fin de la phrase musicale. La justesse des propositions va naître de l'ajustement *mutuel* des deux partenaires.

Cela constitue une expérience surprenante. On ne peut entraîner l'autre que si l'on est soi-même à l'écoute de celui qui est censé nous suivre. Ce qui se construit, c'est l'idée que la préparation et le vécu musical *ne font qu'un* dans une invention personnelle qui est à l'écoute de l'autre.

• Élargissement possible

Analyse des *rapports de pouvoirs* dans notre société, en histoire...

274

CHANTER EN CANON EN ÉCOUTANT ENCORE PLUS LES AUTRES ?

• Objectif

Comprendre qu'interpréter un canon demande une écoute attentive des autres.

• Niveaux

À partir de l'école primaire.

• Situation-problème

On entend souvent dire que, lorsqu'on chante en canon, mieux vaut se boucher les oreilles pour ne pas entendre les autres (ou au moins tenter de les écouter le moins possible).

Et si c'était le contraire ?

Et si, justement, on essayait d'écouter *encore plus* les autres ?

• Obstacle et rupture

La première affirmation semble logique. Mais est-ce cela, chanter en groupe ?

Pour vivre pleinement un canon, ne pourrions-nous pas dire plutôt : « Plus on écoute l'autre, plus on peut s'écouter soi-même et se caler » ?

... Et d'autres situations-problèmes à construire à partir des obstacles matérialisés par ces quelques remarques **d'enseignants de la discipline...**

« Quand les enfants sont jeunes, il faut qu'ils n'entendent qu'un seul son à la fois. » ... Ne serait-ce pas plus riche de travailler sur des polyphonies ?

« Faire de la musique c'est interpréter les œuvres des autres. » ... N'est-ce pas, parfois, créer ensemble ce que l'on va interpréter ?

« Pour être un bon professeur d'éducation musicale, il faut maîtriser parfaitement un instrument. » ... L'état d'esprit et la démarche pédagogique ne sont-ils pas beaucoup plus importants ?

ÉDUCATION PHYSIQUE ET SPORTIVE[1]

1. Les situations-problèmes qui suivent ont été analysées d'une manière critique par Anne-Marie et Olivier Havage (IUFM de Créteil).

275

LE SPORT, C'EST VAINCRE... SOI-MÊME ?

• Objectifs

Bien appréhender le sens et les enjeux du sport.

Comprendre que la comparaison à l'autre dans la compétition n'est pas le seul objectif du sport.

• Niveaux

De l'école primaire jusqu'en formation d'adultes.

• Situation-problème[1]

– Et si la *compétition sportive*, ce n'était pas du sport ?

– Courte discussion puis donner cette citation : « "*Sport* de *compétition*" : deux mots qui ne peuvent pas aller ensemble. »

• Obstacle et rupture

Tous les jours, les médias nous parlent de « sport »... mais uniquement à travers les compétitions et leurs résultats.

Et si, pour qu'il y ait sport, il fallait qu'il y ait non pas compétition mais *émulation* ?

L'émulation, c'est « regarder l'autre pour comprendre que je peux faire mieux que moi », c'est « se vaincre soi-même grâce à l'autre » alors que la compétition, c'est « vaincre l'autre »... ce qui a un intérêt bien moins grand !

• Élargissements

Et si, à partir de cette réflexion, on envisageait ce que permettrait cette idée si elle était généralisée aux relations aux autres sur toute notre planète, au plan culturel et politique ? Et si l'enjeu le plus important pouvait consister à « aller chercher la richesse que l'autre m'apporte, justement puisqu'il est différent de moi » ?

1. Les citations sont d'Albert Jacquard.

276

COURIR MOINS VITE POUR COURIR PLUS VITE ?

• Objectifs

Améliorer les performances des élèves dans les courses d'endurance.

Prendre conscience de l'importance de suivre une allure *régulière*.

• Niveaux

Cycles 2 et 3 de l'école primaire.

• Situation-problème[1]

– Le maître place un plot tous les 50 mètres sur un circuit de 250 mètres.

Il demande aux élèves de courir la plus grande distance possible en 10 minutes. Les résultats, matérialisés par le nombre de plots atteints, sont recueillis.

– « Je vous parie qu'en courant moins vite, vous pourrez parcourir une distance plus grande ! »

Courte discussion pour comprendre le sens de cette formule provocatrice puis les élèves passent à l'acte.

• Obstacle et rupture

On constate que les élèves surestiment souvent leurs possibilités et courent très vite dès le départ. Les courses sont donc effectuées à allure irrégulière, avec des à-coups, voire des arrêts.

Pour gérer un effort optimal de course longue, il s'agit de courir à *allure régulière* à la plus grande vitesse possible. Les élèves n'ont pas conscience de l'importance de cette régularité d'allure. Plusieurs essais leur permettront de déterminer à quelle allure maximale ils devront courir pour que leur course reste uniforme, donc la plus efficace.

1. D'après Anne-Marie et Olivier Havage, *Quatre activités d'EPS pour les 3/12 ans*, collection « Activité Sportive et Éducation », *Revue EPS*, 2000.

277

MAIS CE N'EST PAS LE CONTRAIRE ?

• Objectif

Sauter le plus loin possible en utilisant une zone d'élan adaptée.

• Niveaux

Tous les débutants, à partir des cycles 2 et 3 de l'école primaire.

• Situation-problème[1]

– « Comment sauter le plus loin possible ? »

Les élèves s'expriment rapidement : « Plus on prend d'élan, plus on va sauter loin » ; « Je vais partir de tout là-bas, pour arriver à fond. »

L'enseignant demande s'ils en sont sûrs. La réponse est positive.

On décide d'essayer. Beaucoup d'élèves acquiescent et déclarent qu'ils s'y prendront de cette manière.

Et si vous vous trompiez ?

L'enseignant ne convainc pas vraiment les élèves !

– « Comment pourrait-on faire pour tester les deux hypothèses ? »

Le maître et les élèves se mettent d'accord. On définira, par exemple, trois zones d'élan (qui peuvent être de 5 mètres, 10 mètres et 20 mètres pour les élèves de cycle 3 de l'école primaire et un peu plus grandes encore pour les élèves plus âgés) ; chaque élève aura droit à trois essais par zone ; chacun pourra comparer les effets de la distance d'élan sur la performance en saut en longueur. Pour que l'accumulation de fatigue des sauts successifs ne fausse pas les résultats, la moitié des coureurs commencera par la prise d'élan la plus courte et l'autre moitié par la plus longue et on comparera les résultats.

Les résultats justement : c'est en utilisant la distance d'élan la plus courte que, en moyenne, ils obtiennent les meilleures performances !

1. D'après Olivier Brignon, Gérard De Vecchi, « Des représentations des élèves aux situations-problèmes : quelle logique de construction ? » *Dialogue*, n° 108, avril 2003.

• Obstacle et rupture

Les élèves pensent que, pour sauter loin, il faut prendre beaucoup d'élan.

Si la distance d'élan est trop importante, les élèves arrivent sur la zone d'appel fatigués et en perte de vitesse. Ils n'ont pas alors la puissance musculaire nécessaire à la transformation d'une course en une impulsion. Celle-ci sera donc peu efficace et le saut restera minime. *A contrario*, ils vont pouvoir se rendre compte que, avec une zone d'élan adéquate, ils peuvent créer et conserver une vitesse de course afin d'obtenir une impulsion permettant une trajectoire *vers le haut et vers l'avant.*

Pour les entraîner à s'élever en sautant, on peut utiliser un obstacle non dangereux à franchir[1].

Voici quelques réactions d'élèves de 11-12 ans : « Je croyais vraiment que c'était le contraire ! » ; « À 10 mètres on arrive à décoller alors qu'à 30 mètres on est crevé » ; « Plus on part de loin plus on dépense d'énergie » ; « Plus on part de loin, plus on est entraîné par son élan et moins on arrive à sauter. »

Par d'autres activités allant dans le même sens, il est intéressant d'arriver à la *généralisation* suivante : « Par rapport à la famille des sauts, pour produire une trajectoire de saut vers le haut et vers l'avant, il faut arriver à conserver sa vitesse optimale afin de créer une impulsion ascendante. »

278

SAUTER EN HAUTEUR POUR MIEUX SAUTER EN LONGUEUR ?

• Objectif

Améliorer ses performances en saut en longueur.

• Niveaux

Cycles 2 et 3 de l'école primaire, collège.

1. Par exemple, un tapis roulé comme le préconisent Anne-Marie et Olivier Havage dans la situation « Sauter loin », p. 62 et 63 de « L'athlétisme des 3/12 ans », *Revue EPS*, 1993.

- **Situation-problème**

– Saut en longueur : Vous allez sauter le plus loin possible. Vous réaliserez trois essais.

– Puis le maître ajoute : « C'est en sautant en hauteur que vous pouvez améliorer votre saut en longueur. Et si on testait cette hypothèse ? »

On peut mettre à l'épreuve cette supposition en plaçant un volume à franchir (exemple : tapis de sol enroulé) à 50 cm de la planche d'appel[1].

- **Obstacle et rupture**

Les élèves sautent en se projetant le plus possible *en avant*. Ils doivent prendre conscience que, pour sauter loin, ils doivent, dans un premier temps, *s'élever*.

279

SAUTER OU *FRANCHIR* UNE HAIE ?

- **Objectif**

Être capable de réaliser une course de haies la plus rapide possible.

- **Niveaux**

Cycle 3 de l'école élémentaire et collège.

- **Situation de départ**

– On demande aux élèves d'effectuer trois courses de haies sans préciser comment ils doivent s'y prendre. Ils doivent simplement s'appliquer à réaliser une bonne performance.

Les débutants ont un comportement caractéristique : piétinements à l'approche de la haie, avant de *sauter* le plus haut possible, parfois en prenant un appel à deux pieds pour les jeunes enfants ; réception proche de la haie, voire à deux pieds, empêchant une reprise de course rapide.

– « Quel est le but à atteindre en course de haies ? » On laisse les élèves s'exprimer. La réponse la plus courante consiste à dire : « Le but est de sauter au-dessus des haies pour ne pas les faire tomber. »

1. D'après Anne-Marie et Olivier Havage, « L'athlétisme des 3-12 ans », *op. cit.*

• Situation-problème[1]

– « Vous avez relevé votre meilleur temps ? Vous pensez avoir atteint une bonne performance par rapport à vos possibilités ? Vous pouvez faire mieux, beaucoup mieux même ! Je vais tracer une marque à environ 50 cm en avant de chaque haie. Je vous propose de prendre votre appel sur cette marque... pour voir ! Tentez d'enjamber la haie plutôt que de la sauter ! Tant pis si elle tombe ! »

– « Comment, ensuite, pourrons-nous mesurer si des progrès ont été réalisés ? »

L'enseignant et les élèves se mettent d'accord par exemple sur l'idée de passer un certain temps pour s'entraîner puis de réaliser à nouveau trois essais chronométrés.

Résultat : la plupart des élèves améliorent leur performance d'une manière significative. Ils en ressortent plutôt étonnés.

– Métacognition : « Comment avez-vous fait pour reprendre la course le plus tôt possible après la haie ? Que pensez-vous qu'il faut faire et/ou ne pas faire ? »

Réponses des élèves : « On repose les pieds juste derrière la haie » ; « On saute loin, mais pas haut » ; « On doit enjamber, passer à ras de la haie » ; « On ne doit pas sauter haut car en l'air on perd du temps... »

• Obstacle et rupture

Même quand la question se rapporte à la *course* de haies, les élèves répondent *saut* ! Ils doivent donc prendre conscience qu'il ne s'agit pas de *sauter* la haie mais de la *franchir*. Il s'agira donc de passer d'une représentation fondée sur le *saut d'obstacles,* où l'important est de ne pas toucher et ne pas faire tomber les haies, à celle d'une *course d'obstacles* dont la finalité est la meilleure performance chronométrée.

Pour ceux qui n'y arrivent pas (par exemple, quand, après avoir fait une grande enjambée, ils se retrouvent à deux pieds derrière la haie), on peut mettre au point, avec eux, une autre situation de travail. L'enseignant a par exemple préparé plusieurs couloirs avec des haies de hauteur différente (couloirs avec haies de 30, de 40, de 50 cm...). Les élèves peuvent se grouper par deux et se relayer (un coureur, un chronométreur-marqueur). On peut les inciter à travailler en particulier la reprise de course après la haie (penser à se remettre à courir dès qu'un pied touche le sol derrière la haie). Ils peuvent gérer cette activité d'une manière autonome mais ils doivent rendre compte de leur démarche et de l'évolution de leurs performances en fin d'activité.

1. D'après Gérard De Vecchi, Nicole Carmona-Magnaldi, *Faire vivre de véritables situations-problèmes*, *op. cit.* Avec le concours d'Olivier Brignon.

280

ANTICIPER POUR GAGNER ?

• Objectif

Apprendre à coordonner les vitesses optimales des relayés et des relayeurs dans une course de relais.

• Niveaux

Cycles 2 et 3 de l'école primaire, 6e et 5e de collège.

• Situation-problème[1]

Commencer par faire effectuer une course de relais à deux séries de groupes d'élèves.

Puis, pendant que les vainqueurs travailleront la *vitesse*, aborder avec les perdants le problème du *passage du témoin* en leur proposant de relancer ultérieurement un défi à l'équipe qui les a battus.

On peut organiser la course de relais de la manière suivante :

– deux parcours parallèles de 25 m chacun (donc relativement courts) ;

– six élèves par course : deux placés au départ (les relayés), deux autres à mi-chemin (les relayeurs), un starter pour donner le signal de départ et un juge d'arrivée et un témoin par groupe.

• Obstacles et rupture

Dans le défi lancé, ce sont souvent les « moins bons » qui gagnent, et cela est d'autant plus intéressant qu'il y avait une différence significative entre les deux équipes !

Dans une course de relais, un obstacle majeur, sur lequel butent les élèves, consiste à croire que l'on doit démarrer sa course au moment où on entre en possession du témoin (sans anticipation motrice).

Et pourtant, en particulier lorsque les distances sont réduites, le facteur déterminant n'est pas seulement la vitesse de chaque coureur, comme ils le croient généralement, mais le *passage du témoin*. Bien sûr, le relayé doit courir le plus vite possible jusqu'au passage du témoin, c'est-à-dire *tenir jusqu'au bout* à sa vitesse optimale. Mais il s'agit surtout, pour le relayeur,

1. D'après Anne-Marie et Olivier Havage, *Revue EPS 1*, n° 108, juillet/août 2002.

d'ajuster le lieu, l'instant de départ et partir vite. En effet, il est essentiel pour lui :

– d'anticiper son départ, de commencer à s'élancer vite pour recevoir le témoin ;

– de s'orienter totalement vers l'espace à parcourir, donc de ne pas regarder le relayé ni le témoin pendant la prise d'élan ;

– de prendre des repères visuels (par exemple traits, balises) pour savoir d'où et quand partir et à quelle vitesse ;

– de percevoir les repères sonores donnés par le relayé.

Le couple doit en outre convenir avec quelles mains s'effectue la transmission du témoin.

Quant au rôle de l'observateur, il est essentiel : il peut tenter de répondre à des questions comme : Est-ce que le témoin ralentit ? Quand le témoin ne ralentit pas, est-ce que le duo gagne ?

L'observateur (ou même l'ensemble des élèves) pourra ensuite entrer dans une véritable recherche, avec émission d'hypothèses, en se penchant sur le problème suivant : Comment faire pour éviter le ralentissement du témoin au moment de la transmission ?

281

NE PLUS REGARDER CE QUE L'ON MANIPULE[1] ?

• Objectifs

Développer deux compétences essentielles en ***gymnastique rythmique*** :

– décentrer son regard de l'engin utilisé ;

– coordonner les mouvements de l'engin avec les déplacements du corps.

• Niveaux

De la fin du cycle 2 de l'école primaire au début du collège.

1. Les trois situations-problèmes qui suivent, relatives à la gymnastique rythmique, ont été conçues à partir de Colette Catteau et Anne-Marie Havage, *Gymnastique rythmique, Danse et Acrosport pour les 3/12 ans. Trois activités à visée expressives, esthétiques et artistiques*, *Revue EPS*, à paraître.

• Situation-problème

– On laisse s'exprimer librement les élèves qui sont tous en possession du même engin (ruban, ballon léger, cordelette ou cerceau).

On s'aperçoit qu'ils le manipulent en le regardant d'une manière *permanente*.

– Puis on groupe les élèves par deux, l'un derrière l'autre : un *chef d'orchestre* devant et un *suiveur* 2 mètres derrière. On utilise un fond musical en faisant alterner des moments à tempo rapide puis lent.

Le *chef d'orchestre* doit se déplacer sur la musique, dans tout l'espace, en imprimant un mouvement à l'engin. Le 2e élève doit le suivre et faire la même chose en même temps.

Vous avez besoin de regarder en permanence l'engin que vous manipulez pour ne pas le perdre. Vous pensez que c'est normal.

Et si vous tentiez de le regarder... le moins possible ?

Qu'est-ce que cela pourrait apporter *de plus* ?

Bien sûr, au bout d'un certain temps, on inversera les rôles.

Au fur et à mesure, on pourra demander de varier les types de déplacements, les directions et les mouvements de l'engin.

D'autres variables pourront être travaillées : la hauteur du déplacement (bas, haut), le changement de main, le changement du partenaire et le changement d'engin.

• Obstacles et rupture

Le problème fondamental à résoudre, pour le débutant comme pour l'expert, c'est la contradiction à pouvoir enchaîner à la fois les manipulations de l'engin et les actions et déplacements du corps. Cela nécessite, entre autres, de se décentrer de l'engin... tout en entretenant son mouvement en permanence.

Les élèves privilégient la mobilité de l'engin. Cela semble logique car, dans un premier temps, une centration visuelle permanente sur lui est nécessaire à sa maîtrise.

Mais il est essentiel que les élèves apprennent à en détacher leur regard, même partiellement. D'ailleurs, le suiveur va être obligé de le faire !

Cela va leur permettre de s'intéresser aux *déplacements corporels*, et de se distancier de l'engin, alors que beaucoup pensent que s'ils le perdent de vue, ils risquent de le perdre vraiment !

Voici un prolongement ou une autre situation-problème.

282

LE PLUS DIFFICILE, TOUT COORDONNER ?

• Objectifs

En gymnastique rythmique, savoir enchaîner trois éléments dont un rouler/rattraper.

Compétences visées :

– hiérarchiser la difficulté, prendre un risque et l'assumer ;

– évaluer une trajectoire, une durée (l'échappé).

• Niveaux

Dès le cycle 2 de l'école primaire.

• Situation-problème

– Défi : Et si on réalisait une figure... en lâchant l'engin ?

Difficile ? Eh bien, c'est justement parce que c'est difficile qu'on va essayer d'enchaîner... Trois éléments, le deuxième étant un rouler/rattraper pendant lequel vous devrez réaliser une figure avec le corps !

Et chacun pourra ensuite lancer un défi aux autres !

Comment pourrait-on faire pour y arriver ?

– Discussion rapide. Exemples de quelques règles que les élèves peuvent mettre au point : on se met par deux, chacun s'entraîne et réalise son enchaînement trois fois avec succès avant de le proposer en défi à son camarade.

Le maître aide les élèves de telle manière que l'engin agisse en continu, qu'il soit rattrapé sans heurt et que la mise en action, le temps du rouler et la réception soient bien différenciés.

– On pourra tester d'autres variables :

– lancer/rattraper y compris avec la corde ;

– après trois essais réussis on peut ajouter une deuxième action du corps pendant l'échappé ;

– augmenter la longueur des trajectoires ;

– enchaîner de plus en plus d'actions sans arrêt...

• Obstacles et ruptures

Cette activité paraît très difficile. Il s'agira d'entretenir le mouvement de l'engin malgré sa séparation du gymnaste (rouler/rattraper).

Les élèves privilégient une seule action : le rouler/rattraper. Pour eux, peu importe l'action qui précède ou celle qui suit. Progresser consistera alors à comprendre et à formuler qu'il est plus facile d'enchaîner des actions de l'engin dans le même sens et dans le même plan, le mouvement continu de l'engin pouvant alors être assuré.

Prolongement possible par la situation-problème suivante (seulement à partir du cycle 3).

283

UN ÉCHANGE PÉRILLEUX : VOUS ÊTES « CAP » ?

• Objectifs

En gymnastique rythmique, être capable :

– d'apprécier des trajectoires et d'anticiper la réception de l'engin ;

– de synchroniser ses propres déplacements du corps et de l'engin avec ceux d'un partenaire ;

– d'apprécier des niveaux de difficulté croissants.

• Niveaux

Cycle 3 de l'école primaire et début du collège.

• Situation-problème

– Et si, par groupes de deux..., vous *échangiez* votre engin ?

Vous ne croyez pas pouvoir y arriver ? Tant mieux, quand vous aurez réussi, vous serez encore plus contents !

Chacun aura le même engin (ballon ou cerceau). Une seule obligation : enchaîner trois éléments, le deuxième étant un lancer/rattraper pendant lequel vous devrez réaliser une figure avec le corps. Comment on s'y prend ?

– Courte discussion. Exemple de quelques règles que les élèves peuvent mettre au point : on tente de trouver trois façons différentes de réaliser une action simple du corps pendant le trajet aérien de l'engin. On prend un temps pour s'entraîner; puis, en partant des exploits réalisés en duo, on lance des défis à un autre duo avec trois essais pour réussir l'échange montré par les « défieurs » et six essais pour les défiés.

L'enseignant pourra diffuser une musique évocatrice d'exploits (par exemple de la musique de cirque).

– Plus tard, des variables pourront être testées, par exemple : deux objets différents mais complémentaires (ballon/cerceau) qu'on lance et qu'on rattrape par duo; augmentation des distances, de la vitesse en gardant la même amplitude...

• Obstacles et ruptures

Il faudra prévoir un temps d'entraînement suffisant.

Pour réussir, les élèves doivent imprimer un mouvement à l'engin avant chaque échange et retrouver ce mouvement juste après l'échange.

Ils doivent donc découvrir les règles d'action suivantes :

– pour faciliter l'échappé/attrapé, on imprime un mouvement dans le même sens que celui de l'échappé;

– pour être au rendez-vous de l'engin, il faut anticiper son trajet et ne pas l'attendre sous le point culminant de sa trajectoire[1].

284

ÊTRE EN SITUATION DE GRAND DÉSÉQUILIBRE... SANS TOMBER[2] ?

• Objectif

Développer quelques compétences de base en ***acrosport*** :

– découvrir de nouveaux appuis et équilibres sur le corps d'un partenaire;

– prendre confiance en l'autre;

– équilibrer le poids donné et le poids reçu.

1. D'autres compléments et situations de ce type peuvent être trouvés dans l'ouvrage cité dans la note précédente.

2. Situation-problème tirée de Anne-Marie Havage, « La clef de voûte, fiche Acrosport cycle 2 », *Revue EPS 1*, n° 114, septembre/octobre 2003.

• Niveaux

Cycles 2 et 3 de l'école primaire, collège.

• Situation-problème

– Dans un travail en couple, on peut être en grand déséquilibre... sans tomber !

Et si chacun recherchait une position de *déséquilibre* tout en compensant ce déséquilibre par la position de son partenaire, ceci afin de réaliser une figure symétrique stable ?

Pas évident ? Essayez !

Aménagement matériel et groupement des élèves à prévoir :

• sur des tapis ;

• avec une musique lente, par exemple la musique du film *In the mood for love ;*

• élèves de gabarit proche, groupés par deux.

– Incitations progressives du maître : Et si vous tentiez d'avoir des surfaces d'appui larges au début... puis de plus en plus réduites ? Et si vous tentiez d'inventer par exemple cinq figures différentes, en essayant de les tenir au moins 5 secondes chacune ?

– D'autres variables proposées par les élèves peuvent ensuite être tentées :

• gabarits très différents ;

• recherche de points d'appui variables (dos/dos, épaule/épaule, bassin/bassin, pieds/pieds, tête/tête, mains/mains...) ;

• asymétrie : dos/mains (supporter un poids), pieds/dos... et autres associations de deux appuis différents à trouver ;

• variation de la largeur de la base du duo au sol ;

• enchaînement de figures tenues avec variation des appuis...

• Obstacles et ruptures

Pour s'équilibrer à deux, il faut accepter son propre déséquilibre (arrière ou avant) *en même temps* que celui de son partenaire. L'équilibre du couple doit donc être réalisé *simultanément*. De plus, il est nécessaire d'avoir confiance en l'autre et de s'étirer, s'allonger dans une posture ample et tonique. C'est tout cela que doivent découvrir les élèves dans cette situation.

Le problème à résoudre consiste à passer de la verticale usuelle individuelle à un déséquilibre maîtrisé en duo. Or, les débutants pensent : « Si _je_ me penche, _je_ tombe. Je réduis donc mon déséquilibre en me recroquevillant, en fléchissant les membres qui me relient à mon partenaire. » En fait, après s'être essayés, on peut les amener à constater la règle suivante : « Avec mon partenaire qui fait le symétrique et le contrepoids, *nous* nous équilibrons. »

... Et pourquoi pas élargir cette activité en abordant le concept de *centre de gravité* en physique (si le niveau de la classe le permet) ?

285

ÊTRE SOLIDE... POUR MIEUX RISQUER[1] ?

• Objectifs

En acrosport, découvrir de nouveaux appuis au sol, sur un partenaire, et de nouveaux équilibres maîtrisés.

Se constituer un répertoire enrichi de nouvelles formes en duo, toujours plus harmonieuses et/ou risquées.

• Niveaux

Cycle 3 de l'école primaire, collège.

• Situation-problème

– Préalable : On va jouer au *socle* et à la *statue*. L'enseignant divise les élèves en deux groupes : le premier constituera les porteurs (« les *socles* ») ; le second correspondra aux portés (« les *statues* »).

Des tapis sont proposés pour encourager le passage au sol et les postures renversées.

Le but consistera à choisir des postures difficiles et originales, à réaliser en duo.

On demande aux socles de s'installer d'abord en choisissant les appuis au sol les plus judicieux pour pouvoir porter un partenaire. On les incite à varier leurs appuis (4 pattes, 2 pieds/1 main, 2 mains/1 pied, dos, etc.). Pendant ce temps, les statues observent en se promenant. L'enseignant peut

1. Situation tirée de Anne-Marie Havage, « Le socle et la statue, fiche Acrosport cycle 3 », *Revue EPS 1*, n° 106, janvier/février 2002.

s'appuyer sur une musique pour baliser le temps d'installation des socles et de déplacement des statues avant la réalisation de la figure à deux.

Ensuite, les statues vont devoir s'installer.

– Problème posé : Pour réaliser des *postures difficiles et originales,* n'oubliez pas que c'est notre but, il y a de *bons...* mais aussi de *moins bons* porteurs (il ne s'agit pas de raisonner en fonction de la personne mais par rapport à la posture choisie !).

Quels porteurs choisir ?

Chaque *statue* essaie de trouver un *socle* qui lui convient et s'installe en tentant de répondre le mieux possible au but poursuivi.

Les duos doivent alors tenir immobiles au moins 5 secondes.

– Discussion rapide : analyse des difficultés, des causes de réussites et d'échecs.

Puis, en tenant compte des remarques précédentes, chaque couple cherche à réaliser les formes les plus belles, les plus originales, les plus difficiles. On fait varier les contacts de la statue sur son socle (appuis sur les mains, les avant-bras, les épaules, la tête, le dos, le bassin, les pieds, les cuisses...).

Il s'agit de réaliser les formes les plus belles, les plus originales, les plus *difficiles... mais tenues.*

Après avoir accompli et analysé plusieurs essais successifs, on peut enrichir la forme en jouant sur le volume, l'amplitude, les contrastes (grand/petit, rond/pointu, serré/écarté...) et rendre ainsi la figure à deux plus *expressive.*

On les enregistre (schémas, fiches, photos...).

Une autre variable peut être introduite : une fois toute cette exploration épuisée, on supprime l'appui au sol de la statue qui devient donc entièrement portée ; nous avons alors des duos *porteur/porté.*

• Obstacle et rupture

Pour pouvoir porter un partenaire, même en partie (en gardant un appui au sol pour mieux supporter le poids), le porteur doit prendre des appuis au sol assez larges, bas et avec un centre de gravité suffisamment abaissé pour permettre au porté de « risquer » des postures difficiles à tenir, renversées ou élevées par exemple. L'ensemble, la figure à deux, devient alors *difficile*, donc *appréciée.*

Or, les élèves, qui sont confrontés à ce type de tâche, butent en général sur cette représentation : ils pensent qu'on réalise une figure difficile à deux si le porteur (le socle) est déjà lui-même sur des appuis précaires ou réduits. Si bien que le porté (la statue) ne peut alors s'installer sur le porteur. Si malgré tout il réussit à s'appuyer, à s'installer sur lui, cela se fera sans prendre le moindre risque avec son équilibre, ce qui produit une figure ni stable, ni difficile. Dans une situation de porter, *il ne faut donc pas être deux à prendre des risques avec son équilibre* pour réaliser une figure en duo difficile mais tenue. Un seul, le porté, doit risquer le déséquilibre sur un socle bien équilibré, rigide et bas sur ses appuis.

Les règles d'actions à faire découvrir sont les suivantes : *Pour porter*, je place et gaine mon bassin. Mes appuis sont bas, larges et solides. Mon corps ne se déforme pas. *Pour grimper*, je me fais léger comme un chat, je ne piétine pas mon porteur et je contrôle la descente après la figure.

La figure à deux est plus difficile (mais plus riche) si, par sa posture facilitante, le porteur permet au porté de se renverser, ou de s'élever sur des appuis réduits.

POUR PRIVILÉGIER LES APPROCHES INTERDISCIPLINAIRES

Nous avons déjà proposé de nombreuses situations-problèmes qui peuvent être traitées d'une manière interdisciplinaire. Si nous rajoutons ce chapitre, c'est que cette approche nous paraît essentielle et, malgré les discours et les bonnes intentions, toujours aussi peu exploitée en classe.

Il ne s'agit pas de choisir un *thème* puis de trouver, d'une manière plus ou moins artificielle, des aspects concernant chacune des disciplines (aborder « le chêne », n'implique pas de traiter « saint Louis » en histoire ou même Jeanne d'Arc... parce qu'elle a été brûlée sur un bûcher), en physique « le charbon de bois » et en éducation musicale « le bruit que fait le vent dans les branches » ! Cela est complètement artificiel et n'est que le reflet d'une préoccupation... d'enseignants. Suivre une démarche interdisciplinaire, c'est aborder une problématique et la traiter *en utilisant les outils des différentes disciplines au moment où on en a besoin* !

Il n'empêche qu'aborder un sujet d'étude sous différents angles reste essentiel pour les élèves qui, souvent, ne conçoivent même pas que l'on puisse utiliser un savoir d'une discipline dans une autre !

286

DES CHIFFRES... QUI N'EN SONT PAS ?

• Objectifs

Savoir intégrer les concepts de *chiffre* et de *nombre* dans des champs d'application différents.

Comprendre l'importance de maîtriser la polysémie de certains mots.

Disciplines concernées : essentiellement mathématiques, sciences sociales et français (pour les champs de référence et l'utilisation que l'on fait de ces termes dans les médias).

• Niveaux

Cycle 3 de l'école primaire, cycle 1 du collège.

• Situation-problème[1]

Voici quelques remarques qui parlent de *chiffres* et de *nombres* :

1. On vient de connaître les chiffres du chômage, en France, pour le mois de juin : plus de 2 000 000 de chômeurs !

2. Le nombre 26 347 890 a 8 chiffres.

3. Le chiffre d'affaires de la société Elf est de je ne sais plus combien de milliards d'euros !

4. Dans le dictionnaire, on donne un exemple avec le mot *chiffre* : « À combien se chiffre ma dépense ? »

5. En français, il y a deux nombres, le singulier et le pluriel.

6. Pour éviter les accidents pendant le match de football, on limite le nombre d'entrées dans le stade.

Alors, avec tout ça, un *chiffre*, un *nombre* c'est quoi ?

Aides possibles et élargissements : On peut consulter le dictionnaire (seulement après avoir émis des hypothèses !). Et puis, un nombre peut s'écrire avec des lettres sans même utiliser de chiffres ! (nous pensons, bien sûr, à l'utilisation de chiffres romains ou de l'écriture en toutes lettres – exemple : quarante-huit). (Voir aussi la situation-problème « Êtes-vous certains de savoir ce qu'est... un nombre ? » dans la partie sur les mathématiques.)

287

ACCEPTER QUE L'ESPÈCE HUMAINE N'AIT PAS LA MÊME ORIGINE POUR TOUS ?

• Objectifs

Mieux comprendre quelles sont nos origines.

Entrer dans le concept d'*évolution* en y intégrant l'*échelle des temps* et l'idée que ce ne sont pas les individus mais *les espèces qui se transforment.*

1. D'après Gérard de Vecchi, Nicole Carmona-Magnaldi, *Faire vivre de véritables situations-problèmes*, *op. cit.*

Savoir que certains sujets ne permettent pas de déboucher sur une réponse claire et simple.

Accepter qu'il y ait des réponses différentes ou contradictoires quand on change de *champ de référence*.

Être capable de se faire une opinion et accepter que d'autres pensent autrement.

Disciplines pouvant être concernées : histoire, biologie, géologie, philosophie, histoire des religions, français (au moins pour les champs de référence).

• Niveaux

Cycle 3 de l'école primaire... et élèves plus âgés (suivant le niveau de discussion choisi).

• Situation-problème

Plusieurs élèves s'expriment sur l'origine de l'Homme. De toute évidence, ils ne sont pas d'accord !

Laurella : « L'homme a été créé par Dieu. »

Damien : « L'homme vient du singe. Il y a très longtemps, il y avait des poissons puis des lézards puis des singes et maintenant on a des hommes. »

Adeline : « C'est des singes qui se sont transformés en hommes. Mais j'ai jamais compris pourquoi les singes d'aujourd'hui ne se transforment pas ! »

Et vous, que pensez-vous de tout cela ?

Approche pour des élèves plus âgés : « Comment peut-on être à la fois *scientifique* et *croyant* ? Et, dans ce cas, à quel endroit peut-on situer l'intervention de Dieu ? »

• Obstacles et ruptures

Certains élèves effectuent ou ont effectué leur catéchisme. D'autres vivent dans un milieu de confession musulmane. Ce que disent les scientifiques est parfois en contradiction avec leur éducation religieuse.

Les contenus de la Bible, par exemple, doivent-ils être pris au premier degré (dans ce cas, ils sont en contradiction totale avec les connaissances scientifiques actuelles) ou correspondent-ils à des images, des symboles utilisés pour mieux faire comprendre la religion ?

Face à des postulats différents, voire contradictoires, face à diverses prises de position très fermes, comment croire que c'est NOUS qui avons raison ? Le problème n'est-il pas d'accepter que l'on puisse croire en des choses différentes[1] ?

1. Pour trouver des références de textes à utiliser, voir Alain Dalongeville, Michel Huber, *Enseigner l'histoire autrement*, Chronique sociale, 2002.

288

UNE AUTRE MANIÈRE D'ABORDER LE FINALISME ?

• Objectif

Comprendre le sens du finalisme que l'on utilise parfois d'une manière abusive, et prendre conscience que les finalismes *technologique* et *biologique* n'ont pas la même signification.

Disciplines concernées : philosophie, français, biologie, technologie.

• Niveaux

À partir du collège.

• Situation-problème

L'ouvre-boîtes est fait pour ouvrir des boîtes de conserve.

Le volant d'une voiture est fait pour diriger le véhicule.

Les yeux sont faits pour voir.

Les pieds sont faits pour marcher et tenir debout.

Cela semble logique et paraît être de *bon sens*. D'ailleurs, tout le monde le dit ! C'est une approche *finaliste*.

Mais, pour les mêmes raisons :

– Lamarck (1744-1829) disait : « Le melon est constitué de quartiers pour être mangé en famille. »

– Émile Belot (enseignement de la cosmogonie moderne) expliquait : « L'Homme est apparu sur la Terre le dernier des êtres vivants pour qu'il ne fût pas victime des cataclysmes subis par la planète naissante... et qu'il pût jouir en paix des richesses accumulées dans les ères primitives (houille, pétrole, filons métallifères dans les plissements montagneux). »

Le finalisme existe-t-il véritablement ?

• Obstacle et rupture

Le finalisme ne peut pas s'appliquer de la même manière dans tous les exemples. Cette activité permet d'aborder le problème d'une manière philosophique ou, pour les élèves plus jeunes, de faire au moins la différence entre un *finalisme technologique* incontestable (les machines, les objets techniques sont effectivement *faits pour...*) et un *finalisme biologique* plus difficilement acceptable (n'est-il pas préférable de dire « les yeux *permettent de* voir » au lieu de « les yeux *sont faits pour* voir » ?).

Pour les élèves plus âgés, ne pourrait-on pas aussi relativiser en citant François Jacob : « La finalité est une maîtresse dont le biologiste ne peut se passer mais avec qui il préfère ne pas être vu » ?

(Voir aussi, dans la partie sur la biologie dans le tome 1 de cet ouvrage, la situation-problème « Notre estomac n'est pas fait pour digérer ? » qui présente le même problème d'une manière un peu différente.)

289

ÊTRE DÉVORÉS PAR DES LOUPS... EN FRANCE ?

• Objectifs

Prendre conscience de ce qu'a été le *mythe du loup* dans l'histoire.

Appréhender les problèmes de la *colonisation des milieux.*

Comprendre les enjeux de la *protection des espèces* et savoir pourquoi l'idée *d'animal nuisible* n'est plus retenue en écologie.

Aborder le concept de *point de vue* différent suivant les disciplines et les personnes concernées (écologie, économie, histoire, littérature pour le conte).

Disciplines concernées : essentiellement biologie, histoire, français.

• Niveaux

Fin école primaire, 6e.

• Situation-problème

Des loups en France ? Et si les loups revenaient en France ?

Puis, après une courte discussion : Aujourd'hui, on peut réellement rencontrer des loups en France (par exemple, dans le massif du Mercantour situé dans les Alpes-Maritimes). Comment cela est-il possible ?

Quelles hypothèses peut-on faire sur leur mode d'apparition ?

... Et pour quoi ne les tue-t-on pas ?

• Obstacles et ruptures

En France, de nombreux moutons sont dévorés chaque année par des loups, et les bergers s'en plaignent depuis déjà longtemps !

La première rupture est liée au *mythe du loup*, à ce qu'il représente dans notre histoire et à la place qu'il peut occuper dans nos fantasmes.

Mais surtout, comment des animaux qui avaient disparu peuvent *réapparaître* en France ? Au XXIe siècle ! Et pourquoi en est-on venu à réintroduire et même à *protéger* certaines espèces considérées longtemps comme maléfiques ou dangereuses ?

Les loups concernés sont venus d'Italie. Ils ont probablement été réintroduits par les responsables du parc du Mercantour qui ne le disent pas clairement.

Suivant que l'on pose le problème au plan économique, humain ou écologique, les positions et les réponses attendues sont très différentes. On cherche actuellement à trouver un *équilibre* acceptable pour les différentes parties. Cela sera-t-il possible ?

POUR UNE FORMATION DES MAÎTRES EN PÉDAGOGIE ET EN DIDACTIQUE

290

DE BONNES RAISONS POUR NE PAS ENSEIGNER PAR SITUATIONS-PROBLÈMES ?

• Objectif

Comprendre pourquoi il est intéressant de travailler par situation-problème... ou choisir, mais en connaissance de cause, de ne pas entrer dans ce type de pédagogie !

• Situation-problème

« *Quelques bonnes raisons de ne pas enseigner à l'aide de situations-problèmes*[1].

« Faut-il enseigner à l'aide de situations problèmes ? Bien sûr, c'est dans les instructions officielles ! Mais alors courons ! Non ? Pourquoi donc ? Vous avez déjà mis les pieds dans une classe, vous ? Vous avez essayé d'en faire, des situations-problèmes ? Et puis, ça ne marche pas, ça perd trop de temps... Moi, je fais des situations de découverte et c'est très bien comme ça ! Renoncer à ce que l'on sait faire ? (...) Pourquoi faire simple quand on peut faire compliqué ? (...)

« Et ce n'est pas fini. La mise en œuvre elle-même est un véritable exercice d'acrobatie sans filet. En effet, le modèle idyllique de la classe qui écoute sagement la consigne, se jette à corps perdu dans la recherche, propose exactement les solutions attendues et participe avec enthousiasme à la mise en commun est un peu éloigné des observations quotidiennes (...).

1. Michel Aigle, « Les situations-problèmes en maths c'est difficile », Dossier « Changer l'école primaire », *Les Cahiers pédagogiques*, n° 397/398, octobre-novembre 2001. Disponible aussi sur le site Internet www.cahiers-pedagogiques.com.

« Et ce n'est pas fini. La mise en commun est le moment le plus délicat à "gérer" efficacement. Il ne s'agit pas de corriger le problème, de dire le vrai. Il faut organiser l'ordre de passage de manière à favoriser les échanges et les débats, établir des ponts entre les différentes solutions. Ne pas valider soi-même... »

Alors, pourquoi vouloir enseigner par situation-problème ?

• Obstacles et ruptures

Les obstacles que certains maîtres envisagent sont, pour la plupart, développés dans le texte précédent.

Mais le problème est-il pris *par le bon bout* ? Doit-on raisonner en fonction de l'enseignant... ou des élèves ? Est-ce seulement un problème de techniques... ou surtout une modification d'*état d'esprit* ? L'intérêt des apprenants ne vaut-il pas la peine de « renoncer à ce que l'on sait faire » ?

Qui parle d'un « modèle idyllique » de la classe ? Celui-ci se retrouverait-il dans les autres pédagogies qui sont beaucoup moins porteuses de sens pour les élèves (à moins que l'idéal, ce soit des élèves qui écoutent et se tiennent tranquilles !) ? Et la manière dont les situations-problèmes sont présentées par ce texte n'est-elle pas quelque peu stéréotypée ? Pourquoi un nombre de plus en plus grand d'enseignants, qui ont appris à utiliser notre démarche (car il faut apprendre... progressivement... en pratiquant !), n'envisagent plus de travailler autrement (et il en est de même pour leurs élèves) ?

Il est vrai que l'approche par situation-problème change les habitudes des enseignants en leur demandant de jouer un autre rôle, de développer *une autre éthique*. Un état d'esprit, écrivions-nous ; il est vrai que celui-ci est loin d'être neutre. Il s'appuie sur des valeurs bien spécifiques et un enseignant qui ne les partage pas *ne doit pas* travailler de cette manière[1].

1. Pour une analyse détaillée des enjeux et de la mise en œuvre des situations-problèmes, voir Gérard De Vecchi, Nicole Carmona-Magnaldi, *Faire vivre de véritables situations-problèmes*, *op. cit.*

291

L'ÉLÈVE *EXPLORATEUR, CHERCHEUR, DÉTECTIVE* ?

• Objectifs

Prendre conscience que les disciplines scientifiques (sciences expérimentales et sciences sociales) ne sont pas toujours enseignées comme on le demande ou comme on le croit.

Prendre conscience de ce qu'est une véritable *démarche de recherche* ou *d'exploration.*

• Situation-problème

– Dans sa présentation, un manuel scolaire abordant les sciences, l'histoire et la géographie[1] écrit : « Étudier l'histoire, c'est se transformer en détective. Étudier la géographie, c'est se transformer en explorateur. Étudier les sciences, c'est se transformer en chercheur. »

Quel beau programme... avec lequel on ne peut être que d'accord... et que les instructions officielles nous demandent de mettre en œuvre, même si les termes utilisés sont différents !

... Mais les manuels scolaires (ceux que vous utilisez)... et les activités que vous faites vivre à vos élèves dans votre classe répondent-ils véritablement à cette volonté ? Les élèves sont-ils souvent en situation de *détectives*, d'*explorateurs*, de *chercheurs*... et faut-il réellement qu'ils le soient ?

Discussion sur ce que sont *recherche, exploration, résolution d'énigmes.*

Analyses de manuels scolaires et/ou de séquences proposées par les enseignants.

– Voici, prise au hasard, une proposition d'activité à faire réaliser aux élèves : Dans la classe ou dans l'école, trouve une fenêtre d'où l'on peut observer le lever du Soleil. Place-toi à 50 cm de la vitre. Trace un repère au sol pour que toutes tes mesures soient effectuées du même endroit. Au moment où le Soleil se lève, fixe une gommette sur la vitre, exactement à l'endroit où tu l'as vu se lever. Renouvelle l'expérience une fois par semaine pendant plusieurs mois.

1. A. Bendjebbar, J. Muracciole, I. Grégoire et all., *Multilivre CM2*, Istra, 1997.

Comment aurait-on pu présenter une situation pédagogique à faire vivre aux élèves qui soit une véritable *recherche* sur ce sujet par exemple[1] ?

• Obstacle et rupture

Recherche, explorer, résoudre des énigmes, cela se fait-il par l'injonction de *réaliser des exercices* et de *répondre à une suite de questions souvent ponctuelles,* posées par les maîtres ou les manuels comme c'est habituellement le cas dans notre culture pédagogique ? Chercher, explorer, résoudre des énigmes impliquent que *les élèves **se*** posent le problème, que *les élèves* émettent des hypothèses, que *les élèves* conçoivent le montage et le réalisent... même si on doit les aider pour réaliser tout cela ! Un chercheur, un explorateur, un détective passent-ils leur temps à... *faire des exercices* ?

On peut faire entrer les élèves dans une situation-problème, telle que celle qui est proposée dans la partie sur l'astronomie. En revanche, le maître peut s'inspirer des idées développées dans le texte que nous avons critiqué pour aider les élèves à élaborer un protocole expérimental rigoureux.

292

NOTRE PRATIQUE EST-ELLE LE REFLET DE NOTRE DISCOURS[2] ?

• Objectif

Savoir analyser ses propres pratiques et mesurer le décalage qui peut exister entre ce que l'on fait... et ce que l'on croit faire.

• Situation-problème

– Situation de départ : Travail en petits groupes : « Vous allez élaborer une courte situation d'apprentissage sur un sujet que vous choisirez... et vous la ferez vivre aux autres. Vous pourrez utiliser ou produire tout le matériel et les documents que vous voudrez. »

1. Bien sûr, on pourrait proposer plusieurs situations prises dans des manuels en histoire, géographie et sciences. On pourrait aussi choisir plusieurs activités dans la même discipline, par exemple associer à la situation précédente le texte d'astronomie de la situation-problème « Quelle est la meilleure approche pédagogique ? » présentée plus loin dans ce chapitre ; il n'est constitué que par une suite de questions ponctuelles. Schématiquement, on retrouve toujours le même type d'approche : faites ceci, ceci, ceci et cela !
2. D'après Gérard De Vecchi, Nicole Carmona-Magnaldi, *Faire vivre de véritables situations-problèmes, op. cit.*

– Deuxième temps : Chaque petit groupe conçoit et fait effectivement vivre sa situation d'apprentissage aux autres enseignants.

– Troisième temps : Vous venez de mener et de vivre des séquences d'apprentissage.

Comment nommeriez-vous le *type de pédagogie* que vous avez conduit et celui que vous avez vécu ? Quelles en sont les caractéristiques essentielles ?

Mêmes petits groupes.

L'animateur regroupe ensuite les affiches par situation d'apprentissage, en plaçant l'une à côté de l'autre l'analyse des concepteurs et celle des « cobayes ».

– Apparition de la rupture : On compare les réponses des enseignants ayant conçu la situation et ceux qui l'ont vécue. L'examen des productions peut se faire à partir d'une grille comme celle qui suit (que l'on s'est bien gardé de fournir aux petits groupes !) :

– Les *objectifs* ont-ils été annoncés ?

– Quelles *relations* Maître-Élèves, Élèves-Elèves ?

– Les apprenants étaient-ils *acteurs, auteurs* (au centre des apprentissages) ?

– La démarche était-elle celle du « maître » ou celle des apprenants ?

– A-t-on pris en compte les *représentations* des apprenants et a-t-on travaillé sur leurs *obstacles* ?

– Quel(s) *type(s) d'activité(s)* d'apprentissage (plutôt recherches ou exercices) a-t-on fait vivre ?

– A-t-on abouti à un *savoir construit* ? Etc.

• Obstacle et rupture

Les enseignants s'aperçoivent que *les analyses faites par les concepteurs des séquences et par ceux qui les ont vécues sont souvent très différentes*, parfois *opposées* ! Souvent, les premiers ont pensé mettre en œuvre une pédagogie « ouverte », « moderne »... et n'ont fait que reproduire des *pédagogies traditionnelles plus ou moins déguisées*, avec un semblant d'ouverture, un habillage moderne, voire original...

Si l'animateur ne situe pas les discussions sur le domaine du jugement (positif ou négatif), cette approche donne du sens à une remise en cause des habitudes de chacun, débouche sur une analyse plus fine de ses pratiques et souvent sur la volonté de changer. Il ne reste plus au formateur qu'à exploiter cet élan !

On peut aborder le même type d'objectif d'une manière plus rapide...

293

SE TROMPER... POUR SON BIEN ?

• Situation-problème

Voici une suite d'affirmations avec lesquelles on peut difficilement ne pas être d'accord[1] :

– On ne peut apprendre que lorsqu'on ne sait pas.

– Quand un élève ne se trompe pas, c'est, le plus souvent, qu'il savait déjà, au moins en partie.

– S'il savait, il n'a pas appris réellement ou suffisamment... donc il a perdu son temps !

– Et c'est bien quand on commet une erreur que l'on change.

– Et c'est parce que l'on a changé que l'on a appris.

L'erreur est donc incontestablement un *élément positif* dans les apprentissages !

Des affirmations qui souffrent difficilement la critique, dont la logique paraît incontestable et que vous considérez probablement comme telles !

Mais ces idées... les mettez-vous *réellement* en pratique ?

• Obstacle et rupture

Notre culture pédagogique est construite sur la *faute* (donc sur le jugement). C'est le contraire d'une *pédagogie de la réussite*. On sait bien que, pour prendre une activité stéréotypée que l'on utilise de moins en moins aujourd'hui, quand on note une dictée de 100 mots, qu'on enlève 5 points par faute et qu'un élève « fait 5 fautes », son travail vaut zéro... donc les 95 mots justes ne comptent pas !

« Renversons la vapeur » (faisons une *révolution*, au véritable sens du terme – un « renversement »). Considérons que les erreurs ne sont que des *indicateurs d'obstacles à dépasser*. Donc, elles sont *positives*. Et cela est facile à faire intégrer aux élèves. Il est aisé de dire dans une classe : « Tiens, ton erreur est très intéressante ; elle nous permet de prendre conscience qu'il y a un obstacle que nous devons aborder ! »

1. D'après Gérard De Vecchi, *Aider les élèves à apprendre*, Hachette, nouvelle édition 2001.

Mais cela peut paraître très démagogique : « Trompe-toi, c'est pas grave, c'est positif »... mais la note qui en découle est faible et, à la fin de l'année, on déclare que les résultats sont insuffisants ! Une « recette » qui permet de régler (au moins en grande partie) ce problème, c'est de *distinguer d'une manière absolue deux types de situations : les situations d'apprentissage* et celles de *contrôle*. Il n'y aura pas d'ambiguïté si on accepte de *ne jamais noter les premières*. Dans les activités d'apprentissage, on peut donc se tromper, cela peut être positif... mais on s'efforce de faire le moins possible d'erreurs dans les secondes. Notons que nous utilisons le terme de *contrôle*, et non d'*évaluation* car, pour nous, évaluer c'est aussi observer, être à l'écoute... L'évaluation est donc transversale et se déroule *à tous les moments* de la démarche d'enseignement.

294

CONSTRUIRE UN « TABLEAU PARLANT » ?

C'est un outil qui peut être utilisé dans de nombreuses situations, pour des objectifs variés et avec des apprenants très différents.

- **Objectif**

Faire émerger un certain nombre d'idées, de paradoxes, de contradictions... de désaccords qui seront à l'origine d'une discussion et qui permettront de clarifier un problème particulier.

- **Niveaux**

Formation d'adultes mais aussi d'élèves, du moment qu'ils savent s'exprimer par écrit et que le sujet est adapté.

- **Situation de départ**

Faire émerger par écrit les conceptions des apprenants sur un sujet polémique ou peu clair dans leur tête.

Exemple, pour les enseignants : « Évaluer c'est... Trouvez un certain nombre de termes, de mots clés ou de formules qui matérialisent ce que doit être, pour vous, l'évaluation des élèves. »

• Situation-problème

Vous avez répondu à une question relative à l'évaluation des élèves.

Vous allez maintenant vous exprimer sur ce sujet. Nous allons faire cela en plusieurs étapes.

1. En vous appuyant (ou non) sur ce que vous avez produit précédemment, vous pouvez, si vous le désirez, aller écrire au tableau un *mot clé*, un groupe de mots ou une *formule* (très courte) matérialisant, pour vous, ce qui peut être important dans l'évaluation des élèves. Vous écrivez où vous voulez, comme vous voulez. Vous notez *une idée à la fois*. Vous vérifiez que quelqu'un n'a pas déjà énoncé votre idée, même en la formulant un peu différemment. Vous pouvez revenir plusieurs fois au tableau pour noter une nouvelle idée... ou ne pas vous exprimer du tout. (L'animateur peut, lui aussi, noter certaines réponses qui n'apparaissent pas et qui lui semblent intéressantes car problématiques[1].)

2. Si vous le voulez, vous pouvez aller souligner *d'un trait la* ou *les* réponses qui vous paraissent *les plus importantes*. Vous pouvez souligner plusieurs idées ou mots clés ou même mots contenus dans une idée. Si la formule est déjà soulignée, vous rajoutez un trait sous les autres. (L'animateur peut aussi s'exprimer.)

3. Certaines propositions vous paraissent *critiquables* ou même peu importantes ? Vous allez les *barrer obliquement*, d'un seul trait. Vous pouvez barrer plusieurs formules. Si elles sont déjà barrées, vous rajoutez un trait à côté de ceux déjà existant. Exprimez-vous. *N'hésitez pas à être provocateurs. Surtout, ne vous privez pas de barrer !*

(L'animateur a intérêt à participer activement à cette étape pour faire ressortir les problèmes qui répondent à ses objectifs de remise en cause de conceptions erronées ou de manques... en barrant ce qui peut être ambigu et même ce qu'il avait lui-même écrit !)

4. À partir de là, une discussion peut s'engager. Faire en sorte qu'elle débouche sur un certain nombre d'idées clés précises ou de problèmes à traiter ultérieurement.

• Obstacle et rupture

Ce *tableau parlant* visualise bien les contradictions, les désaccords (mot écrit + souligné + barré) que beaucoup n'envisageaient pas.

Cette situation est particulièrement intéressante pour faire élaborer une problématique, au début d'un stage de formation par exemple.

---

1. Avec de jeunes élèves, pour gagner du temps, on peut leur demander d'utiliser des cartons qu'on leur distribue et qui pourront se fixer au tableau (une idée par carton).

295

SE REGARDER DANS UN MIROIR... PÉDAGOGIQUE ?

Vous faites déjà vivre des situations-problèmes ou, au moins, vous pensez avoir une pédagogie moderne.

Et si vous vous regardiez travailler en utilisant le « miroir » suivant[1] ?

– Dans votre classe, qui est le plus *créatif* : vos élèves... ou vous ?

– Vos élèves connaissent-ils *vos objectifs* (*avant* d'entamer une tâche et *pendant* qu'ils travaillent) ?

– Lorsque vous préparez un sujet d'études, pensez-vous plutôt aux contenus du programme... ou aussi bien aux contenus qu'à la *démarche* d'apprentissage ?

– Avant d'entrer dans un sujet d'étude, faites-vous émerger les *conceptions* des élèves ?

– Prenez-vous véritablement en compte les *obstacles* sous-jacents à ces conceptions, en définissant vos actions pédagogiques en fonction de ceux-ci ?

– Faites-vous plus souvent réaliser des exercices... ou préférez-vous lancer des *défis*, utiliser des *problèmes ouverts*, des *situations-problèmes*, c'est-à-dire des activités dans lesquelles vous *provoquez* les élèves en les mettant dans des *situations déstabilisantes* ?

– La démarche que suivent les élèves est-elle plus le reflet de *leur propre démarche*... ou de la vôtre ?

– Les *questions* auxquelles les élèves répondent sont plutôt les leurs... ou les vôtres ?

– Les élèves sont-ils passifs, actifs... ou plutôt *acteurs* et même *auteurs* ?

– Votre attitude, vos démarches pédagogiques développent plutôt la *créativité* et l'*autonomie*... ou la docilité et l'obéissance ?

– Ce que vous présentez en classe correspond-il plutôt à des connaissances formulées sous la forme de vérités ou vous appuyez-vous régulièrement sur des *conflits*, des *débats*, des *mises à l'épreuve d'hypothèses* ?

1. D'après Gérard De Vecchi, Nicole Carmona-Magnaldi, *Faire vivre de véritables situations-problèmes*, *op. cit.*

– Le résultat des recherches de vos élèves aboutit-il plus à une accumulation de connaissances... ou à la construction de savoirs généraux, de *modèles explicatifs abstraits* ?

– Vous seuls évaluez... ou mettez-vous en œuvre de véritables activités de *métacognition* ?

296

QUELLE EST LA MEILLEURE APPROCHE PÉDAGOGIQUE ?

• Objectifs

Prendre conscience du plus ou moins grand intérêt de différentes activités pédagogiques.

S'ouvrir à l'utilisation de situations-problèmes.

• Situation-problème

Il y a bien des manières d'enseigner...

Voici un certain nombre de situations d'apprentissage que l'on peut proposer aux élèves.

Mais peut-être n'ont-elles pas toutes la même valeur !

<u>Première activité :</u> L'âge du capitaine... Ancien capitaine de l'armée des Indes, vous êtes le directeur d'un cirque dont les principales attractions sont Atlas, le dompteur de crocodiles, les clowns Coco et Chocolat, les équilibristes Zig et Zaza. Le chapiteau représente le plus grand zoo itinérant du monde.

Que cette histoire soit vraie ou fausse, chacun de vous peut trouver l'âge du capitaine ! Alors[1] ?

<u>Deuxième activité :</u> Diététique. Vous devez concevoir un menu. Quels sont vos problèmes et comment les résoudre ?

<u>Troisième activité :</u> Diététique. Élaborez les menus des différents repas d'une journée (petit déjeuner, déjeuner, goûter, dîner), de telle matière qu'ils soient équilibrés.

1. Au cas où vous n'auriez pas lu attentivement le texte, la réponse est : « le vôtre ! » (ancien capitaine... *vous* êtes directeur d'un cirque).

Quatrième activité : Règle de grammaire. Il ne faut pas confondre le *participe passé épithète* en *é* avec *l'infinitif* en *er*. On reconnaît *l'infinitif* en *er* à ce qu'il peut être remplacé par l'infinitif d'un verbe du 3e groupe comme *vendre, mordre, voir, courir...*

Dans le cas contraire, c'est le participe passé épithète en *é*.

Exercice : Complétez les mots inachevés. Expliquez la terminaison *er* de l'infinitif en écrivant entre parenthèses un infinitif du 3e groupe de sens opposé. Exemple : *Fais attention de ne pas oublier (perdre) ton livre.*

Les foins coup... parfument l'air. – Les fermiers vont coup... le blé. – Maman vient de tremp... la soupe. – Les plantes tremp... de rosée reprennent vie. – Le manteau essay... a besoin de quelques retouches. – Tu iras essay... ta robe. – Je descends cass... du bois dans la cour. – Le vent souffle par la vitre cass...[1].

Cinquième activité : Mathématiques. Le feu de camp que les scouts ont offert à la commune a brûlé 100 hectares de pins, un bois de chênes de 500 mètres sur 200 et une hêtraie de 5 000 ares. Sachant que le terrain boisé se négocie à 50 euros le m^2 et le terrain défriché à 1 000 euros le m^2, calculez le bénéfice que les scouts ont fait faire aux promoteurs qui étaient propriétaires des terrains[2].

Sixième activité : Étude de la langue. « En Panoutsie : un pays original. Les Panoutsiens ne trabulent jamais les djurks. En effet, ils ne crustodent que les djiurns car, quand la blourk vilaille, les churlandes rousdaillent très fort. » Faites toutes les remarques que vous voulez sur ce texte.

Septième activité : Astronomie. La Terre tourne autour du Soleil. En t'aidant des documents du manuel, réponds aux questions suivantes : 1. Combien de tours la Terre effectue-t-elle sur elle-même en un an ? 2. On suppose que l'orbite de la Terre est un cercle de 150 000 000 de kilomètres de rayon. Calcule la distance parcourue par la Terre autour du Soleil en un an. 3. Si le Soleil venait brusquement à s'éteindre, combien de temps après le saurions-nous ? 4. Pour effectuer le tour du Soleil, la Terre se déplace à la vitesse de 30 kilomètres toutes les secondes, environ. À ton avis, est-ce un déplacement lent, ou rapide ? Compare cette vitesse à la vitesse de déplacement d'une voiture ou d'un avion[3]. »

• Obstacles et ruptures

Il y aurait beaucoup à dire sur chacun des exemples présentés. Nous nous contenterons simplement de quelques remarques d'ordre général.

Ce n'est pas parce qu'on présente une activité sous la forme d'un *jeu* ou d'une *devinette* qu'elle est pertinente. Encore faut-il qu'elle débouche sur

1. Dans E. et O. Bled, *Cours d'orthographe. Cours élémentaire et moyen*, Hachette.
2. D'après Jean-Louis Fournier, *Arithmétique appliquée et impertinente*, Payot, 1993.
3. D'après Chaissac, Michaud et Le Moal, *Sciences et Technologie, CM*, Magnard.

un savoir à construire (la 1re activité est de ce type ; elle ouvre à la rigueur sur la prise de conscience qu'il faut lire d'une manière plus rigoureuse). De même, un problème mathématique *original et amusant* peut n'être qu'un banal exercice... dont seul l'habillage a changé (5e activité).

Un problème décomposé ou une *suite de questions* empêche l'élève de produire du sens et impose la démarche du maître (la démarche de « celui qui sait » et qui n'est jamais celle de « celui qui apprend ») (3e et 7e activités).

Un (ou plusieurs) *exercice(s) d'application*, à partir d'une règle fournie, fait (ou font) croire qu'en suivant la règle on peut se l'approprier. Chacun sait que le lendemain, quand on mettra les élèves en situation de l'appliquer sans le leur préciser, ils ne le feront pas, car la seule méthode déductive ne peut produire des résultats que pour des savoirs très simples et stéréotypés (4e activité).

En fait, les situations les plus intéressantes, au plan pédagogique, sont celles qui étonnent, provoquent, donc *produisent du sens* pour les élèves et les incitent à entamer une recherche. Mais cela ne suffit pas. Ce sont aussi celles qui permettent aux apprenants de *se poser des questions*, de mettre en œuvre une *démarche de recherche* (au lieu de suivre une suite d'injonctions du maître), donc qui posent peu de questions, qui donnent le minimum de renseignements, mais qui débouchent sur un *savoir d'ordre général* (2e et 6e activités). L'activité qui, si elle est bien menée, sera probablement la plus riche, c'est peut-être la 6e (« En Panoutsie, un pays original ») ; elle est détaillée dans la partie sur la maîtrise de la langue.

Notons au passage, que les 4e et 5e activités pourraient être exploitées non pour la forme mais pour le fond... (culture sous-jacente des personnages, exploitation et profits sur les biens immobiliers) mais cela est rarement fait !

En formation de professeurs de collèges et de lycées, on peut choisir des activités se rapportant toutes à un même sujet d'étude.

297

LIRE EN POLONAIS... C'EST DU CHINOIS ?

• Objectifs

Mieux comprendre ce qui se passe chez un enfant quand il est en train d'apprendre à lire.

Cette démarche peut aussi être employée pour travailler de nombreux problèmes tels que directivité/non-directivité, type d'aide à apporter aux apprenants...

• Niveau

Formation d'enseignants et de maîtres du primaire en particulier.

• Situation-problème[1]

Vous allez être mis dans une situation d'apprentissage de la lecture ! Un texte en polonais va vous être fourni (il s'agit d'une courte lettre).

« Je fais le pari que dans deux heures tout le monde aura compris le texte. »

– Distribution individuelle du texte, puis travail en petits groupes.

Poniedziałek 22go czerwca

Kochani przyjaciele,

Dziękujemy zo wasz list. W czoraj, dzieci ze szkoły zwiedzali zoo.
Niedzwiedzie kąpały się we wodzie. Małpy skakały ze skały na skałę i jadły orzechy. Dzieci czekają na was w poniedziałek 29go na bal kostiumowy. Skonczyli wszystkie kostiumy. Dzieci szykują ciasta i zabawy.

Ucałowania

Dzieci ze szkoły

Ps : O której godzinie przyjedziecie?

– Élaboration progressive d'hypothèses débouchant généralement sur un texte.

– Discussion pour confronter les hypothèses et les textes (il y en a généralement plusieurs, provenant des différents groupes ; ils possèdent tous une cohérence).

1. Il s'agit d'une démarche inventée par le GFEN. Cette démarche est décrite en détail par Bernard Hénaux dans GFEN, *Dialogue*, n° 49, mars-avril 1984.

– Il faut en choisir un, ce qui oblige à analyser d'une manière beaucoup plus fine les hypothèses proposées.

– Confrontation avec la traduction « officielle » :

« Lundi 22 juin,
« Chers amis,
« Merci pour votre lettre. Hier, les enfants de l'école ont visité le zoo. Les ours se baignaient dans l'eau. Les singes sautaient de rochers en rochers et mangeaient des cacahuètes. Les enfants vous attendent le lundi 29 pour le bal costumé. Ils ont fini tous les costumes. Les enfants préparent les gâteaux et les jeux.
« Grosses bises.
« Les enfants de l'école »

– La démarche se termine par une phase de métacognition.

• Aide possible (si la demande est forte) : Dictionnaire abrégé (ou partie de ce dictionnaire)

Dictionnaire abregé

orzechy	=	cacahuètes	mapty	=	singes
szkoty	=	école	list	=	lettre
kostiumy	=	costumes	woda	}	= eau
skaty	=	rochers	wody	}	= eau
ciasta	=	gâteaux	wodzie	}	= eau
niedzwiedzie	=	ours	zabawy	=	jeux

• **Rupture**

Comme ils ne connaissent pas la langue, les enseignants sont placés dans une situation d'apprentissage très proche de celle des élèves d'un cours préparatoire.

Au départ, la solution paraît impossible à trouver et on peut penser que personne ne pourrait la trouver seul. C'est en mettant en commun tous les indices (pas seulement linguistiques mais aussi de mise en page, de type de texte – lettre...) et par leur mise en relation, que des hypothèses vont émerger et que, peu à peu, chaque petit groupe arrivera à une *interprétation générale* du texte.

Même sans parler le polonais, ils vont pouvoir en faire une lecture. Alors, dans une classe, le fait que chaque élève ne connaisse pas les mêmes mots rendrait impossible l'apprentissage de la lecture ? Au contraire, cela ne pourrait-il pas être utilisé comme une richesse de plus ? Est-il indispensable que tous les élèves possèdent le même « niveau » pour apprendre à lire ?

298

C'EST CE QUI EST *SIMPLE* QUI EST *FACILE* ?

• Objectifs

Savoir ne pas confondre *simple* et *facile*, *complexe* et *difficile*.

Comprendre l'importance de se donner pour objectifs la construction de savoirs généraux, abstraits.

• Situation-problème

Muriel : « Dans les apprentissages, le *simple* est le plus *difficile* à intégrer. »

Dany : « Pourtant, je ne suis pas idiot ! Si c'est *simple* ce doit être *facile*. Et quand c'est *complexe*, c'est *difficile* à apprendre ! »

Alors ! Qui a raison ?

• Obstacles et ruptures

Simple et facile : deux termes allant d'apparence dans le même sens. Il en est de même de compliqué et difficile.

En fait, quand il se rapporte à un savoir, *le simple est général, abstrait*. Un savoir formulé d'une manière *simple* peut se présenter comme un texte formé de peu d'éléments, semblant avoir été composé sans peine. Il est d'apparence *facile à lire*. Mais, s'il est facile à lire, il n'en est pas moins beaucoup plus *difficile à intégrer*. Exemple : « Un être vivant est une structure d'apparence stable et autonome, traversée par un flux continu de matière, d'énergie et d'informations. »

Voilà un texte court, constitué uniquement de mots que l'on connaît... mais qui constitue une définition du concept d'être vivant se situant à un *très haut niveau d'abstraction*. Chaque mot (structure, d'apparence, stable, autonome...) représente, d'une manière sous-jacente, un ensemble de connaissances qui doivent avoir été construites pour que ce concept soit opératoire et que sa formulation signifie vraiment quelque chose. Et il en est de même d'une affirmation encore plus simple : « Le beau n'est pas un critère artistique mais une problématique. »

En fait, chaque élément d'un savoir, présenté d'une manière simple, est donc le résultat d'une construction. Si on ne l'a pas réalisée, on peut toujours *redire* (réciter) le concept... mais pas l'utiliser, *le faire fonctionner* !

Quant au *facile, il* n'est *pas relatif au savoir mais à la personne*. Est *facile* ce qu'un individu sait faire sans effort, sans peine. Et ce qui sera compris facilement par les uns ne le sera que très difficilement par d'autres. Simple et facile ne sont donc pas synonymes.

Quant à un texte présentant un savoir d'une manière *complexe*, cela peut signifier qu'il est constitué d'un grand nombre d'éléments. On peut décrire un être vivant en décrivant de nombreux caractères ; cela sera peut-être plus difficile à mémoriser, mais plus facile à comprendre. De même, il peut être plus facile d'*entrer dans le complexe* que dans le simple si, justement, le document complexe comporte beaucoup d'éléments. En effet, il est possible de *picorer*, de *se raccrocher* à quelques indicateurs qui vont nous intéresser ou tout simplement que l'on va comprendre. Par exemple, si l'on donne à un enfant de 5 ans un journal, il trouvera toujours du sens dans certains sigles, cartes, photos, dessins, mots connus... Tandis que si on le confronte à la phrase : « Le chat mange la souris » et qu'il ne connaît pas les mots *chat* et *souris*, il ne pourra absolument rien comprendre !

▲ Élargissement

299

FACILITÉ... OU PLAISIR DE LA DIFFICULTÉ VAINCUE ?

• Objectif

Comprendre que lutter contre l'échec scolaire ne passe pas par la facilité.

• Situation-problème

Damien : « Je veux aider cet élève qui est en échec. Je lui ai donné un exercice facile, qui est à son niveau et qu'il va pouvoir faire. Comme ça, il se sentira en réussite. »

Muriel : « Rien n'est pire que ce que tu as fait ! »

Comment expliquer la réaction pour le moins brutale de Muriel ?

Contrairement à une idée reçue, particulièrement coriace, *faciliter le travail des élèves*, ce n'est pas leur donner un travail facile.

« La facilité est démobilisatrice ; elle est décevante car la réussite qu'elle permet est de peu de valeur, même aux yeux de celui qui l'a obtenue, et cette déception est en général accrue par les compliments dont on se croit obligé d'accabler l'élève. Celui-ci sent très bien qu'on ne ferait pas autant de compliments au premier de la classe et, de façon confuse, certes, il doit ressentir quelque part la vérité du mot de La Rochefoucauld : "Il y a des reproches qui louent et des louanges qui médisent." C'est pourquoi il importe que les réussites soient des *conquêtes*, même et surtout pour celui qui est en échec[1]. »

Donner un travail facile à un élève en difficulté n'est pas totalement dramatique, mais tâchons de le faire très vite entrer dans des activités plus ardues qui le valoriseront beaucoup plus. En effet, ce n'est pas l'obstacle qu'il faut effacer mais *l'aide différenciée* qu'il faut adapter. On soutiendra plus un élève en échec tout en lui permettant de suivre et d'élucider sa propre démarche. Il devra analyser ses difficultés pour comprendre comment les surmonter et trouver lui-même la solution au problème qu'il se pose. *L'aide doit se rapporter à la stratégie, pas à la réponse !* Aidons le moins possible... mais suffisamment pour aboutir à une réussite.

300

ÉGALITÉ, ÉQUITÉ DANS LES NOTES : OÙ EST LA JUSTICE ?

- **Objectifs**

Comprendre la différence entre *égalité* et *équité* et se situer par rapport à la pratique de l'équité.

Clarifier l'idée de *justice des notes* en classe.

1. Évelyne Charmeux, *Apprendre à lire : échec à l'échec, op. cit.*

• Niveau

Formation d'adultes (mais on peut adapter la même idée pour les élèves en modifiant légèrement la situation-problème).

• Situation-problème

Lors d'un devoir en classe, Bastien et Rudy obtiennent la même note. Mais, voyant que le premier était « bloqué », le professeur l'avait un peu aidé. S'appuyant sur cela, Rudy demande que sa note soit relevée.

Que pensez-vous de l'attitude de l'élève et de celle du professeur ?

• Obstacle et rupture

Un des paradoxes les plus difficiles à gérer consiste à donner à l'enseignant *en même temps* les statuts de *juge* et de *formateur*.

La notation et la manière de la gérer dépendent des objectifs du maître. Le professeur a-t-il eu raison d'*aider* ? Doit-il avant tout aider pour *former*... ou doit-il ne pas aider, ou aider tout le monde de la même manière, par *esprit de justice* ? Et d'ailleurs, peut-on aider *de la même manière* ?

L'*égalité*, c'est *la même chose pour tous*. Il ne faut pas la confondre avec l'*équité* qui consiste à *plus aider ceux qui en ont le plus besoin*. Mais l'équité doit-elle aussi se manifester quand le travail débouche sur une note ?

Peut-on donner une réponse formelle à ces questions... ou chacun doit-il y répondre par rapport à son éthique ? L'important n'est-il pas de s'être posé le problème et de l'avoir clarifié de façon à être en cohérence avec les objectifs que l'on se donne et les valeurs que l'on défend ?

• Élargissements

– Le concept d'égalité n'a pas le même sens lorsqu'on l'emploie en mathématiques, sur le plan social ou juridique.

– « Liberté, *égalité*, fraternité » constitue la devise de la République française. Mais l'égalité sociale ne doit-elle pas plutôt être une *équité* (aider plus ceux qui en ont le plus besoin)... comme à l'école ?

De même, « on a souvent tendance à confondre *égalité* et *identité*, en pensant que dire “les hommes sont égaux” signifie “les hommes sont pareils”. Or, c'est précisément le contraire. On constate les nombreuses différences *naturelles* ou *culturelles*. Cependant, privilégier une différence revient à introduire un jugement de valeur : “penser ou faire cela, c'est mieux”. Or ce jugement est lui-même marqué culturellement. L'égalité des droits de l'homme résulte de la volonté de dépasser ce constat[1] ».

1. D'après Thierry Bour, Jean-Charles Pettier, Michel Solonel, *Apprendre à débattre, vie collective et éducation civique au cycle 3*, Hachette Pratique, 2003.

– Et si les notes n'étaient pas foncièrement *justes* ? De nombreux travaux en docimologie ont montré leur extrême relativité et leur signification souvent très discutable !

▲ Autre élargissement

301

LA CORRECTION, ÇA NE SERT À RIEN ?

- **Situation-problème**

© Dessin : IRDP Recherches No 92.103 - Fév.1992

Qu'en pensez-vous... et surtout comment faire ?

• Obstacle et rupture

L'évaluation que l'on pratique couramment est-elle représentative de ce qui a été intégré par les élèves ? On évalue essentiellement *en fin de sujet d'étude*, ce qui paraît logique. Mais est-ce le reflet des véritables apprentissages *à long terme* ? Est-il suffisant (et même significatif !) de savoir réciter ou utiliser ce qui vient d'être appris, quand il n'en reste quasiment rien quelques mois après (pensons aux évaluations faites parfois au moment de la rentrée scolaire !).

De plus, les corrections (bien) faites après notation ne peuvent-elles pas apporter des éléments qui permettent à un savoir d'être véritablement intégré... à ce moment-là seulement ?

Le message du dessin humoristique semble évident pour les enseignants... mais la discussion qui s'ensuit leur fait prendre conscience qu'ils n'avaient pas forcément pris la mesure du sens et de l'importance que cela pouvait avoir ! Le résultat cognitif de leurs corrections n'est pas pris en compte par les notes... donc ne sert à rien, dans les livrets scolaires par exemple ! Combien d'apprenants, en classe d'examen (le baccalauréat par exemple), ont toute l'année des résultats médiocres ou mauvais et réussissent leurs épreuves... ce qui étonne leurs enseignants ?

302

PARTICULIÈREMENT EXIGEANT... OU INFINIMENT TOLÉRANT ?

• Objectif

Réfléchir sur les stratégies à mettre en œuvre face à un élève en grand échec scolaire.

• Situation-problème[1]

Un élève ne fait pas son travail à la maison et arrive régulièrement en retard en classe. On le réprimande une énième fois et il se justifie :

– « Quand j'arrive à la maison, il y a mes grands frères qui regardent la télé et je ne peux pas travailler tranquillement, je n'ai pas de chambre. »

1. D'après une idée de Philippe Meirieu.

– « Le soir, je ne peux pas dormir tôt parce que mes parents regardent aussi la télé longtemps. »

– « Je suis fatigué le matin et je n'arrive pas à faire mon travail. Si je me lève plus tôt, c'est pire : je m'endors en classe et je me fais punir. »

– « Chez moi, je suis le seul à me lever le matin : tout le monde est au chômage. »

– « Mon réveil ne marche pas bien et je ne veux pas en voler un. »

– « Vous avez demandé à ma mère de venir vous voir; elle n'est pas venue, elle a peur, elle ne parle pas bien le français. Et mon père c'est pareil. Et puis, de toute manière, au collège tout le monde me fait comprendre que je n'y arriverai pas. Alors ! »

Alors, justement, que faites-vous ?

Cette activité peut se faire en petits groupes puis on analyse ensemble les différentes propositions.

• Obstacles et ruptures

Nous avons pris délibérément un cas extrême, *a priori* insoluble. Si nous arrivons à proposer une solution cohérente, nous nous sentirons capable d'aborder les autres cas !

Plusieurs types de réponses sont proposées :

– *Entendre un SOS :* accepter, accueillir, écouter, rassurer...

– *Contrôler :* demander un billet de retard, interroger, vérifier si les dires sont exacts...

– *Mettre en branle une structure de type administratif :* faire intervenir l'assistante sociale, prendre contact avec la famille, trouver un moyen d'aider à rattraper...

Et si tout cela, sans être inutile, n'abordait pas le problème par une entrée qui touche l'élève en lui permettant de progresser et de devenir responsable ?

Sommes-nous en mesure de faire entendre raison à un individu qui n'a pas choisi la raison (idée déjà contenue dans un dialogue de Platon) ? Et un élève peut-il faire autrement que comme on veut qu'il fasse ?

Deux positions sont possibles : Une certaine philosophie nous apprend qu'un individu peut toujours choisir de faire autrement : *il est libre.* Les sciences humaines nous renvoient au fait qu'un individu est conditionné par son milieu : *il est victime.*

Ce type de philosophie ne fait-il pas œuvre de mépris en se moquant des problèmes de l'individu et les sciences sociales ne méprisent-elles pas tout autant la personne en lui renvoyant qu'elle n'existe pas ?

Alors !

Ne pourrait-on pas créer une situation où l'individu se trouverait *responsabilisé* ? Ne pourrait-on pas tenter d'élaborer avec lui *un contrat qui soit à sa portée et qu'il sente être à sa portée* ? Par exemple, réaliser un travail particulier dans des conditions particulières ?

Exemple d'attitude du maître : « Je comprends que tu ne puisses pas évacuer tes problèmes. Mais tu peux comprendre que, moi, j'ai à faire respecter la règle. Si arriver à l'heure est trop difficile pour toi, choisissons une activité que tu ne sais pas encore faire mais que tu peux faire. Je m'engage à t'aider si tu me le demandes. Si tu y arrives, je te considérerais comme responsable et nous pourrons continuer. Si tu n'y arrives pas, tu n'échapperas pas à la sanction. *On prend des risques tous les deux.* »

▲ Prolongement

• Situation-problème

– Deux opinions de deux enseignants : « C'est indispensable d'être particulièrement exigeant avec les élèves si on veut qu'ils apprennent » ; « Je crois qu'un enseignant se doit d'être très tolérant, infiniment tolérant avec ses élèves pour qu'ils apprennent. »

Alors ! Particulièrement exigeant... ou infiniment tolérant ?

– Réflexion individuelle pendant quelques minutes puis on peut fournir les documents suivants : « Les enseignants ne doivent jamais céder sur l'essentiel, c'est-à-dire sur le travail : le lycée et le collège sont des lieux où l'on travaille. Ni sur des comportements qui par leur irrespect ou leur violence mettent en cause le fonctionnement d'une classe. Être à l'heure, être assidu, arriver avec ses devoirs faits, ne pas chahuter, respecter les professeurs, ne pas utiliser la grossièreté : pour ceux qui ne le comprennent pas il faut sanctionner. » (Marcel Peytavie, proviseur du lycée Joffre, Montpellier)

« Lorsque les pères s'habituent à laisser faire les enfants,
Lorsque les fils ne tiennent plus compte de leurs paroles,
Lorsque les maîtres tremblent devant leurs élèves et préfèrent les flatter,
Lorsque finalement les jeunes méprisent les lois parce qu'ils ne reconnaissent plus au-dessus d'eux l'autorité de rien ni de personne...
Alors, c'est là, en toute beauté et en toute jeunesse le début de la tyrannie »

Platon

Et reposer la question de départ : Alors ! Particulièrement exigeant ou infiniment tolérant ?

• Obstacle et rupture

Et si être infiniment exigeant ou infiniment tolérant nous faisait pareillement tomber dans un piège ?

Ne devrait-on pas plutôt *exiger le meilleur et accepter le pire* ? Pour exiger, on doit consentir. Pour consentir on doit exiger. Tout exiger conduit à l'explosion... et tout consentir conduit à la violence.

Apprenons à analyser et peut-être à modifier notre *seuil de tolérance*... et acceptons parfois de ne pas tout comprendre !

Enfin, n'oublions pas que, pour faire accepter notre exigence, il faut *aimer* et *respecter* (et pas seulement faire semblant)[1] !

1. Voir aussi plusieurs situations-problèmes dans la partie sur la citoyenneté dans le tome 1.

303

QUELLE RÉUSSITE POUR UN BON ÉLÈVE ?

• Objectif

Savoir expliquer ses positions et ses choix pédagogiques face à des parents d'élèves.

• Situation-problème[1]

Pierre, enseignant de cycle 3 de l'école primaire, vient de recevoir la lettre suivante de la part de la mère de Mélanie.

« Monsieur. En écoutant ma fille qui me parle de ce qui se passe en classe, je me rends compte qu'elle travaille souvent en petits groupes. Elle me dit qu'elle a souvent l'impression de perdre son temps : les membres de son groupe ne veulent pas suivre ce qu'elle leur demande et elle se retrouve souvent seule pour faire le travail. Je me demande si c'est une façon de travailler qui est valable. Est-ce que les autres enfants du groupe vont avoir une bonne note parce que ma fille travaille bien ? Va-t-elle être pénalisée si elle se retrouve dans un groupe où les autres élèves sont faibles ? Ne serait-il pas plus simple que tous les élèves soient à leur pupitre et que vous donniez une leçon au tableau ? J'attends des nouvelles de votre part. Je peux aller vous rencontrer après la classe si cela vous convient. Une mère intéressée par le succès de sa fille. »

Pierre vous montre cette lettre et vous demande votre aide pour répondre à la mère de Mélanie. Il veut avoir le plus d'arguments possible parce que, bien sûr, il ne veut pas changer sa façon de travailler !

Quelle lettre proposeriez-vous d'écrire (... et avec quels arguments) ?

• Obstacle et rupture

Un vrai problème se pose et il est lourd de conséquences. Quand on demande à un enseignant comment gérer une étude de notaire par exemple,

1. D'après le ministère de l'Éducation, Direction de la formation générale des jeunes, Session de formation pour les personnes-ressources, Saint-Hyacinthe (Canada). Site Internet ftp.csfleuve-et-lacs.qc.ca.

il y a de fortes chances pour qu'il réponde qu'il n'en sait rien, qu'il n'est pas compétent. Mais, sous le prétexte que tous les adultes sont allés à l'école, *tous ont l'impression de s'y connaître* et de savoir ce qui est pédagogiquement pertinent pour leurs enfants... et pour les autres !

Les parents n'ont pas à choisir la pédagogie des enseignants. Ceux-ci n'ont pas à *se justifier*. Mais ils ont à *s'expliquer* ! Sereinement (ou le plus sereinement possible !). Nous pensons que les enseignants ont un devoir de formation envers les élèves... mais aussi envers les parents, même s'ils ne peuvent pas les toucher tous, même si c'est difficile, même si c'est long et parfois ingrat ! Ils doivent faire preuve de professionnalité et pouvoir, à tous propos, savoir pourquoi ils demandent tel type de travail à leurs élèves.

Et pourquoi ne pas proposer aux parents de vivre... une situation-problème comme vous le faites avec leurs enfants pour qu'ils en comprennent l'intérêt et les enjeux ?

La socialisation, l'entraide, la solidarité, la capacité de travailler en groupe... font partie des objectifs de l'enseignant (n'oublions pas que nous sommes dans le ministère de l'*Éducation* Nationale et non de l'*Instruction* Publique !) ! Une très bonne élève (par rapport aux contenus) peut avoir encore plus que les autres à apprendre certaines de ces valeurs !

ET MAINTENANT, À *VOUS* DE CONCEVOIR DE NOUVELLES SITUATIONS-PROBLÈMES !

Vous pouvez commencer par apprendre à transformer les « fausses » en « vraies ».

Mais il vous est aussi possible d'utiliser un certain nombre de recettes que nous vous proposons ici.

1. Aidez-vous des manuels scolaires en les modifiant !

Exemple[1] : « Multiplication d'individus dans un milieu de vie. On dépose une paramécie dans un tube à essais contenant une solution nutritive. Chaque jour, pendant une semaine, on compte le nombre de paramécies présentes dans le tube. Les résultats obtenus sont regroupés dans le tableau.

« En 24 heures et dans les conditions idéales, on obtient, à partir d'une paramécie, huit individus issus de trois divisions successives.

« Si ces conditions se maintenaient pendant 7 jours, il y en aurait alors 2 097 152 !

Jours	1	2	3	4	5	6	7
Nombre de paramécies dans le tube	5	10	21	49	60	62	61
Nombre théorique	8			4 096	32 768	262 144	2 097 152

« Questions :

« 1. Indiquez le type de reproduction qui permet aux paramécies de peupler leur milieu.

« → Objectif : Raisonner : Mettre en relation des informations et des connaissances.

1. D'après *Sciences de la Vie et de la Terre*, collection « Périlleux », 6e, Nathan, 1996.

« 2. Calculez le nombre théorique de paramécies que l'on pourrait obtenir les 2e et 3e jours, à partir d'une seule paramécie dans des conditions idéales.

« → Objectif : Raisonner pour effectuer un calcul.

« 3. Indiquez comment évolue le nombre de paramécies présentes dans le tube : du 1er au 5e jour ; du 5e au 7e jour.

« → Objectif : S'informer à partir d'un tableau.

« 4. Comparez le nombre réel de paramécies dans la culture au nombre théorique et proposez une explication à la différence constatée.

« → Objectif : Raisonner : proposer une explication. »

Nous vous proposons de modifier cet exercice de la manière suivante.

304

ÊTRE ENVAHIS PAR DES MICROBES ?

• Objectifs

Savoir que certains animaux peuvent se reproduire par *multiplication asexuée.*

Comprendre comment peut évoluer et s'*équilibrer* une population d'individus dans un milieu.

(Pour le lycée, on peut aussi construire la notion d'*interdépendance* entre milieu et nombre d'individus obtenus par reproduction asexuée.)

• Niveaux

6e (et lycée).

• Situation-problème

Les paramécies sont des êtres vivants microscopiques vivant dans l'eau. On place une paramécie dans un tube à essais contenant une solution nutritive. Chaque jour, pendant une semaine, on compte le nombre de paramécies présentes dans le tube.
Au bout de 24 heures, dans des conditions de vie idéales, à partir d'une seule paramécie, on obtient huit individus. Si ces conditions se maintenaient pendant sept jours, il y en aurait 2 097 152 !

Une colonie de microbes se constituerait à partir... d'*un seul* individu ? Et croîtrait d'une manière vertigineuse ?

Non, car la réalité est toute autre !

Les résultats des mesures effectuées ont été regroupés dans le tableau suivant :

Jours	1	2	3	4	5	6	7
Nombre de paramécies dans le tube	5	10	21	49	60	62	61
Nombre théorique	8			4096	32768	262144	2097152

Comment cela est-il possible !

(Ou, si vous préférez : Quelles hypothèses pourriez-vous émettre pour expliquer tout cela ?)

• Obstacles et ruptures

Obtenir une colonie d'êtres vivants à partir d'un seul individu est possible grâce aux potentialités de la paramécie qui lui permettent de *se multiplier d'une manière végétative* (par simple division cellulaire).

Le résultat théorique est calculé en considérant que chaque paramécie se divise 3 fois par jour, ce qui est possible si le milieu reste favorable à son développement.

Quant au résultat pratique, on s'aperçoit que, très vite, le nombre d'individus se stabilise autour de 60 à 62. On peut émettre des hypothèses sur la suite (stabilisation continue ou diminution progressive du nombre de paramécies au fur et à mesure que le milieu s'appauvrit).

L'*équilibre* qui s'établit prend en compte le nombre d'individus qui survivent *en fonction des possibilités du milieu*. On peut aussi émettre des hypothèses sur les facteurs influant sur cet équilibre (quantité de nourriture, espace vital...). Attention, les paramécies ne sont pas mangées par d'autres êtres vivants contenus dans l'eau. On aurait pu choisir un autre exemple non situé au sommet d'une chaîne alimentaire ; un facteur de plus aurait dû être pris en compte mais cela aurait abouti au même type de résultats.

Au lycée, on peut construire l'idée de *facteur limitant* : souvent, quand le milieu s'épuise, les micro-organismes ont tendance à utiliser la reproduction sexuée.

On peut enfin entrer dans une approche interdisciplinaire, en mettant cela en relation avec le concept de *surpopulation* abordé en histoire et en géographie (voir situations-problèmes sur ce sujet dans le tome 1 de cet ouvrage).

Qu'avons-nous fait pour passer d'un simple exercice à une situation-problème ?

Constatons que nous avons repris l'idée générale et les données expérimentales, mais *en les « mettant en scène » autrement* !

– Nous avons tout d'abord *éliminé les questions...* qui doivent venir des élèves ! Ils se les poseront de toute manière dans leur démarche de recherche (avec d'autres du type : « Comment on peut faire pour compter toutes les paramécies ? »), mais elles viendront au moment où *ils en éprouveront le besoin* !

– Ensuite, nous nous sommes efforcés d'être *plus provocateurs* pour *donner du sens* à l'activité.

Mais, ce qui est probablement le plus important, ce sera *la manière dont la séquence pédagogique sera menée* qui en fera ou non une véritable situation-problème !

2. Inventez en utilisant quelques « recettes »

En voici quelques-unes que nous nous contentons d'énoncer. Pour plus de détails, nous vous proposons de vous référer à notre précédent ouvrage qui contient trois chapitres consacrés à développer des stratégies pour élaborer différentes sortes de situations-problèmes.

DES « RECETTES » POUR INVENTER DES SITUATIONS-PROBLÈMES[1] ?

• Renvoi aux apprenants de leurs propres représentations différentes et contradictoires.
• Apport d'un élément remettant en cause les stéréotypes, le sens commun.
• Utilisation de contradictions, de paradoxes :
– textes contradictoires ou dossier comportant des documents antithétiques ;
– faits contradictoires en apparence ;
– opinions opposées ;
– contradiction avec ce que les élèves ont appris antérieurement ;
– contradiction par rapport aux pratiques sociales habituelles ;
– contradiction non formulée mais sous-jacente.
• Résultat d'expérience auquel les apprenants ne s'attendent pas (ou qui semble même impossible !).
• Provocation directe.
• Formule ou idée qui choque.
• Texte(s) qui touche(nt) les apprenants dans leur sensibilité, leurs valeurs.
• Situation de prise de conscience par les apprenants de leur ignorance ou de leur incompétence sur un élément qu'ils pensaient connaître.

1. D'après Gérard De Vecchi, Nicole Carmona-Magnaldi, *Faire vivre de véritables situations-problèmes*, *op. cit.*

- Défi paraissant impossible à relever, problème paraissant impossible à résoudre.
- Erreur trouvée dans certains journaux, magazines... et même ouvrages scolaires.
- Transformation de fausses situations-problèmes puisées dans des manuels scolaires.

En conclusion, pour inventer des situations-problèmes, il nous semble indispensable d'être à l'affût de tout ce qui peut être utilisé dans les manuels scolaires mais aussi dans notre environnement, dans notre culture. Ce sont souvent ces dernières qui sont les plus pertinentes, justement parce qu'elles renvoient à un vécu social, culturel et même politique (au sens noble du terme !). On peut considérer qu'elles sont parfois *à la limite* des programmes, mais entrer par ce qui concerne les élèves et leur milieu de vie peut rapidement déboucher sur les contenus plus spécifiquement disciplinaires demandés. C'est ce que nous avons fait pour écrire ce livre. Avec un peu d'habitude, vous repérerez facilement un ensemble de « matériaux » qui vous permettront de construire des activités originales, porteuses de sens pour les apprenants, intéressantes au plan pédagogique... et tournées vers l'avenir.

BIBLIOGRAPHIE

Ouvrages utilisés dans les deux tomes de ce livre

Michel Aigle, « Les situations-problèmes en maths c'est difficile », Dossier : « Changer l'école primaire », *Les Cahiers pédagogiques*, n° 397/398, octobre-novembre 2001.

J. Anscombre, *Mon mémento de sciences*, Écoles rurales de garçons, Cours de fin d'études primaires, préparation au certificat d'études, collection « L'essentiel », non daté.

E. & O. Bled, *Cours d'orthographe. Cours élémentaire et moyen*, Hachette.

Maria Dolorès Aranda, Dominique Sémanzato, Joëlle Ducos, Pierre Colin, « L'impératif de l'essentiel », *Dialogue,* n° 51, 1984.

Lucie Arpin, Louise Capra, *L'Apprentissage par projets*, Chenelière/Mc Graw-Hill (diffusé par Le Catalogue francophone) 2001.

Maude Barlow, Tony Clarke, *L'Or bleu*, Fayard, 2002.

Stella Baruk, *Comptes pour petits et grands*, Magnard, 1997.

Britt-Mari Barth, *L'Apprentissage de l'abstraction*, Retz, 1987.

Odette Bassis, *Concepts-clés et situations-problèmes en mathématiques*, tomes 1 et 2, Hachette, 2003 et 2004.

Yves Béal, Frédérique Maïaux, « Et nous délivrerons les mots », *Dialogue,* n° 85, 1996.

Olivier Belbéoch, Claude Loudenot, *Géographie. Une Terre des hommes*, cycle 3, Magnard, 2003.

André Bendjebbar, Jean Muracciole, Isabelle Grégoire et all., *Multilivre, CM2*, Istra, 1997.

P. Benaych, R. Bastien, D. Gallet, D. Guérault, R. Schiss (sous la direction d'A. Bentolila), *Maîtrise de la langue, Cycle 3*, collection « L'île aux mots », Nathan, 2000.

Serge Boimare, *L'Enfant et la peur d'apprendre*, Dunod, 1999.

Thierry Bour, Jean-Charles Pettier, Michel Solonel, *Apprendre à débattre, vie collective et éducation civique au cycle 3*, Hachette Pratique, 2003.

Olivier Brignon, Gérard De Vecchi, « Des représentations des élèves aux situations-problèmes : quelle logique de construction ? », *Dialogue,* n° 108, avril 2003.

Rémi Brissiaud, *J'apprends les maths, CP*, Livre du maître, Retz, 1991.

Sylvie Brunel, *Famines et politique*, Presses de Sciences Po, 2002.

Colette Catteau et Anne-Marie Havage, *Gymastique rythmique, Danse et Acrosport pour les 3/12 ans. Trois activités à visée expressives, esthétiques et artistiques*. Éd. *Revue EPS*, à paraître.

Jules César, *La Guerre des Gaules*.

Chaissac, Michaud et Le Moal, *Sciences et Technologie, CM*, Magnard.

Évelyne Charmeux, *Apprendre à lire : échec à l'échec*, Milan, nouvelle éd., 1998.

Évelyne Charmeux, Françoise Monier-Roland, Michel Grandaty, *Une grammaire d'aujourd'hui – 1, 2, 3 –*, SEDRAP, 2001.

Évelyne Charmeux, Michel Grandaty, Françoise Monier-Roland, Claudine Barou-Fret, *La Langue française mode d'emploi*, CM1, SEDRAP, 2003.

A. Ciliga, *Au pays du mensonge déconcertant*, Gallimard, 1938.

Pierre Colin, « La poésie sera faite par TOUS », *Dialogue,* n° 61, 1987.

Commission européenne, « Moi, raciste ! ? », Office des publications officielles des Communautés européennes, Luxembourg, 1998.

André Comte-Sponville, *Petit traité des grandes vertus*, PUF, 1995.

Jean-Louis Cordonnier, « Je l'ai dans la peau », *Dialogue*, n° 82, automne 1995.

Alain Dalongeville, Michel Huber, *Situations-problèmes pour explorer l'histoire de France*, Casteilla, 1989.

Alain Dalongeville, *Enseigner l'histoire à l'école, cycle 3*, Hachette, 1995.

Alain Dalongeville, Michel Huber, *Situations-problèmes pour enseigner l'histoire au cycle 3,* Hachette, 2000.

Alain Dalongeville, Michel Huber, *Situations-problèmes pour enseigner la géographie au cycle 3*, Hachette, 2002.

Alain Dalongeville, Michel Huber, *Enseigner l'histoire autrement*, Chronique sociale, 2002.

C. Daniel, A. Descaves, R. Eiller, O. Georgiades, A. Vancauwenberghe, *Optimath*, CM1, Hachette, 1997.

Dante, *La Divine Comédie*.

Gérard De Vecchi, *Aider les élèves à apprendre*, Hachette, nouvelle édition 2001.

Gérard De Vecchi, Nicole Carmona-Magnaldi, *Faire construire des savoirs*, Hachette, 1996.

Gérard De Vecchi, André Giordan, *L'Enseignement scientifique : comment faire pour que « ça marche » ?*, Delagrave, nouvelle éd. 2002.

Gérard De Vecchi, Nicole Carmona-Magnaldi, *Faire vivre de véritables situations-problèmes*, Hachette, 2002.

Raymond Devos, *Matière à rire*, Plon.

J. Dion, M. Serpereau, *Grammaire, conjugaison, orthographe*, cycle 3, Bordas, 2002.

G. Dorel-Ferré (coll.), *Les Fondements du monde contemporain*, classe de 2de, Bréal, 1996.

Georges Douart, « Opération Amitié », cité par C. Defebvre, *Tiers-monde, peuples en marche*, C.I.F., 1984.

Jean-Paul Dubois, « La guerre de l'or bleu », *Le Nouvel Observateur,* n° 1981, octobre 2002.

Marcel Duchamp : *Du champ du signe*, coll. « Champs », Flammarion, 1975.

Thierry de Duve, *Résonances du ready-made, Duchamp entre avant-garde et tradition*, Éditions Jacqueline Chambon.

A. Einstein, K. Infeld, *L'Évolution des idées en physique*.

Euripide (480-406 av. J.-C.), *Les Suppliantes,* traduction G. Budé, éditions Les Belles Lettres.

Laurent Fabius, *Cela commence par une balade*, Plon, 2003.

D. Ferragne, *Les Mathématiques à l'école élémentaire*, Hachette, 1984.

Flavius-Josèphe, *Antiquités judaïques*, vers 93-94.

Jean-Louis Fournier, *Arithmétique appliquée et impertinente*, Payot, 1993.

Jean-Louis Fournier, *Sciences naturelles et impertinentes*, coll. « Documents », Payot.

Bernard Friot, *Histoires pressées*, Milan Poche Junior, 1999.

Suzi Gablik, *Magritte*, Bibliothèque des arts, 1978.

Jean-Paul Gagné, *Pour apprendre à mieux penser*, Chenelière/Mc Graw-Hill (diffusé par Le Catalogue francophone), 1999.

Sylvie Gamo, *Résolution de problèmes*, cycle 3, Bordas, 2001.

André Giordan, Gérard De Vecchi, *Les Origines du savoir, Des conceptions des apprenants aux concepts scientifiques*, Delachaux et Niestlé, réédité par Delagrave, 2001.

Goscinny, Uderzo, *Le Bouclier arverne*, Hachette.

Christian Goudineau, *Vercingétorix*, Actes Sud, 2001.

V. Guidoux, *Mon guide, Paris*, Casterman, 1997.

A. Guillemain, F. Le Ster, *Histoire de France. Du cours moyen au certificat d'études*, Éditions de l'École, 1948.

Stephen Jay Gould, *La vie est belle. Les surprises de l'évolution*, Éditions du Seuil, 1989.

Maurice Grevisse, *Le Bon Usage, grammaire française*, Duculot.

Albert Hamon, *Grammaire pratique*, Hachette, 1983.

Anne-Marie et Olivier Havage, « Sauter loin », Ed. *Revue EPS*, 1993.

Anne-Marie et Olivier Havage, *Quatre activités d'EPS pour les 3/12 ans*, collection « Activité Sportive et Éducation », *Revue EPS*, 2000.

Anne-Marie Havage, « Le socle et la statue, fiche Acrosport cycle 3 », *Revue EPS 1*, n° 106 janvier/février 2002.

Anne-Marie et Olivier Havage, *Revue EPS 1*, n° 108, juillet/août 2002.

Anne-Marie Havage, « La clef de voûte, fiche Acrosport cycle 2 », *Revue EPS 1*, n° 114, septembre/octobre 2003.

Albert Jacquard, *Moi et les autres*, collection « Points virgule », Éd. du Seuil, nouvelle éd. 2001.

Albert Jacquard, *À toi qui n'es pas encore né(e)*, Calmann-Lévy, 2000.

Albert Jacquard, *Les Hommes et leurs gènes*, coll. « Domino », Flammarion, 1994.

Laurent Joffrin, « Napoléon sans légende », *Le Nouvel Observateur,* n° 1980, octobre 2002.

Keiko Kasza, *Un loup trop gourmand*, Flammarion-Jeunesse, 1987.

S. King, *Simetierre.*

J.-C. Lago, « Philosophie et jeunes à problèmes », revue *Diotime l'Agora,* n° 11.

Isabelle Lamorthe, *Enseigner la musique à l'école*, Hachette, 1995.

Lise Larose-Savard, L'enseignement des sciences au primaire, Guide 2e année, Centre franco-ontarien de ressources pédagogiques (diffusé par Le Catalogue francophone), 1997.

Rosine Lartigue (sous la direction de), *Vers la lecture littéraire*, Argos démarches, 2001.

Sophie Le Callennec (sous la dir. de), *Histoire Géographie, CE2*, collection « Magellan », Hatier, 2002.

Sophie Le Callennec (sous la dir. de), *Histoire Géographie, CM1*, collection « Magellan », Hatier, 2003.

Pierre Olivier Leclerc, *Dans Paris il y a une rue*, CHARABIAS D'AU éditeur, 1978.

Th. Leguay & A. Duchesne, *La Petite Fabrique de littérature*, Magnard, 1991.

Thierry Leguay, *Les poules du couvent couvent. Les curiosités du français*, « Mots et Cie », Mango littérature, 1999.

Octave Mannoni, *Clés pour l'imaginaire*, Éditions du Seuil.

Maria-Alice Médioni dans : *GFEN*, *Construire ses savoirs, construire sa citoyenneté*, Chronique sociale, 1996.

Hélène Merle, Valérie Munier, « Comment conceptualiser la hauteur du Soleil en tant qu'angle au cycle 3 ? », *Aster*, n° 36, « L'enseignement de l'astronomie », 2003.

Montaigne, *Essais,* 1580-1595.

Alain Morival, *Éléments de recherche en didactique*, LIREST, Paris.

Jean-Louis Nembrini, Jacques Faux, Pierre Jeanneau, Jean-Paul Praddaude, *Histoire*, coll. « *À monde ouvert », cycle 3, niveau 2*, Hachette, 1996.

Sylvie O'Dy, « L'esclavage moderne », *L'Express*, 8 mai 1997.

Michel Onfray, *Antimanuel de philosophie*, Bréal, 2001.

Marcel Pagnol, *Marius*, Éd. Bernard de Fallois.

M.-L. Peltier, J. Bia, C. Maréchal, *Le Nouvel Objectif Calcul*, Hatier, 1995.

Georges Perec, *La Disparition*, Gallimard, 1969.

Gérard Petijean, « Menaces sur la Terre. Le vrai et le faux », *Le Nouvel Observateur*, n° 1977, 26 septembre-2 octobre 2002.

Jean Charles Pettier, *La Philosophie pour enfants de M. Lipman : intérêt et problèmes*, Pratiques de la philosophie, n° 7, GFEN, Paris, juillet 1999.

Jean Charles Pettier, La *Philosophie en éducation adaptée : utopie ou nécessité ?*, Thèse en sciences de l'éducation, Strasbourg 2, oct. 2000.

Jean-Charles Pettier, *Apprendre à philosopher. Un droit des démarches pour tous*, Chronique sociale, 2004.

José Pierre, *Magritte*, France Loisirs, 1984

Platon, *Le Banquet*, « Bibliothèque de la Pléiade », Gallimard, 1950.

Rabelais, *Pantagruel*, 1532.

Rabelais, *Gargantua*, 1534.

Jean-François Revel, *L'Obsession anti-américaine*, Plon, 2002.

P. Riché, *De l'éducation antique...*, Flammarion, 1968.

Guy Robardet, Enseigner les sciences physiques à partir de situations problèmes, *BUP* n° 720, janvier 1990.

C. Robillard, A. Gravel, S. Robitaille, *Complément Métho*, Beauchemin (diffusé par Le Catalogue francophone, 2002.

Jean-Michel Rolando, *L'Astronomie à l'école*, Delagrave, 2003.

Michelle Ros-Dupont, *Lecture à haute voix du CP au CM2*, Bordas, 2004.

Michelle Ros-Dupont, *Enseigner l'Observation réfléchie de la langue,* à paraître.

Dominique Roure (sous la direction de), *Mon bibliotexte, cycle 3*, Bordas, 2000.

Airy Routier, « Un bébé pour 6300 euros : Chéri, j'ai commandé une fille ! », *Le Nouvel Observateur,* n° 1981, octobre 2002.

Antoine de Saint-Exupéry, *Le Petit Prince.*

M. Sasseville (Coord.), *La Pratique de la philosophie avec les enfants*, Les Presses de l'université Laval, Sainte Foy, Québec, Canada, 1999.

Shakespeare, *Hamlet.*

M. Shelley, *Frankenstein.*

Alain Souchon : « La vie ne vaut rien », album *J'veux du live*, 2003.

R. Tavernier, L. Lizeaux, *Sciences de la Vie et de la Terre*, Bordas, 1999.

Tacite, *Annales*, vers 55-120 ap. J.-C.

Marcel Thouin, *Notions de culture scientifique et technologique. Concepts de base, percées historiques et conceptions fréquentes*, Éd Multimondes (diffusé par Le Catalogue francophone).

Catherine Tauveron (sous la dir. de), *Lire la littérature à l'école*, Hatier, 2002.

A. Tomatis, *Les Troubles scolaires*, Ergo Press, 1989.

Odette-Anna Toulet, « Décalquer l'invisible », *Dialogue,* n° 75, 1992.

J.-R. Tournoux, *Pétain et de Gaulle*, Plon, 1964.

G. Vermeesch, *La Petite Fabrique d'écriture*, Magnard, éd. non datée.

Vigotsky, *Pensée et langage*, Éditions sociales, 1985.

Docteur Villermé, *État physique et moral des ouvriers*, 1840.

M. Vincent, J.-P. Lochy, J.-P. Dupré, B. Séménadisse, Histoire CM1, *La France au fil du temps*, Nathan, 1985.

Arthur Young, *Voyage en France*, 1791.

Jean Michel Zakhartchouk, *Comprendre les énoncés et les consignes*, CRDP Amiens, 1999.

Zep, *Ça épate les filles*, album n° 3, Glénat.

Ahmed Zewail (prix Nobel de chimie), « La science et l'islam », *Les débats du Nouvel Observateur*, n° 2020, du 24 au 30 juillet 2003.

Jean Ziegler, *Les Nouveaux Maîtres du monde*, Fayard, 2002.

À monde ouvert, cycle 3, niveau 2, Hachette, 1996.

Astrapi, n° 433, 1/1/1997.

Collection Gulliver, *Histoire, cycle 3*, Nathan, 1997.

Éducation civique, cycle 3, « À monde ouvert », Hachette, 1997.

Enseignement des mathématiques par le problème, cours de formation, MCH-SPES, septembre 1997.

Français ! notre histoire, nos passions, Éditions Larousse, 2003.

Géographie, cours élémentaire, Magnard, 1958.

Histoire, cycle 3, Hatier, 2000.

Histoire – Documents pour la classe, Fichier boussole CM1, Nathan, 1998.

Histoire des machines, « Bibliothèque pour la science », Belin.

Journal officiel français du 14 juillet 1989.

La Hulotte des Ardennes (plusieurs numéros), édité par la Société départementale de protection de la nature des Ardennes.

Sciences, cycle 3, niveau 2, Hachette Éducation, 1996.

Sciences et technologie, CM2, coll. « J. Escalier », Istra, 1987.

Sciences de la Vie et de la Terre, collection « Perilleux », 1re S, Nathan, 2001.

Terres d'Histoire, cycle 3, Bordas, 1997.

Autres ouvrages

Jean-Piere Astolfi, *L'Erreur, un outil pour enseigner*, ESF, 1997.

Odette Bassis, *Mathématiques, les enfants prennent le pouvoir*, Nathan Éducation, 1984.

Odette Bassis, *Se construire dans le savoir*, ESF, 1998.

Olivier Clouzot, Annie Bloch, *Apprendre autrement* – Ed. d'Organisation, 1981.

François de Closets, *Le Bonheur d'apprendre et comment on l'assassine*, Éditions du Seuil, 1996.

Bernard Defrance, *Le Droit dans l'école*, Castells Labor, 2000.

Michel Develay, *Donner du sens à l'école*, ESF, 1995.

J. Dion, M. Serpereau, *Grammaire, conjugaison, orthographe, cycle 3*, Bordas, 2002.

Michel Fabre, *Situations-problèmes et savoir scolaire*, PUF, 1999.

GFEN, *Construire ses savoirs. Construire sa citoyenneté*, Chronique sociale, 1996.

GFEN, *Réussir en langues, Un savoir à construire*, Chronique sociale, 1999.

André Giordan, Yves Girault, Pierre Clément (sous la direction de), *Conceptions et connaissances*, Peter Lang, 1994.

Yves Girault, Eric Maillard, *Les Amours secrètes de Bernard Pagure pour Anémone Demer ou Comment rendre l'enseignement des sciences plus digeste*, La maison du papier et du soleil, 1991.

Michel Huber, *Histoire, indiscipline nouvelle,* Syros, 1984.

Michel Huber, *Apprendre en projets. La pédagogie du projet-élèves*, Chronique sociale, 2000.

Istituto Regionale di Ricerca Educativa Della Valle d'Aosta (a cura di F. Dematteis), Apprendre ensemble par les situations-problèmes, Un percorso di educazione ambientale attraverso un progetto di didattica assistita, IRRE – VDA, 2001.

Philippe Meirieu, *Apprendre, oui, mais comment ?*, Paris, ESF, 9e éd., 1992.

Edgar Morin, *Introduction à la pensée complexe*, ESF, 1990.

Erik Orsenna, *La grammaire est une chanson douce*, Stock, 2001.

Philippe Perrenoud, « Sens du travail et travail du sens à l'école », Faculté de psychologie et de sciences de l'éducation & Service de la recherche sociologique, Genève, 1993.

Philippe Perrenoud, *Métier d'élève et sens du travail scolaire*, ESF, 1994.

Jacques Salomé, *Charte de vie relationnelle à l'école*, Albin Michel, 1995.

Michel Serres, *Le Tiers-Instruit,* François Bourin, 1991.

Georges Snyders, *La joie à l'école*, PUF, 1986.

QUELQUES SITES INTERNET

Nous avons analysé plus de 800 sites dans le but de trouver des exemples de situations-problèmes. Nous n'en avons récolté que très peu, la très grande majorité ne proposant que des problèmes ouverts ou des jeux, des énigmes... qui, pour nous, ne sont pas de véritables situations-problèmes.

Les premiers présentés ici apportent de vrais exemples de situations-problèmes. Les suivants peuvent être utilisés pour en élaborer.

Sites présentant de vraies situations-problèmes

situationsproblemes.free.fr
(Exemples de situations-problèmes. Interdisciplinaire.)

http://www.ac-creteil.fr/svt/Doc/Constr_savoir
(Site de l'académie de Créteil : situations-problèmes de SVT pour professeurs de lycée.)

http://www.ac-creteil.fr/svt/Themes/thm_ped.htm
(Site de l'académie de Créteil : situations-problèmes de SVT pour professeurs de collège.)

http://www.apsq.org/sautquantique
(Situations-problèmes en biologie, niveau lycée, dossier APP, Canada.)

http://www.ac-montpellier.fr/scphysiques
(Situations-problèmes de physique pour professeurs de lycée.)

http://www.inrp.fr/lamap
(La main à la pâte : problèmes ouverts et quelques situations-problèmes en sciences, essentiellement pour l'école primaire.)

www.cefor.org
(Site du CEFoR – Centre européen de Formation et de Recherche de Palermo, Italie – s'intéressant à la formation des enseignants et des élèves sur la citoyenneté, à partir de situations-problèmes. Issu d'un programme international Comenius 2. Textes en trois langues.)

ftp.csfleuve-et-lacs.qc.ca.
(Site du ministère de l'Éducation, Direction de la formation générale des jeunes, Session de formation pour les personnes-ressources, Saint-Hyacinthe (Canada) pour des situations-problèmes en pédagogie.)

Autres sites

http://users.skynet.be/Landroit
(Site belge de Henry Landroit proposant 50 jeux de langue intéressants avec des remarques pédagogiques qui nous paraissent pertinentes.)

cslaval.qc.ca/tic/francais/grel/pavosplumes
(Site canadien qui développe de nombreux thèmes – concernant différents niveaux de classe – avec la démarche à suivre et des adresses de sites Internet pour trouver des documents sur chaque sujet.)

http://perso.wanadoo.fr/therese.eveilleau/pages/enigmes
(Nombreux jeux, énigmes, défis en mathématiques, surtout pour collège et lycée.)

http://www.recreomath.qc.ca/banque_prob.htm
(Problèmes, jeux, énigmes en mathématiques.)

multimania.com/helho3pp
(Site avec problèmes de mathématiques.)

http://perso.wanadoo.fr/michel.onfray/UPcaen.htm
(Site Université populaire de Caen avec un Atelier de pratique philosophique destiné aux enfants.)

http://www.cslaval.qc.ca/apo/banque_situations-problemes/072B.htm
(Portail pédagogique du service des ressources éducatives de la CSRDN (Canada) ; ce ne sont pas de véritables situations-problèmes mais des *problèmes ouverts.*)

www.reformelll.qc.ca
(Réforme de l'éducation – Laval, Laurentides et Lanaudière ; banque de *problèmes ouverts* en mathématiques pour le 1er cycle du primaire.)

mapiufm93.free.fr/stage99/dominante_physique
(Manipulations en physique dont certaines peuvent être transformées en situations-problèmes.)

http://www.marique.com/thm/unihockey/Document.htm
(Problèmes ouverts en EPS.)

ac-grenoble.fr/occe26/printemps/vincent
(Site OCCE de la Drôme, particulièrement intéressant pour les textes sur la citoyenneté, écrits par Jean-Francois Vincent.)

http://www.alcofribas-nasier.com/Diotimes/Darnaud.html
(Site de Michel Darnaud Cahors, quelques idées pour des situations en philosophie.)

www.e-scio.net
(Site présentant et commentant des manipulations de physique.)

bdp.ge.ch/webphys/version2/enseigner/situations/ html
(Site contenant des exemples de manipulations en physique.)

http://www.alcofribas-nasier.com/Diotimes/Darnaud.html
(Site de Michel Darnaud, Cahors, pour la philosophie.)

members.aol.com/roglaba/dosmaths/mathreserv.html
(Site d'activités mathématiques pour élèves de cycle 3 de l'école primaire.)

www.ac-toulouse.fr/ariege-education/sciences09/cahierlamap
(Site proposant une analyse didactique et des activités en physique pour l'école primaire.)

http://www.commercequitable.org/fra/main.php

INDEX DES SITUATIONS-PROBLÈMES/NIVEAUX

(x) élargissements et prolongements proposés pour d'autres niveaux

214	Des dixièmes, pas des dizaines ?	[illegible]						
	Figures géométriques							
215	Ton carré n'est pas un carré !	52		x	x	x		
216	Quand un rectangle *grandit*, il peut aussi devenir *plus petit* ?	54			x	x		
217	« Copier » un triangle	56			x			
218	Des bonds... de 23 kilomètres ?	58			x			
219	Faire un parallélépipède... sans savoir ce que c'est ?	59			x			
	Grandeurs et mesures (longueur, masse, volume, repérage du temps)							
220	Mesurer un arbre... de loin ?	60				x		
221	La Terre est une orange	62				x		
222	Le poète a-t-il compté ?	63			x			
FRANÇAIS, POUR UNE MAÎTRISE DE LA LANGUE								
	Deux situations-problèmes détaillées							
223	Mettre l'accent sur les accents ?	68		x	x			
224	Des accents, même sur les majuscules ?	69			x	x	x	x
225	Et si les *s* n'existaient pas ?	70			x	x		(x)
	Des situations-problèmes en lecture							
226	Lire... justement parce qu'on est non lecteur ?	77	x					
227	Conte ou nouvelle ?	80			x			
228	Qui est-il ? Qui est *il* ?	81			x			
	Des situations-problèmes en lecture littéraire							
229	Mais qui est *je* ?	84			x			
230	Qui a volé qui ?	85			x	x	x	x
231	Qui va gagner : la poule ou le loup ?	87			x	x	x	x
	Situations-problèmes et production d'écrits							
232	Créer... avec des bruits ?	89			x			
233	Accident sur la voie... lactée ?	90			(x)	x	x	x
234	Quatre et quatre font huître ?	93			x	x	x	x
	Situations-problèmes et grammaire							
235	Un pays original, la Panoutsie	96			x	x		
236	Le repas du crocodile ?	97			x			
237	Négation ou interrogation ?	101			x			
238	Il lit un livre ou il livre un lit ?	102			x			
239	Tu chante ou tu chantes ?	105			x	x		
240	Avare de verbe ?	106			x	x	x	x
241	Où sont les sujets ?	107			x			

N°	Titres	Pages	cycle 1	cycle 2	cycle 3	collège	lycée	formation d'enseignants
	Situations-problèmes et orthographe							
242	Des règles... qui (nous) trompent ?	109			x	x		
243	Plusieurs qui ne font qu'un ?	111			x	x	x	x
244	Des vingts et des cents ?	112			x	x	x	x
245	Manger des cerises... pas facile ?	114						x
246	Un nom a-t-il un sexe ?	116				x		x
	Situations-problèmes et homophonie							
247	Lors tôt graphe deux mages naissent ?	119			x			
248	L'orthographe à la rescousse de l'oral ?	121			x			
	Situations-problèmes et lexique							
249	Faut-il brûler les dictionnaires ?	124			x	x	x	x
250	Les mots existent... mais ce ne sont pas les bons ?	128			x			
251	Battre les œufs... ou la mesure ?	129			x			
252	« L'art de *traire* les hommes » ?	132				x	x	x
253	Les superlatifs qui étonnent ?	134			x	x		
254	Prenons garde aux faux amis !	135			x			
DISCIPLINES ARTISTIQUES								
	Une suite de situations-problèmes développées en arts plastiques							
255	Des *mots* qui font voir autre chose que ce qu'ils disent ?	141			(x)	x	x	x
256	Mettre de l'esprit dans nos objets ?	146				x	x	x
257	Un peintre nul... mais un grand artiste ?	149						x
258	Mettre de l'imaginaire dans les mots ?	151			x	x	x	x
	Autres situations-problèmes en arts plastiques							
259	Libre... sous contrainte ?	154						x
260	Même en classe, l'art devrait être subversif ?	156				(x)	(x)	x
261	Hors limites !	158				(x)	(x)	x
262	Produire plusieurs œuvres qui se ressemblent, ce n'est pas se répéter ?	159				x	x	x
263	(S)top modèle ?	161			x	x	x	x
264	En montrer moins... pour en dire plus ?	166				x	x	x
265	C'est parce que c'est plein de déformations que c'est ressemblant ?	168			x	x		
266	La gouache, ce n'est pas que de la couleur ?	170			x	x	x	x
267	Un monde comme je le veux ? (enfin presque !)	173			x	x	x	x
268	La couleur sert à reproduire... mais aussi à produire ?	175			x	x		
269	Faire voir... le mur ?	176				x	x	x
	Éducation musicale							
270	*Écouter*... mais en changeant d'oreille ?	179				x	x	x
271	Tout le monde a de l'oreille ?	180		x	x	x	x	x

272	Solfège : tous capables de lire la musique ?	181						
273	Ne plus toujours être celui qui commande ou celui qui subit ?	182	x	x	x	x	x	x
274	Chanter en canon en écoutant encore plus les autres ?	183		x	x	x	x	x

ÉDUCATION PHYSIQUE ET SPORTIVE

275	Le sport, c'est vaincre... soi-même ?	186		x	x	x	x	x
276	Courir moins vite pour courir plus vite ?	187		x	x			
277	Mais ce n'est pas le contraire ?	188		x	x	x	x	x
278	Sauter en hauteur pour mieux sauter en longueur ?	189		x	x	x		
279	*Sauter* ou *franchir* une haie ?	190			x	x		
280	Anticiper pour gagner ?	192		x	x	x		
281	Ne plus regarder ce que l'on manipule ?	193		x	x	x		
282	Le plus difficile, tout coordonner ?	195		x	x	x	x	x
283	Un échange périlleux : vous êtes « cap » ?	196			x	x		
284	Être en situation de grand déséquilibre... sans tomber ?	197		x	x	x		
285	Être solide... pour mieux risquer ?	199			x	x		

POUR PRIVILÉGIER LES APPROCHES INTERDISCIPLINAIRES

286	Des chiffres... qui n'en sont pas ?	203			x	x		
287	Accepter que l'espèce humaine n'ait pas la même origine pour tous ?	204			x	x	x	x
288	Une autre manière d'aborder le finalisme ?	206				x	x	x
289	Être dévorés par des loups... en France ?	207			x	x		

POUR UNE FORMATION DES MAÎTRES EN PÉDAGOGIE ET DIDACTIQUE

290	De bonnes raisons pour ne pas enseigner par situations-problèmes ?	209						x
291	L'élève *explorateur, chercheur, détective* ?	211						x
292	Notre pratique est-elle le reflet de notre discours ?	212						x
293	Se tromper... pour son bien ?	214						x
294	Construire un « tableau parlant » ?	215						x
295	Se regarder dans un miroir... pédagogique ?	217						x
296	Quelle est la meilleure approche pédagogique ?	218						x
297	Lire en polonais... c'est du chinois ?	220						x
298	C'est ce qui est *simple* qui est *facile* ?	223						x
299	Facilité... ou plaisir de la difficulté vaincue ?	224						x
300	Égalité, équité dans les notes : où est la justice ?	225					(x)	x
301	La correction, ça ne sert à rien ?	227						x
302	Particulièrement exigeant... ou infiniment tolérant ?	228						x
303	Quelle réussite pour un bon élève ?	232						x

ET MAINTENANT, À *VOUS* DE CONCEVOIR DE NOUVELLES SITUATIONS-PROBLÈMES !

304	Être envahis par des microbes ?	236				x	x	

Photocomposition C*MB* Graphic
44800 Saint-Herblain

Achevé d'imprimer en France par Hérissey – N° d'impression : 98989
Dépôt légal : 58152/05/2005 – Collection n° 13 – Édition n° 01
17/0843/7